中等职业教育课程改革"十四五"规划教材

市场营销基础（第二版）

主　编○孙乐增　崔丽萍
副主编○任冬阳

图书在版编目(CIP)数据

市场营销基础 / 孙乐增,崔丽萍主编. -- 2版. -- 上海：立信会计出版社,2025.1. -- ISBN 978-7-5429-7756-4

Ⅰ．F713.50

中国国家版本馆 CIP 数据核字第 2024VF3318 号

策划编辑　　赵新民
责任编辑　　王斯龙
助理编辑　　郑文婧
美术编辑　　吴博闻

市场营销基础（第二版）
SHICHANG YINGXIAO JICHU

出版发行	立信会计出版社
地　　址	上海市中山西路 2230 号　　邮政编码　200235
电　　话	(021)64411389　　传　　真　(021)64411325
网　　址	www.lixinaph.com　　电子邮箱　lixinaph2019@126.com
网上书店	http://lixin.jd.com　　http://lxkjcbs.tmall.com
经　　销	各地新华书店
印　　刷	常熟市华顺印刷有限公司
开　　本	787 毫米×1092 毫米　　1/16
印　　张	15.75
字　　数	354 千字
版　　次	2025 年 1 月第 2 版
印　　次	2025 年 1 月第 1 次
书　　号	ISBN 978-7-5429-7756-4/F
定　　价	45.00 元

如有印订差错,请与本社联系调换

第二版前言
FOREWORD

　　市场营销学是职业学校经管类专业的一门必修课。近年来,各学校都在积极探索提高教学质量的方法和途径。教学实践和教育理论充分证明,教学方法与教材的协同改革是提高教学质量的一个重要途径。本教材就是在这样的背景下为帮助中等职业学校提高教学质量而编写的。

　　本教材的编写原则是:力求符合我国当今中等职业学校学生文化水平与实际学习能力的要求;力求突破传统教科书的编写模式,按照"理实一体化"的教学思想,构建全新的教材框架和内容;力求符合"深入浅出,简明扼要,便于操作"的目标要求,理论知识的选取和阐述以"必须、够用、适用"为尺度。

　　本教材是按项目教学法的模式编写的。其结构特点可以概括为:项目引导,任务驱动,活动实现。其内容的逻辑关系可以通俗地表述为:准备必要的知识(体现为知识准备)——看看别人怎样做的(体现为案例分析)——自己做一下试试(体现为操作训练)。其内容特点可以概括为:启蒙性、简明性、实用性、操作性。本教材的基本"定调"是:基础性和启蒙性。本次再版,在2016版的基础上,总结了近几年的教学实践经验,整合了"市场分析"等内容,使教材内容更实用、更符合项目教学法的要求,同时还更新了相关的案例,以适应新形势的要求。

本教材由从事职业教育30多年的高级讲师孙乐增、崔丽萍担任主编,任冬阳担任副主编,孙乐增、崔丽萍负责编写项目4、项目5和项目8等内容;任冬阳负责编写项目3和项目7;钱玮负责编写项目1和项目2;程鹏负责编写项目6和项目9。本教材可作为职业学校市场营销、电子商务、现代物流等专业的教材,也可作为各种层次的成人教育、企业营销人员的培训教材。

本教材在编写过程中,参考了国内外同类著作和有关文献,并从书籍、报刊和网站上选用了一些案例和资料,谨向有关单位和作者表示感谢!本教材的编写和出版,得到了立信会计出版社的大力支持,特此致谢!

由于本教材具有较大的创新性,加之编写时间短促,难免存在疏漏与不妥,敬请有关专家和广大读者不吝批评指正。

编　者

2025 年 1 月

目录 CONTENTS

项目 1　认识市场营销 ……………………………………………… 001
任务 1　理解并掌握市场营销的内涵与工作流程 …… 001
【知识准备】…………………………………………………… 001
【活动 1】　分析案例,感悟市场营销的内涵 ……… 009
【活动 2】　分析案例,感悟市场营销工作基本流程
　　　　　………………………………………………… 010
【知识拓展】　市场营销的 4P、4C、4R 理论 …… 014

任务 2　理解并选择适当的营销观念 ……………………… 015
【知识准备】…………………………………………………… 015
【活动 1】　分析案例,感悟选择正确营销观念的
　　　　　重要性 ……………………………………… 018
【活动 2】　调研分析当地企业的营销观念 ……… 021
【知识拓展】　绿色营销与绿色产品 ………………… 021
【思考与练习】……………………………………………… 022

项目 2　创建营销组织 ……………………………………………… 024
任务 1　创建模拟企业 …………………………………………… 024
【知识准备】…………………………………………………… 024
【活动 1】　组建项目团队 ……………………………… 029
【活动 2】　创建模拟公司 ……………………………… 030
【知识拓展】　股份有限公司发起设立和募集设立的区别
　　　　　………………………………………………… 032

任务 2　建立营销组织结构 …………………………………… 033
【知识准备】…………………………………………………… 033

【活动1】 分析案例,感悟营销组织结构的建立 …… 036
【活动2】 建立适合模拟公司的营销组织结构 …… 038
【知识拓展】 营销中心的组织结构 …………… 038
【思考与练习】 …………………………………… 039

项目3　市场调研 …………………………………… 041

任务1　背景行业市场状况分析 ……………… 042
【知识准备】 ……………………………………… 042
【活动1】 分析案例,感悟市场状况分析方法 … 053
【活动2】 项目组分析背景行业市场状况 …… 056
【知识拓展】 SWOT分析法 …………………… 057

任务2　策划市场调研方案 …………………… 058
【知识准备】 ……………………………………… 058
【活动1】 分析案例,感悟市场调研方案策划的方法
　　　　　………………………………………… 060
【活动2】 项目组为模拟公司策划一份市场调研
　　　　　方案 ……………………………………… 063
【活动3】 项目组运用一种市场调研方法,共同实
　　　　　施市场调研活动 ……………………… 063
【知识拓展】 抽样数量的确定和抽样方法的选择
　　　　　……………………………………………… 063

任务3　设计调研问卷 ………………………… 064
【知识准备】 ……………………………………… 064
【活动1】 分析案例,感悟调研问卷的设计方法
　　　　　………………………………………… 069
【活动2】 项目组为模拟公司设计一份市场调研
　　　　　问卷 ……………………………………… 071
【知识拓展】 市场信息的来源 ………………… 072

任务4　撰写调研报告 ………………………… 072
【知识准备】 ……………………………………… 072
【活动1】 分析案例,感悟典范调研报告的结构与
　　　　　撰写方法 ……………………………… 073
【活动2】 项目组为模拟公司撰写一份调研报告
　　　　　………………………………………… 076

【知识拓展】 德尔菲法 …………………………………………… 077
【思考与练习】 ……………………………………………………… 077

项目 4 选定目标市场 ……………………………………………………… 080

任务 1 细分市场,寻找市场机会 ……………………………………… 080
【知识准备】 ………………………………………………………… 080
【活动 1】 分析案例,感悟消费者市场细分的标准
　　　　　………………………………………………………… 088
【活动 2】 项目组为模拟公司寻找市场机会 ………… 089
【知识拓展】 浅度市场细分与深度市场细分 ……… 090

任务 2 选定目标市场 …………………………………………………… 091
【知识准备】 ………………………………………………………… 091
【活动 1】 分析案例,感悟目标市场营销策略 …… 095
【活动 2】 项目组为模拟公司选定目标市场并尝试
　　　　　制定目标市场营销策略 ……………………… 096
【知识拓展】 市场定位与产品定位 …………………… 097
【思考与练习】 ……………………………………………………… 097

项目 5 产品策略 …………………………………………………………… 100

任务 1 进行产品定位 …………………………………………………… 100
【知识准备】 ………………………………………………………… 100
【活动 1】 分析案例,感悟产品定位的方法策略 … 107
【活动 2】 项目组为模拟公司进行产品定位 ……… 109
【知识拓展】 顾客让渡价值 ……………………………… 109

任务 2 塑造产品整体形象 ……………………………………………… 110
【知识准备】 ………………………………………………………… 110
【活动 1】 分析案例,感悟塑造产品整体形象的方法
　　　　　与策略 ………………………………………… 124
【活动 2】 项目组为模拟公司的产品进行整体形象策划
　　　　　………………………………………………………… 126
【知识拓展】 如何塑造产品形象 ……………………… 127

任务 3 新产品开发 ……………………………………………………… 127
【知识准备】 ………………………………………………………… 127

【活动1】 分析案例,感悟新产品开发的方法与策略
　　　　　…………………………………………………………… 132
【活动2】 项目组为模拟公司进行新产品开发 …… 133
【知识拓展】 产品市场生命周期 …………………… 134
【思考与练习】 ……………………………………… 135

□ 项目6　定价策略 ………………………………………… 137
任务1　制定产品基本价格 ……………………………… 137
【知识准备】 ………………………………………… 137
【活动1】 分析案例,感悟产品定价的影响因素和
　　　　　方法 ……………………………………………… 143
【活动2】 项目组为模拟公司的产品制定基本价格
　　　　　…………………………………………………… 145
【知识拓展】 新价格理论 …………………………… 145
任务2　制定产品价格策略 ……………………………… 146
【知识准备】 ………………………………………… 146
【活动1】 分析案例,感悟产品定价的基本策略 … 152
【活动2】 项目组为模拟公司的产品制定价格策略
　　　　　…………………………………………………… 154
【知识拓展】 数字化产品的定价策略 ……………… 154
【思考与练习】 ……………………………………… 156

□ 项目7　分销渠道策略 …………………………………… 158
任务1　设计产品分销渠道 ……………………………… 159
【知识准备】 ………………………………………… 159
【活动1】 分析案例,感悟设计分销渠道的基本方法
　　　　　…………………………………………………… 163
【活动2】 项目组为模拟公司的产品设计分销渠道
　　　　　…………………………………………………… 165
【知识拓展】 佣金代理与买断代理 ………………… 166
任务2　制订分销渠道管理方案 ………………………… 166
【知识准备】 ………………………………………… 166
【活动1】 分析案例,感悟制订分销渠道管理方案
　　　　　的基本方法 ……………………………………… 169

【活动 2】 项目组为模拟公司的产品制订分销渠道
　　　　　　　 管理方案 ································· 171
　　【知识拓展】 窜货管理 ································ 172
　　【思考与练习】 ······································· 173

□ **项目 8**　**促销策略** ······································· 175
任务 1　制订人员推销方案 ································ 176
　　【知识准备】 ······································· 176
　　【活动 1】 分析案例,感悟制订人员推销方案的基本
　　　　　　　方法 ··································· 182
　　【活动 2】 项目组为模拟公司的产品制订人员推销
　　　　　　　方案 ··································· 184
　　【知识拓展】 人员推销的三种模式 ····················· 184
任务 2　制订广告促销方案 ································ 185
　　【知识准备】 ······································· 185
　　【活动 1】 分析案例,感悟制订广告宣传方案的基本
　　　　　　　方法 ··································· 193
　　【活动 2】 项目组为模拟公司的产品制订广告宣传
　　　　　　　方案 ··································· 194
　　【知识拓展】 如何利用 USP 理论、品牌形象理论、
　　　　　　　　共鸣理论进行广告创意 ··················· 195
任务 3　制订营业推广方案 ································ 197
　　【知识准备】 ······································· 197
　　【活动 1】 分析案例,感悟制订营业推广方案的基本
　　　　　　　方法 ··································· 199
　　【活动 2】 项目组为模拟公司的产品制订营业推广
　　　　　　　方案 ··································· 201
　　【知识拓展】 零售企业如何选择营业推广方式 ·········· 202
任务 4　制订公关活动方案 ································ 203
　　【知识准备】 ······································· 203
　　【活动 1】 分析案例,感悟制订公关活动方案的策略
　　　　　　　和方法 ································· 208
　　【活动 2】 项目组为模拟公司制订公关活动方案
　　　　　　　 ·· 211

【知识拓展】 危机公关与新闻传播管理 …………… 211
【思考与练习】 …………………………………… 214

□ 项目 9 **网络营销** ………………………………… 215

任务 1 理解掌握网络营销的特点与职能 ………… 216
【知识准备】 …………………………………… 216
【活动 1】 分析案例,深入理解网络营销的特点与职能 …………………………………… 219
【活动 2】 讨论模拟公司的产品进行网络营销,需要运用网络营销的哪些职能 …………… 221
【知识拓展】 网络营销的理论基础 …………… 222

任务 2 掌握网络营销的基本方法 ………………… 223
【知识准备】 …………………………………… 223
【活动 1】 分析案例,感悟网络营销基本方法的运用 …………………………………… 226
【活动 2】 项目组为模拟公司的产品策划网络营销方法 …………………………………… 228
【知识拓展】 病毒性营销和 O2O 立体营销 ……… 229

任务 3 掌握网络营销的基本策略 ………………… 231
【知识准备】 …………………………………… 231
【活动 1】 分析案例,感悟网络营销基本策略的运用 …………………………………… 236
【活动 2】 项目组为模拟公司的产品策划网络营销策略 …………………………………… 237
【知识拓展】 事件营销 ………………………… 238
【思考与练习】 …………………………………… 239

参考文献 ……………………………………………… 242

项目 1　认识市场营销

【项目说明】

理解并掌握市场营销的基本概念和工作流程、树立正确的市场营销观念,是学习市场营销学和从事市场营销工作的前提。本项目的主要任务:一是理解并掌握市场营销的内涵和工作流程;二是理解并选择适当的营销观念。完成本项目的任务将为后续各项目的学习奠定基础。

【学习目标】

※**知识目标**　理解市场营销的基本概念,了解不同营销理念适用的条件,明确营销与推销的区别;掌握市场营销工作的基本流程。

※**能力目标**　能够分析不同企业营销观念的优劣,并能根据实际情况为自己的企业选择适当的营销观念。

【项目成果】

完成本项目你应当提交以下成果:
(1) 本项目的案例分析报告。
(2) 关于营销观念的访谈记录与分析总结。

任务 1　理解并掌握市场营销的内涵与工作流程

【知识准备】

一、市场营销的基本概念

(一) 市场营销的概念

市场营销是个舶来词,英文叫作 marketing。它包括两层含义:一是指一门科学,即建立在经济科学、行为科学和现代管理理论基础之上的应用科学,叫作市场营销学,其研究对象是企业以满足消费者需求为中心的市场营销活动过程及其规律性;二是指一种实践活动,即企业以消费者需求为中心、以盈利为目的所进行的有关产品生产、流通和售后服务等与市场有关的一系列经营活动。需要说明的是,现在人们习惯把市场营销简称营销。在企业实际工作中或相互交流中,当说到营销这个词时,通常是指营销工作或营销活动。

对市场营销活动的理解应把握以下要点:

(1) 市场营销是以盈利为目的的企业经营活动。自从人类社会诞生企业的那一天起,所有的企业都是以盈利为目的来开展经营活动的。这是由企业的本质所决定的。日本松下电器的创办者,在日本被称为"经营之神"的松下幸之助先生说:"一个企业如果不赚钱它就应该垮台,因为它对社会毫无用处而且还浪费了社会资源。"

(2) 市场营销是以满足消费者需求为中心的企业经营活动。企业开展经营活动的目的是取得盈利,但这种盈利必须以满足消费者的正当需求为前提,也就是我国古人所说的要"取利于义中"。这既是道义的要求也是营销的基本策略。

(3) 市场营销的基本内容是以市场调研为先导、以目标市场为对象所进行的商品开发与销售活动。企业要以消费者需求为中心开展经营活动,就必须先进行市场调研。通过市场调研了解消费者需要什么、需要多少;在什么时间和什么地点需要什么商品和服务;哪些需要已经得到满足,哪些需要还没有得到满足,等等。然后,企业根据自己的实际能力从中选择一部分需求没有得到满足的消费者作为服务对象,即目标市场。在此基础上,企业根据目标市场的需求开发适当的商品,并以适当的价格和适当的分销渠道组织开展销售活动,通过交换满足目标市场的需求。在销售活动中,企业通常还要采取人员推销、广告宣传、公共关系和营业推广等措施来刺激目标市场的购买欲望,以加速购买、扩大销售。

(二) 市场的概念与类型

1. 市场的概念

企业开展营销活动离不开市场。那么什么是市场呢?

市场是个多义的概念。人们最初对市场的认识是指商品交换的场所。在人类社会初期,由于生产力的发展,劳动产品有了剩余,人们就用一部分剩余产品同其他人进行交换以满足需求,如农民用多余的粮食交换猎人打猎所获的肉类等。为了实现这种交换,就需要寻找一个适当的地点,这样就逐渐形成了固定的商品交换场所。这个固定的商品交换场所就叫作市场。现代营销学是站在企业的立场上来认识市场的。企业眼中的市场,主要是从企业参与商品交换过程的活动中来认知的。企业参与商品交换的活动大致可以分为两类:一类是采购活动;另一类是销售活动。在采购活动中,企业要购买各种各样的生产资料,包括劳动力。在销售活动中,企业要销售自己所生产和经营的各种各样的有形商品和无形商品。在商品十分丰富(供过于求或供求平衡)的条件下,当企业以买方身份参与商品交换活动时,很容易实现自己采购各种商品的愿望。但当企业以卖方身份参与商品交换活动时,要想实现自己的销售愿望是很不容易的,因为买方同样有很多其他的选择,卖方必须花费很大的精力才能使自己的商品符合买方的愿望得以实现。所以,在企业的眼中,市场的本质就是买方的需求,就是愿意购买并且有能力购买自己商品的人和组织。因此,在营销学中,市场主要是指对某种商品有购买愿望和购买力的购买者。购买者、购买愿望和购买力称为市场三要素。营销学中的市场概念可用下列表达式来表达:

$$市场=购买者+购买愿望+购买力$$

市场的这三个要素是相互制约、缺一不可的,只有三者结合起来才能构成现实的市场,才能决定市场的规模和容量。例如,一个国家或地区人口众多,但收入很低,购买力有限,则不能构成容量很大的市场;又如,一个国家或地区购买力虽然很大,但人口很少,也不能成为很大的市场。只有人口既多,购买力又强的地方,才可能成为一个有潜力的大市场。但是,如果产品不适合,不能引起人们的购买欲望,对销售者来说,这仍然不能成为现实的市场。所以,市场是上述公式中三个要素的统一。

有购买力支持的购买愿望称为需求。企业对市场的研究,其核心就是分析和研究人们的需求,包括需求的对象、规模、水平、时间、地点等内容。其目的在于在适当的时间和适当的地点提供适当的商品和服务以充分满足人们的需求并从中获得盈利。

2. 市场的类型

市场是一个有机整体,随着交换关系的复杂,市场也越来越复杂化。根据不同的标准,市场可以划分为不同的类型。

1）根据买方的身份和购买目的不同来划分

消费者市场:是指所有为了满足个人或家庭生活需求而购买商品和服务的人所组成的市场。

生产者市场:也称产业市场,是指为了满足企业生产其他产品需求而购买商品和服务,以获取盈利为目的的一切组织和个人所形成的市场。

中间商市场:也称转卖者市场,是指一切通过购买商品和劳务以转售或出租给他人获取利润的个人和组织所形成的市场。

政府市场:是指为了满足自己办公需求而购买商品和服务的所有组织、机构和社会团体所形成的市场。

2）根据构成市场的具体内容和要求不同来划分

商品市场:是指由消费品市场、生产资料市场和服务市场构成的市场。

资金市场:是指货币资金的借贷,有价证券的发行和交易,以及外汇和黄金的买卖活动所形成的市场。

技术市场:是指技术成果的买卖活动所形成的市场,业务范围包括技术转让、技术服务、技术咨询、技术培训等。

信息市场:是指信息商品的买卖活动所形成的市场(如猎头公司、中介公司等)。

劳动力市场:是市场经济中最重要的生产要素市场,其基本内涵是指劳动力的供给方(劳动者)和劳动力的需求方(企业等用人单位)通过市场竞争自主达成劳动合同关系。

（三）营销与推销的区别

1. 包含的内容不同

营销不是推销或销售,营销是一个系统,而推销或销售只是营销的一部分。推销或销售是对现有产品的销售,而营销工作早在产品生产之前就开始了。企业营销部门要确定哪里有市场,市场规模如何,有哪些细分市场,消费者的偏好和购买习惯如何;营销部门必须把市场需求情况反馈给研究开发部门,让研究开发部门设计出适应该目标市场的最优产品。营销部门还必须为产品走向市场而设计定价、分销和促销计划,让消费者了解企业的产品,方便地购买产品;在产品售出后,还要考虑提供必要的服务,让消费者满意。所以说,营销不是企业经营活动的某一方面,它始于产品生产之前,并一直延续到产品售出以后,贯穿于企业经营活动的全过程。

2. 思考的角度不同

推销或销售主要是企业用已有产品或服务来吸引、寻找客户,这是一种由内向外的思维方式。营销则是以客户需求为导向,并把如何有效地创造客户作为首要任务,这是一种由外而内的思维方式。

3. 结果的诉求不同

推销或销售是销售已有的产品,把现有的产品卖好。营销是让产品好卖,也就是说,营销是让推销更简单甚至不必要。假设现有某种营养品可以让人明显变得更健康,即使没有推销行为也会吸引大批消费者积极寻求购买。著名管理学家彼得·德鲁克曾经指出"可以设想,某些推销工作总是需要的,然而营销的目的就是要使推销成为多余……"

二、市场营销工作的基本流程

不同的企业因经营的产品不同、组织机构设置不同、管理机制不同,所以具体的业务流程可能不尽相同,但就营销工作的共性而言,任何企业要想做好营销工作都必须把握以下基本内容与步骤。

(一)寻找市场机会

寻找市场机会是市场营销工作的首要任务。在现代市场经济条件下,由于市场需求不断变化,加之任何产品都有其生命周期,每一个企业都必须经常寻找、发现新的市场机会。

市场机会,是指市场上存在的尚未满足的需求。市场机会也可以表述为是由消费者尚未满足的需求所形成的,对企业经营发展相对有利的时机与条件。企业通常采取以下方法来寻找市场机会。

1. 收集市场信息

营销人员可通过经常阅读报纸杂志、查阅文献资料、参加展销会、研究竞争者产品、召开献计献策会、捕捉网络热点、调查研究消费者需求等方法来寻找、发现市场机会。

2. 分析产品/市场矩阵

营销人员可以利用产品/市场矩阵(图1-1)来寻找、发现市场机会。

	现有产品	新产品
现有市场	1. 市场渗透	3. 产品开发
新市场	2. 市场开发	4. 多元化经营

图1-1 产品/市场矩阵

对于"市场渗透"这一矩阵而言，企业应分析现有市场对本企业现有产品的需求是否已得到充分满足，是否还有渗透的机会？如果有，则应采取各种促销措施，使现有的顾客增加购买量，并吸引其他品牌的顾客购买。例如，现在企业都非常喜欢采用"联名""合作"的方式，虽然没有对产品进行明显的更新换代，但会吸引相应的新顾客。

对于"市场开发"这一矩阵而言，企业应考察新市场是否存在着对企业现有产品的需求。如果有，这就是一个市场开发的机会，企业应积极进行市场开发。

对于"产品开发"这一矩阵而言，企业应分析现有市场上是否还有其他未被满足的需求存在。如果有，就应研制开发出新产品来满足这些需求。例如，随着时代的进步，对老年人和儿童的关注更多，使得更多符合老年人和儿童需求的商品出现。

对于"多元化经营"这一矩阵而言，企业应分析新的市场有哪些需求没有得到满足，而且企业有能力开发新产品去满足其需求——这就是企业可以利用的市场机会。由于这些市场机会大多属于企业原有经营范围之外，因而需要企业采取多元化经营策略。

例如，某化妆品公司可以考虑采取一些措施，如改进广告宣传方式、短期削价、增设销售网点等，从而在现有市场上扩大现有产品洗发水的销售，这就是市场渗透。该公司可以在新地区或者国外设立新的商业网点，或利用新分销渠道、加强广告宣传等，以扩大洗发水在新地区或者国外的销售，这就是市场开发。该公司可以考虑改进洗发水成分、功能、包装，增加花色、品种、规格、型号以满足市场需求，扩大销售等，这就是产品开发。该公司还可以根据自己的实力考虑进入通信、物流、互联网等热门行业，跨行业经营多种产品，实行多元化经营。

3. 进行市场细分

营销人员还可以通过市场细分来寻找、发现市场机会。有关市场细分的知识与方法详见本教材项目4。

营销人员不仅要善于寻找、发现有吸引力的市场机会，而且要善于对发现的各种市场机会加以评价，决定哪些市场机会能成为本企业有利可图的企业机会。判断市场机会是否与企业相匹配，是否能转变为企业机会，主要应分析并把握以下三点：

(1) 检验与企业要素的匹配。这里主要是指与企业营销要素的匹配，包括采用的营销渠道、营销沟通方式以及与企业定位和产品定位的一致性等方面的内容。如果存在市场机会的产品或服务需要的营销渠道、沟通方式与企业现有产品或服务的营销渠道和沟通方式越相似，则说明它们相互之间越匹配；如果存在市场机会的产品或服务与企业的形象定位、经营宗旨、产品定位等越一致，说明它们相互之间越匹配。当然，存在市场机会的产品或服务与企业要素完全匹配的现象较少，此时需要结合考虑企业的发展战略和经营战略，如果与企业的发展战略和经营战略一致，即使与要素不完全匹配，也可以考虑把这种市场机会转化为企业机会，否则，最好放弃这种机会。

(2) 测算市场容量与企业经营目标的匹配。市场容量是指一种产品在某一市场有购买力的需求量。一种产品或一项服务虽然有市场机会，但如果没有足够的市场容量，则达不到企业经营目标的要求，也不能转变成为企业机会。譬如，某种市场机会的年度市场容量为10万件，而企业的年度销售目标是20万件，这样的市场机会企业是肯定要放弃的。

通过市场容量的预测,如果市场容量足够大,至少与企业经营目标相匹配,能使企业盈利,对企业而言显然是一个机会,否则只有放弃。市场容量的测算方法详见本教材项目3。

(3) 检验与企业能力的匹配。这是最关键的一个内容。企业能力主要是指产品或服务的设计与开发能力、工艺与技术能力、生产与制造能力、营销能力等,这是把市场机会理论上的可能性转化为企业机会的实际可能性的关键一步。如果这些能力都具备,则企业有能力为潜在消费者提供满意的产品或服务。

市场机会经过以上三个方面的分析后,如果都能通过,则这种市场机会可以转化为企业机会,如果不能通过则需要放弃。

(二) 选择目标市场

发现并选择了有吸引力的市场机会之后,接下来就要选择目标市场。这是市场营销工作流程的第二个重要步骤。选择目标市场是企业市场营销战略的一个重要组成部分。其目的主要在于为企业确定有针对性的服务对象,以便有效地设计营销组合,更好地满足目标顾客的需求。有关选择目标市场的知识与方法详见本教材项目4。

(三) 设计营销组合

选择确定目标市场后,接下来就要为选定的目标市场设计市场营销组合策略(简称营销组合)。其目的在于充分地满足目标市场的需求并取得竞争优势。营销组合是企业市场营销战略的一个重要组成部分。企业的市场营销战略包括两个不同而又互相关联的部分:一是目标市场,即一家企业拟作为服务对象的具有某种相似或相同需求的顾客群;二是营销组合,即企业为了满足这个顾客群的需求而加以组合的可控变量。因此,市场营销战略,就是企业根据可以利用的市场机会,选择一个目标市场,并为目标市场设计一个能够充分满足其需求并能取得竞争优势的营销组合。

1. 市场营销组合的构成

市场营销组合(marketing mix),是指企业可以控制的各种市场营销手段的综合运用。市场营销组合中所包含的企业可以控制的变量很多,可以概括为四个基本变量,即:产品(product)、价格(price)、地点(place)、促销(promotion)。由于这四个名词的英文首字母都是"P",市场营销组合又称"4P"组合。

一个企业要有效地进行市场营销活动,必须针对不同的内外环境,针对目标市场的实际情况把企业可以控制的各种市场营销手段进行最佳组合,使之相互配合起来,综合发挥作用。市场营销组合的构成如图1-2所示。

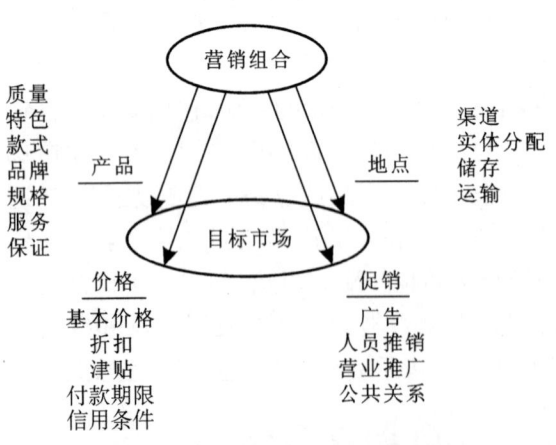

图1-2 市场营销组合构成示意图

市场营销组合中的"产品"代表企业提供给目标市场的产品和服务的组合,包括产品质量、外观、式样、型号、品牌、包装、服务、保证、退货等。

市场营销组合中的"价格"代表顾客购买商品和服务时的价格,包括价目表所列的价格、折扣、折让、付款期限、信用条件等。

市场营销组合中的"地点"代表企业使其产品可进入和到达目标市场所进行的各种活动,包括分销渠道选择、中间商管理和物流管理等。

市场营销组合中的"促销"代表企业宣传介绍其产品的优点和说服目标顾客购买其产品所进行的各种活动,包括广告宣传、人员推销、公共关系、营业推广等。

2. 市场营销组合的特点

市场营销组合的主要特点可以概括为以下三点:

第一,市场营销组合因素对企业来说都是"可控因素"。企业根据目标市场的需要,可以决定自己的产品结构,制定产品价格,选择分销渠道(地点)和促销方法等。企业对这些市场营销手段的运用和搭配有自主权。但这种自主权是相对的,是不能随心所欲的,因为企业市场营销过程不仅要受本身资源和目标的制约,而且要受各种微观和宏观环境因素的影响和制约。例如,产品被供货商的问题连累,国家的"双减"政策对教育培训行业带来的影响等。这些是企业所不可控制的变量,即"不可控因素"。因此,市场营销管理人员的任务就是适当安排市场营销组合,使之与不可控制的环境因素相适应,这是企业市场营销能否成功的关键。

第二,市场营销组合是一个复合结构。4个"P"之中又各自包含若干个小的因素,形成各个"P"的亚组合,因此,市场营销组合是至少包括两个层次的复合结构。企业在确定市场营销组合时,不仅要求达到4个"P"之间的最佳搭配,而且要注意安排好每个"P"内部的搭配,使所有这些因素达到灵活运用和有效组合。

第三,市场营销组合是一个动态组合。每一个组合因素都是不断变化的,是一个变量;同时它们又是互相影响的,每个因素都是另一个因素的潜在替代者。在四个大的变量中,又各自包含着若干小的变量,每一个变量的变动,都会引起整个市场营销组合的变化,形成一个新的组合。

(四)管理营销活动

市场营销工作流程的第四个步骤是管理营销活动,即对营销工作的计划、组织、执行和控制。这是整个市场营销工作流程中的一个重要的步骤。因为企业如果没有周密的市场营销计划,营销工作就失去了方向和目标。市场营销计划制订后,还要靠有效的组织系统去执行和实施,否则就成了纸上谈兵。

1. 营销计划

营销战略的实施必须转化为具体的营销计划。营销计划规定了营销活动的每一个步骤和每一个细节,从而便于付诸实施。市场营销计划主要由以下八个部分组成:

(1)计划摘要。它可使企业最高管理层迅速抓住计划的要点。

(2)当前市场营销状况。它提供与市场、产品、竞争、分销和营销环境有关的背景情况和数据。

(3)机会与问题分析。它主要分析说明企业外部的机会与威胁,企业内部的优势与劣势以及在营销活动中必须注意的主要问题。

(4)营销目标。它确定未来市场营销活动想要达到的关于销售量、市场占有率、投资报酬率、利润额等经营目标。

(5)市场营销战略。它阐述为实现计划目标而采用的市场营销战略的具体内容。

(6)行动方案。它回答应该做什么、谁来做、何时做、需要多少费用(费用预算)以及营销资源的分配安排。在具体的营销计划中,应当对营销资源(包括营销费用)在各项具体的营销活动中进行合理的分配,以形成整合营销的效果。

(7)预计的损益表。它概述计划所预期的财务收益情况。

(8)控制措施。它说明如何监控该计划的有效实施,以确保营销目标的实现。

2. 营销组织

企业的营销组织可以根据企业的性质、任务的不同而有所不同。但从一般管理原理的角度讲,营销组织都会由一个处于企业决策层次的分管领导(如营销副总经理),一个专门的职能部门(如营销部或市场部)以及一支从事营销活动的工作人员队伍所组成。营销副总经理负责企业营销职能同其他职能乃至企业决策层面的沟通与协调;营销部负责公司营销活动的策划、组织与实施;营销队伍则是开展具体营销活动的基本力量。

3. 营销执行

营销执行是将市场营销计划转化为具体行动,并保证计划任务的完成以实现计划确定的营销目标的过程。营销执行是一个艰巨而复杂的过程。美国的一项研究表明,被调查的计划人员中有90%的人认为,他们制定的战略和战术之所以没有成功,是因为没有得到有效的执行。

4. 营销控制

营销控制,是指营销管理者经常检查市场营销计划的执行情况,查看计划与实际是否一致,如果不一致或没有完成计划,就要找出原因所在,并采取适当措施和正确行动,以保证市场营销计划的完成。市场营销控制有四种主要类型,即年度计划控制、盈利能力控制、效率控制和战略控制,如表1-1所示。

表1-1 市场营销控制类型

控制类型	主要负责人	控制目的	方法
年度计划控制	高层管理部门 中层管理部门	检查计划目标是否实现	销售额差距因素分析;市场占有率分析;费用/销售额比率分析,顾客态度追踪分析等
盈利能力控制	营销审计人员	检查企业在哪些地方盈利,在哪些地方亏损	分析对象:产品,地区,顾客群体,销售渠道等。分析指标:营销成本;销售利润率;存货周转率;资产收益率等
效率控制	直线和职能管理层,营销审计人员	提高营销效率	分析对象:销售队伍,广告,促销,分销等。分析方法:效率分析
战略控制	高层管理者,营销审计人员	修正企业的市场营销战略	对企业的市场营销战略要素进行分析评价和修正

项目 1　认识市场营销

【活动 1】　分析案例，感悟市场营销的内涵

一、活动内容

在深入理解[知识准备]中市场营销基本概念的基础上，研读分析[案例 1-1]，并交流分享案例分析结果。

二、活动步骤与要求

(1) 请各小组成员认真研读分析[案例 1-1]并填写表 1-2。

表 1-2　对[案例 1-1]的分析结果

问题	分析结果
海尔集团以什么作为营销工作的指导思想才取得了今天的巨大成就	
从海尔集团洗衣机的研发到抢购一空这个案例中，你得到的对市场营销的基本认识是什么	
你怎样理解"只有成功的企业，没有时代的企业"	
任何企业要想取得市场营销的成功都必须有超越竞争者的竞争力。请结合案例内容说说海尔集团是怎样增强企业竞争力的	分析提示：增强企业竞争力，主要是向顾客提供领先于竞争对手的有形与无形的产品。这就要求企业不仅使自己现有产品在目标顾客需要的各个方面上领先于对手，而且，更重要的是在未来产品(新产品或更新换代产品)上继续保持领先。在这方面，除少数企业依靠竞争对手无法在短期内超越的科技优势保持领先外，绝大多数企业常常是依靠领先满足顾客某一方面需求甚至苛刻的需求来实现的。海尔集团研发的洗衣机取得的成功就印证了这个道理

(2) 小组成员交流分享对[案例 1-1]的分析结果。
(3) 各小组选派一名代表在全班交流分享对[案例 1-1]的分析结果。
(4) 任课教师对各小组的分析结果作出评价和指导，并组织评选出优胜组。

【案例 1-1】　海尔洗衣机"无所不洗"

　　创立于 1984 年的海尔集团，在 40 年的发展历程中保持了韧性并持续增长，连续 8 年稳居中国全球化品牌 10 强，成功实现了从"中国产品"到"中国品牌"，再到"世界名牌"的跨越。

　　多年前，在一次海尔集团售后人员座谈会上，有售后人员提出，有用户反映洗衣机容易堵塞，售后人员上门查看发现并非洗衣机本身堵塞，而是用户用洗衣机洗红薯导致排水口堵塞。这本是售后人员当作笑话来讲的，但海尔集团创始人张瑞敏却敏锐地捕捉到这一需求。于是，他立即组织海尔集团营销人员进行市场调研，发现成都平原盛产红薯，每当红薯丰收时，农民们需要将大量红薯洗净加工成薯条，但红薯上

的泥土清洗起来既费时又费力，便有人使用洗衣机来清洗红薯。基于这一发现，张瑞敏迅速组织科研人员研发一款能洗红薯的洗衣机，并于1998年4月成功投入批量生产。就这样，一款既能洗衣服又能洗红薯的海尔洗衣机应运而生，且销量十分可观。

在2018年的两会上，有记者向时任全国人大代表的海尔集团总裁周云杰提问："听说海尔洗衣机能洗红薯，是真的吗？"

周云杰闻言而笑："我们当年为了研发能洗红薯的洗衣机，设计了全新的托架和更大的排水口，以便泥沙被冲洗出去。同样地，我们还设计了洗小龙虾不掉爪的洗衣机，因为我们发现有的用户在洗小龙虾时把手都弄破了。这其实反映了同一类问题，即海尔集团对用户需求的重视。一般人可能觉得这是笑话，但我们认为这是机会。时代在变，但我们的理念不变，满足用户需求永远是海尔第一位的追求。"

海尔创始人张瑞敏曾说："没有成功的企业，只有时代的企业。"接任者、现任海尔集团总裁周云杰则表示："作为企业工作者或企业家，我们应该与时代同行，不断调整自己来适应时代的变化。"

如今，海尔集团采取"研发、制造、营销"三位一体战略，力求在全球实现用户的多样化需求。海尔集团研发部门深入研究每个细分市场的用户习惯。例如，海尔集团注意到中东用户对大容量洗衣机的需求，推出了一次能洗12件大袍子的洗衣机；在巴基斯坦推出了一次能放入12头羊的冷柜；在西班牙推出了可以储存大量海鲜的多门冰箱等。

用户们那些看似五花八门、奇奇怪怪的需求，在海尔集团这里都得到了最好的尊重和满足。公开数据显示，海尔集团现已布局全球200多个国家和地区，拥有超过10亿位全球用户，消费者的选择和认可就是最好的证明。

（资料来源：根据海尔集团官方网站有关资料编写。）

【活动2】 分析案例，感悟市场营销工作基本流程

一、活动内容

在深入理解[知识准备]中市场营销工作基本流程的基础上，研读分析[案例1-2]，并交流分享案例分析结果。

二、活动步骤与要求

（1）各小组成员认真研读分析[案例1-2]并填写表1-3。

表 1-3 对[案例 1-2]的分析结果

问题	分析结果
顶新公司在康师傅方便面正式上市前,都做了哪些工作	
你从顶新公司给方便面策划品牌的事例中得到了哪些启发	
顶新公司开发适合大陆口味的方便面流程是怎样的?你认为其中最重要的是哪一环	
康师傅首创在碗面上加放塑料叉这一举措体现了怎样的营销指导思想	
结合案例内容简要说明市场营销工作的基本流程	

(2)小组成员交流分享对[案例 1-2]的分析结果。

(3)各小组选派一名代表在全班交流分享对[案例 1-2]的分析结果。

(4)任课教师对各小组的分析结果作出评价和指导,并组织评选出优胜组。

【案例 1-2】 康师傅方便面的成功之道

提到方便面,人们最先想起的便是包装袋上那个胖得可爱的"康师傅"。对很多人来说,"康师傅"简直成了方便面的代名词。那么,康师傅方便面是怎样取得今天这样的成就的呢?

机会偏爱有准备的人

康师傅方便面的创始者是来自顶新公司的魏家四兄弟。1988 年,魏家兄弟开始在大陆投资建厂,刚到大陆时,他们不仅感受到大陆良好的地理环境,而且看到了大陆市场蕴涵着的巨大商机,特别是注意到当时许多家庭的食用油都是品质较差的散装油,于是他们想到做生不如做熟,决定把经营油脂的家族经验移植到大陆,在大陆生产高品质的包装食用油。因此,顶新公司在大陆发展的第一步就是在北京生产"顶好清香油"。但由于缺乏对市场的了解,产品价格高,不为消费者所接受,生产的"顶好清香油"叫好不叫座,导致公司入不敷出。后来,顶新公司又在济南投资生产"康莱蛋酥卷",还曾到内蒙古自治区投资一个蓖麻油项目,但都以失败告终。带来的 1 亿元台币股本赔掉了 80%。就在魏氏兄弟准备卷铺盖回家的时候,现为顶新公司董事长的魏应行在一次出差途中偶然发现了商机,从此改变了顶新公司的命运,使顶新公司不断发展壮大。

一次,魏应行外出办事,因为不习惯火车上的饮食,便带了两箱方便面。没想到这些普通的方便面引起了同车旅客极大的兴趣。大家纷纷夸赞这方便面好吃,两箱方便面很快一扫而空。就是这次经历,魏应行发现了一个新的创业商机。于是,他进行市场调研后冷静地分析了大陆的方便面市场,发现当时的方便面市场两极化严重:一边是国内厂家生产的廉价面,几毛钱一袋,但是质量差,面条一泡就糟,调味料就像是味精水;另一边是进口面,质量好,但是五六元一碗,一般消费者接受不了。如果有一种方便面,味美价廉,价格在两元钱左右,一定很有市场,而且随着生活节奏的加快,人们对方便食品的需求量一定会越来越大。顶新公司于是决定进军方便面市场。

品牌+口味使康师傅一炮打响

决定进军方便面市场后,顶新公司首先考虑如何为产品起个叫得响的名字。为此,他们颇下了一番功夫,通过市场调研最后给产品起名叫"康师傅"。其理由是:"康"念起来很响亮,加上顶新公司过去生产经营过的"康莱蛋酥卷"有一定的知名度,方便面姓"康",与"康莱"可以"称兄道弟";此外,"康师傅"方便面有个"康"字,也容易引起人们对"健康""安康""小康"等的心理联想;"师傅"是最常用的尊称,也是专业上有好手艺的代名词,康师傅叫起来既上口,又亲切,再配上笑容可掬、憨厚可爱的"胖厨师"形象,是一个很具号召力的品牌。

确定了品牌名称,接下来就是开发适合大陆口味的面。这也是最为关键的一步。顶新公司对"康师傅"的定位是既要比大陆生产的方便面好吃,同时还要保留大陆风味。通过市场调研发现,大陆人口味偏重,而且比较偏爱牛肉口味,所以顶新公司决定以"红烧牛肉面"作为进入市场的主打产品。在方便面的制作工艺和口味配方确定上,顶新公司的调研策划者采用了"最笨、最原始"的办法——试吃。他们摆设了摊点,请一批试吃者品尝某种配方的牛肉面,一旦有人提出不满意的地方就改进。待这批人接受了这种风味后,再找第二批人品尝,根据反馈意见再加以改进。调研部门经过上万次口味测试和调查后,才将"大陆风味"的方便面制作工艺和配方最终确定下来。在工艺上,顶新公司从日本、德国专门进口了最先进的生产设备、采用特选面粉,经蒸煮、淋汁、油炸制成面饼,保证了面条够筋道,久泡不糟;再加上双包调料和细肉块调配出的美味汤汁,每袋售价仅在两元左右(不同地区售价略有不同),这使"好吃看得见"的康师傅方便面一亮相便征服了大陆各大城市的消费者。

竭力做到让消费者满意

康师傅在大陆大城市一炮打响后并没有停滞不前,而是瞄准全国市场下决心要做中国的面王。当然,要做"面王"可不是自己说说就可以的,首先要让消费者接受和信赖,只有不断地为消费者提供方便和满意,才有可能成为消费者心中的理想品牌。

"物超所值"是康师傅对消费者的一个不变的承诺,为了做到这一点就要不断改进。首先从产品质量上,随着市场销量的不断上升和生产规模的不断扩大,各种原料和物料的供应问题显得越来越突出,不是供货不及时,就是质量不合要求。在这种情况下,顶新公司决定以合作经营方式引进专业制造商来大陆投资设厂。从1993年开始,顶新公司先后建成了纸箱厂、PSP碗厂、包膜厂、塑料叉等配套服务厂,完成了产业的垂直整合,既保证了产品质量的稳定,降低了成本,又为康师傅的进一步发展奠定了坚实的基础。

在保证产品质量的同时,康师傅还尽心竭力地做到让消费者满意。为了将最新鲜的产品及时送到消费者手中,同时也为了避免因长途运输造成的地区差价,顶新公司从1994年开始相继在广州、杭州、武汉、重庆、西安、沈阳、青岛等地设立生产基地，生产线也从1条增加到100多条，并根据各地的口味差异，开发生产了20余种不同口味的产品。为了让出门在外的消费者吃得方便，康师傅还首创在碗面上加放塑料叉，真正做到了随时随地提供方便。此项创举迅速成为潮流，使所有生产方便碗面的厂家纷纷仿效，碗面配小叉成了一项不成文的标准。

精耕销售渠道使康师傅畅销全国

几年的发展使顶新公司在拥有了生产规模之后，开始专注于发挥、拓展企业的销售渠道优势。

进入1996年，同类产品纷纷上市，竞争日趋激烈，原有的销售渠道和周期很难将产品顺利推上市场。为此，顶新公司提出"通路精耕"的概念，旨在缩短流通周期。过去产品要转七八手才能到消费者手里，实行通路精耕后，减少为二三手，甚至在有的城市只转一手，即由集团直接向各大超市供货。为了规范市场，顶新公司还将国内市场划分为1 500个区域，每个区域设一个专属经销商，通过严谨的供销合同，使经销商与顶新集团成为命运共同体，权利、义务明确，这样可以有效地避免由于批发商过多而导致的恶性竞争。

为了确保经销商及时销货，顶新公司派出3 000多名业务代表，为经销商提供配套服务，与之共同开发客户。每个业务代表都要开发50~100个客户，这样既保证了经销商的利益，又延伸了销售网络，市场也因此而健康发展。

通过"通路精耕"措施，截至2022年年末，康师傅在全国已经设有337个营业所、322个仓库，经销商数量多达8万家，直营零售商数量超25万家。这些销售网络使康师傅的产品畅销全国，总营收达787.17亿元，相较于2021年740.82亿元的总营收实现6.26%的增长。

注重广告宣传使康师傅深入人心

康师傅方便面始终坚持以广告为主的传播策略。顶新认为："做广告就像交朋友，你不打招呼，人家就把你淡忘了"。从20世纪90年代中后期开始，康师傅每年的广告投入从不低于1亿元。在广告形式上，康师傅所采用的是电视、报纸、户外广告等媒体的全方位传播模式。在广告媒体的选择上，康师傅一贯坚持依托强势媒体，打造强势品牌的策略。2008年，康师傅再度重磅出击，利用2.6亿元的标的，抢占中央电视台《新闻联播》后7.5秒标版以及《天气预报》后《焦点访谈》前A特段等黄金资源，成为行业一大亮点。此外，顶新公司还注重网络传播，在网上组织一些令消费者喜欢的活动，极大地调动了消费者的积极性，使得康师傅更加深入人心。

如今，康师傅方便面已得到消费者的广泛认可，"康师傅"品牌的知名度已达到95%，成为中国方便面的领导品牌。

（资料来源：根据中国营销传播网有关资料编写。）

【知识拓展】 市场营销的 4P、4C、4R 理论

"4P"理论产生于20世纪60年代的美国,它是随着营销组合理论的提出而出现的。1953年,尼尔·博登(Neil Borden)在美国市场营销学会的就职演说中创造了"市场营销组合"(marketing mix)这一术语,其意是指市场需求或多或少地在某种程度上受到"营销变量"或"营销要素"的影响。为了寻求一定的市场反应,企业要对这些要素进行有效的组合,从而满足市场需求,获得最大利润。营销组合有几十个要素,杰罗姆·麦卡锡教授于1960年在其《基础营销》(*Basic Marketing*)一书中将这些要素概括为四类:产品(product)、价格(price)、渠道(place)、促销(promotion),即著名的"4P"理论。"4P"理论以满足市场需求为目标,是营销学的基本理论。它最早将复杂的市场营销活动加以简单化、抽象化和体系化,构建了营销学的基本框架,促进了市场营销理论的发展与普及。"4P"理论在营销实践中得到了广泛的应用,至今仍然是人们思考营销问题的基本模式。"4P"理论对市场营销实践产生了深刻的影响,被营销业界奉为营销理论的经典和基石。

"4C"理论是由美国营销专家劳特朋教授在1990年提出的,它以消费者需求为导向,以追求顾客满意为目标,重新设定了市场营销组合的四个基本要素:消费者(consumer)、成本(cost)、便利(convenience)和沟通(communication)。它强调企业应该首先把追求顾客满意放在第一位,其次是努力降低顾客的购买成本,然后要充分注意到顾客购买过程中的便利性,而不是从企业的角度来决定销售渠道策略,最后还应以消费者为中心实施有效的营销沟通。同以产品为导向的"4P"理论相比,"4C"理论有了很大的进步和发展,它重视顾客导向,以追求顾客满意为目标,这实际上是当今消费者在营销中越来越居主动地位的市场对企业的必然要求。

21世纪伊始,《4R营销》的作者艾略特·艾登伯格提出"4R"理论。"4R"理论以关系营销为核心,重在建立顾客忠诚。它阐述了四个全新的营销组合要素:关联(relativity)、反应(reaction)、关系(relation)和回报(retribution)。"4R"理论强调企业与顾客在市场变化的动态中应建立长久互动的关系,以防止顾客流失,赢得长期而稳定的市场;其次,面对迅速变化的顾客需求,企业应学会倾听顾客的意见,及时寻找、发现和挖掘顾客的渴望与不满以及其可能发生的演变,同时建立快速反应机制以对市场变化快速地作出反应;企业与顾客之间应建立长期而稳定的朋友关系,从实现销售转变为实现对顾客的责任与承诺,以维持顾客再次购买和顾客忠诚;企业应追求市场回报,并将市场回报当作企业进一步发展和保持与市场关系的动力与源泉。"4R"理论的最大特点是以竞争为导向,以建立顾客忠诚为目标。该理论根据市场不断成熟和竞争日趋激烈的形势,着眼于企业与顾客互动与双赢,不仅积极地适应顾客的需求,而且主动地创造需求,通过关联、关系、反应等形式与客户形成独特的关系,把企业与客户联系在一起,形成竞争优势。

上述三种营销理论不是相互取代的关系,而是相互完善和发展的关系。所以不可把三者割裂开来甚至对立起来。企业在营销工作中,要根据实际情况把三者结合起来指导营销实践,从而取得更好的经营效果。

任务2 理解并选择适当的营销观念

【知识准备】

一、营销观念的概念

营销观念又称营销理念或营销哲学,是指企业开展市场营销活动的指导思想和行为准则的高度概括。其核心是企业在开展营销活动过程中处理企业、顾客和社会三者利益方面所持有的态度、思想和观念。

有什么样的营销观念就会产生什么样的营销活动。古今中外的大量事实证明:营销观念正确与否决定着企业营销活动的成败,影响着企业的生存与发展。因此,企业在开展营销活动之前必须首先树立正确的营销观念。那么,树立什么样的营销观念才是正确的呢?我们认为,只要企业的营销观念与企业所处的市场营销环境和供求关系相适应,那么,这种营销观念就是正确的。下面,我们通过分析营销观念的演变过程来认识这个道理。

二、营销观念的演变过程

营销观念是随着生产力发展、科学技术进步和市场环境的变化而不断发展变化的。从西方企业市场营销活动的发展历史来看,营销观念的变化大致经历了生产观念、产品观念、推销观念、市场营销观念、社会市场营销观念这几个阶段。

(一)生产观念

生产观念是在卖方市场条件下产生的。所谓卖方市场,是指由于商品供不应求,经营的商品和价格由卖方起决定作用的一种市场状态。在资本主义工业化初期以及第二次世界大战末期和战后的一段时期内,由于物资短缺,市场产品供不应求,在企业经营管理中普遍奉行生产观念,其主要表现是"我生产什么,就卖什么"。企业普遍致力于提高生产效率,扩大产量,降低成本以增加利润。例如,美国汽车大王亨利·福特曾傲慢地宣称:"不管顾客需要什么颜色的汽车,我只有一种黑色的。"我国在计划经济旧体制下,由于市场产品短缺,企业不愁其产品没有销路,工商企业在其经营管理中也奉行这一生产观念,具体表现为:工业企业集中力量发展生产,轻视市场营销,实行以产定销;商业企业集中力量抓货源,工业生产什么就收购什么,生产多少就收购多少,收购多少就卖多少。在吃饭穿衣靠粮票、布票的年代,广大消费者并没有更多的选择。

(二)产品观念

从生产观念中还派生出一种产品观念。产品观念认为:只要产品质量好,有特色、价格廉,就会受到消费者的青睐而不愁销路。因此,企业应致力于生产高质量、多功能和具有某种特色的产品,而不重视对市场需求变化的研究,最终导致"市场营销近视症"。例如,21世纪初的诺基亚公司,在其占据全球手机市场优势的巅峰年代,因为过度自信而忽视了消费者对于软件的需求,选择更多地改进手机的硬件,错过了开放式的安卓系统,被后起之秀苹果、三星等公司不断超越,最终出售了自己的手机业务(思考:什么样的产品是"好"产品?产品的好坏是取决于企业评价还是取决于顾客评价?)。

(三)推销观念

推销观念产生于由"卖方市场"向"买方市场"过渡的阶段。其主要表现是"我卖什么,顾客就买什么"。推销观念认为,企业推销什么产品,消费者就会买什么产品。在这种观念的指导下,企业经营的重点是运用各种推销手段和广告宣传向消费者大力推销产品,以期提高市场占有率、扩大产品销售量以增加利润。

在1920—1945年,由于科学技术的进步,科学管理和大规模生产的推广,产品产量迅速增加,卖主之间竞争激烈。尤其在1929—1933年的世界特大经济危机期间,大量产品销售不出去,因而迫使企业重视采用广告术与推销术去推销产品。许多企业感到即使有物美价廉的产品,也未必能卖得出去;企业要想在日益激烈的市场竞争中求得生存和发展,就必须重视推销。例如,美国皮尔斯堡面粉公司在此经营观念导向下,在当时提出了"本公司旨在推销面粉"的口号。推销观念仍存在于当今的企业经营活动中,如对于顾客不愿购买的产品,甚至采用强行的推销手段,又如以低价或买赠等营业推广方式出售滞销产品。这种观念虽然比前两种观念前进了一步,但其实质仍然是以生产为中心的(思考:推销观念进步在什么地方?根本缺点是什么?奉行推销观念会带来什么结果?)。

(四)市场营销观念

市场营销观念是在买方市场条件下产生的。其核心是以满足消费者需求为中心,即"消费者需要什么,就生产经营什么"。在这种观念指导下,企业营销的重点是:以消费者需求为中心和出发点,集中企业一切资源和力量,综合运用各种营销手段(即整体营销),千方百计地适应和满足消费者需求,以实现企业的利润目标。

买方市场,是指由于商品供过于求,企业经营的商品和价格由买方起决定作用的一种市场状态。第二次世界大战结束后,随着科学技术的高速度发展和各主要资本主义国家庞大的军事工业转产民用产品,生产效率进一步提高,生产规模继续扩大,社会产品供应量剧增,产品品种花色日新月异;同时由于各资本主义国家普遍实行了高工资、高福利和高消费政策,刺激和促进消费者购买力大幅度地提高,使消费者需求不断地发生变化,迅速由原来的卖方市场转变为以购买者为主导的买方市场。在这种背景下,许多企业开始认识到,实现企业各项目标的关键,在于正确确定目标市场的需求,并且比竞争者更有效地提供目标市场所期望的物品或服务,进而比竞争者更有效地满足目标市场的需求才能求得生存和发展。于是,许多优秀的企业开始奉行市场营销观念。例如,上文提到的美国皮尔斯堡面粉公司在1950年前后进行市场调查,了解到战后美国人民的生活方式已发生了变化,家庭采购食品时,对不同品种的半成品或成品的需求日益增加,如各式饼干、点心、面包等。针对市场需求变化,该公司开始生产和销售各种成品和半成品食品,销售量迅速上升。1958年,该公司又进一步成立了美国皮尔斯堡销售公司,着眼于长期占领市场份额。又如,日本本田汽车公司要在美国推出一款雅阁牌新车,在设计新车前,他们派出工程技术人员专程到洛杉矶地区考察高速公路的情况,实地丈量路长、路宽,采集高速公路的柏油,拍摄进出口道路的设计。回到日本后,他们专门修了一条9英里长的高速公路,就连路标和告示牌都与美国公路上的一模一样。在设计行李箱时,设计人员意见有了分歧,为了统一意见,他们就到停车场观察了一个下午,看人们如何放取行李。结果雅阁牌汽车一发售就备受欢迎,被称为全世界都能接受的好车。

(五)社会市场营销观念

社会市场营销观念是对市场营销观念的修正和完善。随着社会的发展和消费者觉悟的提高,人们逐渐认识到,单纯强调市场营销观念,忽视了满足消费者当前需要与全社会的整体利益和长远利益之间的矛盾,从而导致资源浪费、环境恶化,危害人类健康等诸多弊端。于是,在20世纪70年代西方资本主义国家出现能源短缺、通货膨胀、失业增加、环境污染严重、消费者保护运动盛行的新形势下,产生了社会市场营销观念。

社会市场营销观念认为:企业的合理行为应该是在满足消费者需求的同时,还要考虑社会的整体利益和长远利益,在此基础上谋求企业利润目标的实现。企业提供任何产品或服务时,不仅要满足消费者的需要和符合本企业的利益,而且要符合消费者和社会的整体利益和长远利益。只有这样,企业才能在赢得社会和政府的信任与支持中取得快速、长远的发展。

例如,现在许多产品包装都选择纸质或者可降解塑料,书籍、影音产品等也更多地以电子版的形式出现,这些都是为了更好地配合环保措施而出现的新型营销方式。在取得消费者好感的同时,也符合社会发展的长远目标。

上述五种企业营销观念大致上可以分为两大类:前三种为一类称为传统营销观念或旧观念;后两种为一类称为现代营销观念或新观念。这两类营销观念的主要区别如表1-4所示。

表1-4 新旧营销观念的区别

	营销观念	产生背景	出发点	手段	策略	目标
旧观念	生产观念	卖方市场	生产	提高产量降低成本	以产定销	增加生产取得利润
	产品观念	卖方市场	产品	提高质量增加功能	以质取胜	提高质量获得利润
	推销观念	卖方市场	销售	推销与促销	以多销取胜	扩大销售获得利润
新观念	市场营销观念	买方市场	顾客需求	整体市场营销	以比竞争者更有效地满足顾客需求取胜	从满足需求中获取利益
	社会市场营销观念	买方市场	顾客需求和社会利益	整体市场营销	以满足顾客需求和社会利益取胜	满足顾客需要增进社会利益获得经济效益

上述五种企业营销观念,其产生和存在都有其历史背景和必然性,都是与一定的条件相联系、相适应的。随着社会的发展和市场需求的变化,还会产生新的与之相适应的企业营销观念。作为企业的营销管理者,要善于及时捕捉这种变化,并采取与之相适应的营销

观念来指导企业的营销活动,才能使企业不断发展壮大。

【活动 1】 分析案例,感悟选择正确营销观念的重要性

一、活动内容

在深入理解[知识准备]中营销观念的概念和演变过程的基础上,研读分析[案例1-3],并交流分享案例分析结果。

二、活动步骤与要求

(1) 各小组成员认真研读[案例1-3]并填写表1-5。

表 1-5　对[案例 1-3]的分析结果

问题	分析结果
简述可口可乐营销理念的变化	
谈谈大萧条时期可口可乐采取了哪些措施来应对金融危机	
谈谈你对可口可乐冬奥会时期展现出的社会营销观念的看法	

(2) 小组成员交流分享对[案例1-3]的分析结果。
(3) 各小组选派一名代表在全班交流分享对[案例1-3]的分析结果。
(4) 任课教师对各小组的分析结果作出评价和指导,并组织评选出优胜组。

【案例 1-3】 可口可乐的诞生:独特定位与推销式的广告理念

　　可口可乐诞生的19世纪八九十年代,是各种秘方药、保健品广告的黄金时代。由于没有相关制度的限制,这些企业可以肆无忌惮地投放各类广告。在可口可乐问世的同一时期,头部企业每年的广告费用都在10万美元以上,药剂师出身的可口可乐创始人彭伯顿也认可广告助推销售的模式。他曾表示"如果我有25 000美元,我愿意花24 000美元来为可口可乐打广告,再用剩下的1 000美元来进行生产"。

　　由于资金有限,可口可乐第一年的广告费用只有150美元,好在当时的广告成本十分低廉:巨幅油布标语每幅1美元,三张海报只要1美分,1美元可以印刷1 000张试饮礼券。

　　当时可口可乐制定的营销策略简单而有效:制作各种平面广告,让尽量多的人知道可口可乐;与药店、冷饮店等终端销售渠道合作,让消费者可以便捷地获得可口可乐饮料;通过免费赠饮的方式,降低消费门槛,靠产品本身的特点形成重复购买。

　　可口可乐的第一个广告于1886年3月29日刊登在《亚特兰大日报》上,与很多新推出的产品一样,广告重点强调了可口可乐的特性"可口可乐,美味!清爽!醒脑!提神!可口可乐兼有奇妙的古柯叶和著名的可乐果的特色!各个冷饮柜均有出售"。

　　19世纪末20世纪初,可口可乐每年会采取约30种广告形式,分发100多万份广

告宣传品。1900年,可口可乐的广告费用接近85 000美元。到了1912年,这个数字就攀升到了100多万美元。仅1913年一年,可口可乐就分发了1亿多份广告宣传品,包括体温计、纸板剪贴画、金属广告牌、日式扇子和日历、冷饮柜托盘、纸板火柴盒、记事簿、棒球卡,还有数不清的纸板和金属牌标识。可以说,可口可乐渗透了美国人生活的方方面面。

可口可乐的转变:塑造快乐的品牌理念

1923年,罗伯特·伍德拉夫(Robert Woodruff)担任可口可乐总裁。在他的管理下,经历了美国经济大萧条、第二次世界大战及战后全球化的可口可乐,最终成长为全世界最知名的品牌之一。

伍德拉夫上任之初就遇到了一个棘手的问题:可口可乐究竟是一种健康的家庭饮料,还是酒精饮料的温和替代品?这个问题源于越来越多的人开始关注长期饮用可口可乐带来的损害大脑、影响人的精神状况和生育能力等副作用。

对此,伍德拉夫并没有采用防御和消极应对的方式,而是对可口可乐进行重新定位:可口可乐饮料没有惊天动地的重要性,仅仅使人们的生活多一点轻松和愉快。在他的领导下,可口可乐塑造其"快乐"的品牌定位,并为此创造了流行至今的圣诞老人形象。

冰凉清爽的可口可乐是典型的周期性产品,通常夏天热销,冬天的销量会直线下降。在这个方面,可口可乐也曾数次投放广告,可效果却平平。直到1931年,可口可乐选中的圣诞老人形象为可口可乐当年的销量作出了巨大贡献,可口可乐开始把圣诞节当作一个关键的营销节点来看待。全家人聚集在一起,分享彼此快乐的圣诞节刚好契合"快乐"这一可口可乐努力打造的品牌符号。因此,可口可乐与艺术家海顿·珊布(Haddon Sundblom)签约,共同创造出一个喝可乐的圣诞老人形象。

更多的广告曝光不仅让圣诞老人的形象深入人心,还顺带使红色取代了绿色成为圣诞节的主色调。而可口可乐当年并没有对圣诞老人这一IP进行保护,使得更多品牌、组织、个人加入圣诞老人周边的创作中,以至于现在我们提到圣诞节立刻就能想到那个身着红衣、骑着麋鹿、笑呵呵送礼物的大胡子老爷爷。

可口可乐将精心准备的广告素材投放到美国交通主干道、纽约时代广场等标志性建筑物和《妇女家庭杂志》《星期六晚报》等报纸杂志上。随着这些广告被越来越多消费者知晓,再口口相传,人们开始对"可口可乐能带来轻松和愉快"这一理念产生了认同。

可口可乐的广告人阿尔奇·李(Archie Lee)结合当时人们对轻松快乐生活的渴望,为可口可乐创作了新的广告语"在工作或娱乐时享受口渴的感觉",并逐渐迭代成为那句著名的广告语"The Pause That Refreshes(享受清凉一刻)"。

可口可乐的新生:营销理念的转折点

20世纪30年代,美国进入大萧条时期,加之1933年含酒精饮料再次合法。曾有媒体评论道:"废除禁酒令对可口可乐是一个巨大的打击,试问,当人们能够合法地得到真正的啤酒和'男人的威士忌'的时候,谁还会去喝'软饮料'呢?可口可乐公司快要完蛋了。"

然而可口可乐依然通过有效的营销,延续了增长趋势。这是怎么做到的?

第一,可口可乐抓住了电影、广播迅猛发展的红利。

20世纪30年代的经济大萧条为美国电影业带来了生机。而可口可乐也以广告主的身份,成为电影业发展的获益者之一。经济大萧条使人们更倾向观看描述美好生活的电影来摆脱现实的影响,可口可乐则通过资金、商品等赞助使产品出现在各种电影广告中或电影台词中,让人们在欣赏电影的同时加深对可口可乐的印象。例如,在1938年的电影《无畏飞行家》中,斯宾塞·特雷西的台词"请再来两瓶可口可乐"。

第二,可口可乐针对不同用户群开展个性化营销。

例如,2011年,为了吸引年轻群体的目光,可口可乐在澳大利亚发起了一项别出心裁的活动,即在瓶身上印制用户名字作为logo。此次活动覆盖了户外广告、电视广告以及网络平台等诸多媒体渠道。许多消费者因为瓶身上印有自己或朋友、爱人的名字而欣然购买,并乐于将这份独特的可口可乐照片分享到社交网站上,进一步激发了更多消费者的参与热情。

自2011年起,可口可乐不断探索并实践"Share a Coke with……"的推广策略,这一策略随后被成功推广至全球80多个国家和地区。2013年,可口可乐推出了"昵称瓶";2014年,又推出了"歌词瓶";到了2015年,更是创新性地推出了集合经典电影和电视剧经典台词的"台词瓶"。这些活动吸引了大量消费者通过社交媒体积极参与,极大地提升了可口可乐品牌的影响力和市场份额。

现代的可口可乐:携手冬奥,展现一拍即合的环保理念

作为奥林匹克全球合作伙伴中唯一一家食品饮料品牌,自2022年1月22日起,可口可乐于北京中石化加油站望京新城站开启为期1个月的"冬奥主题加油站"快闪活动,其中出现了具有大量奥运五环元素与抽象装饰的可口可乐畅爽快车。

同时,在北京2022年冬奥会倒计时10天之际,可口可乐在微信上线了"可口可乐冬奥园游会"活动,用户可以集徽章、赢好礼,抽取海量可口可乐冬奥会周边。其中值得一提的是,用户可以参加"空瓶大作战"活动,用户随机发现可口可乐空瓶,通过微信将其回收,最后,收集到的空瓶还能在"瓶焕新生"区域进行抽奖兑换。

可口可乐中国为北京2022年冬奥会所有场馆的清废团队提供"温暖包",采用了EPET材质(饮料瓶再生材质)的工作服套装,包括可拆卸的防寒外套和裤装、保暖内胆、保暖围脖、防寒手套和头套。在设计上,可口可乐中国将"回"字元素巧妙融入工作服套装的设计之中,其理念呼应了在全国范围更新了包装的可口可乐(新包装的瓶身印有"回收我"可持续包装标志),共同激发公众对于循环再生的意识,鼓励公众在喝完饮料后把饮料瓶进行回收。

这一系列的举措,使可口可乐不仅展示了品牌拥抱冬奥的热情活力,也令其可持续循环理念深入人心。

(资料来源:根据可口可乐官方网站信息及新闻媒体报道等改写。)

【活动2】 调研分析当地企业的营销观念

一、活动内容

以小组为单位利用双休日选择3家当地企业(其中至少有1家为生产企业)进行观察和访谈,分析被调查企业的营销观念。

二、活动步骤与要求

(1) 选择企业进行实地观察和访谈,并记录观察和访谈结果。
(2) 整理观察和访谈资料,并填写表1-6。

表1-6 营销观念调查分析表

企业名称	观察的内容与结果	访谈的内容与结果	综合分析得出的结论

(3) 各小组选派一名代表在全班交流分享本组的调研分析结果。
(4) 任课教师对各小组的调研分析结果作出评价和指导,并组织评选出优胜组。

【知识拓展】 绿色营销与绿色产品

绿色营销是指企业以环境保护为经营指导思想,以绿色文化为价值观念,以消费者的绿色消费为中心和出发点的营销观念、营销方式和营销策略。它要求企业在经营中贯彻自身利益、消费者利益和环境利益相结合的原则。

绿色产品是指生产过程及其本身节能、节水、低污染、低毒、可再生、可回收的一类产品,它也是绿色科技应用的最终体现。绿色产品能直接促使人们消费观念和生产方式的转变,其主要特点是以市场调节方式来实现环境保护的目标。公众以购买绿色产品为时尚,促进企业以生产绿色产品作为获取经济利益的途径。为了鼓励、保护和监督绿色产品的生产和消费,不少国家都制定了"绿色标志"制度。我国农业农村部在2021年启动实施农业生产"三品一标"(品种培优、品质提升、品牌打造和标准化生产)提升行动,更高层次、更深领域推进农业绿色发展。在工业方面,2024年2月,工业和信息化部等七部门联合印发关于加快推动制造业绿色化发展的指导意见,提出了一系列发展目标,并从加快传统产业绿色低碳转型升级、推动新兴产业绿色低碳高起点发展、培育制造业绿色融合新业态、提升制造业绿色发展基础能力等方面,推动制造业绿色化发展。

【思考与练习】

一、名词解释

1. 市场 2. 市场营销 3. 消费者市场 4. 生产者市场 5. 中间商市场 6. 营销组合 7. 营销观念 8. 买方市场 9. 卖方市场

二、判断题（判断下列各题是否正确。正确的在题后的括号内打"√"，错误的打"×"）

1. 从营销理论的角度看，市场就是买卖商品的场所。（   ）
2. 在组成市场的双方中，买方的需求是决定性的。（   ）
3. 市场营销就是推销和广告。（   ）
4. 许多家用电器生产厂家近年来高举"智能家居""AI"旗帜，纷纷推出可以使用手机程序或AI控制的家用电器。他们所奉行的营销观念是市场营销观念。（   ）
5. 通过满足需求达到顾客满意，最终实现包括利润在内的企业目标，是现代市场营销的基本精神。（   ）
6. 现代市场营销活动从采购原材料以前就开始了，产品销售以后还没结束。（   ）

三、选择题（在下列每小题中，选择一个适合的备选答案序号填入括号内）

1. 从营销理论的角度而言，企业进行市场营销的最终目的是（   ）。
   A. 满足消费者的需求和欲望   B. 获取利润
   C. 求得生存和发展   D. 把商品推销给消费者
2. 市场营销观念产生的背景是（   ）。
   A. 卖方市场   B. 消费者市场
   C. 买方市场   D. 生产者市场
3. 以生产观念为指导思想的企业，获得利润的主要方法是（   ）。
   A. 提高产品产量   B. 提高产品质量
   C. 以销定产   D. 提高产品产量降低成本
4. 企业分析现有市场对本企业现有产品的需求是否已得到充分满足，从中发现市场机会的方法称为（   ）。
   A. 市场开发   B. 市场渗透   C. 产品开发   D. 多元化经营
5. 奉行生产观念在（   ）情况下也有可能成功。
   A. 买方市场   B. 卖方市场
   C. 生产成本太高   D. 产品为非渴求品

6. 市场营销组合策略是指对(　　)的综合运用。
   A. 广告、人员推销、公共关系以及营业推广策略
   B. 产品、定价、分销以及促销策略
   C. 产品组合宽度、长度、深度和关联度
   D. 市场探查、分割、优先以及定位策略
7. 自古至今许多经营者奉行"酒香不怕巷子深"的经商之道,这种经营观念属于(　　)。
   A. 推销观念　　　　　　　　　　B. 产品观念
   C. 生产观念　　　　　　　　　　D. 市场营销观念

四、问答题

1. 简述寻找发现市场机会的基本方法。
2. 判断市场机会是否能成为企业机会应把握哪些要点?
3. 简述营销组合的内容与特点。
4. 简述营销工作的一般流程。
5. 简述营销与推销的区别。
6. 简述新旧营销观念的主要区别。

项目 2　创建营销组织

【项目说明】

本项目旨在引导学生认识企业的本质、把握企业的特点、了解企业的类型、掌握企业设立的条件和程序,认识企业营销组织机构的基本类型,进而为建立模拟企业、利用模拟企业深入学习市场营销奠定基础。

【学习目标】

※**知识目标**　认识企业的本质,把握企业的特点,了解企业的类型,掌握企业设立的条件和程序,掌握建立营销组织机构的基本原则。

※**能力目标**　能够独立办理企业设立事项;能够根据企业的实际情况设计适当的营销组织机构。

【项目成果】

完成本项目你应当提交以下成果:
(1) 项目组创建模拟公司的方案。
(2) 适合背景企业的营销组织结构图与说明。

任务 1　创建模拟企业

【知识准备】

一、企业的概念与特征

人们在日常生活、工作和学习中所需要的各种商品主要是由企业提供的。企业是从事商品生产和交换的经济组织。企业作为国民经济的基本单位,是市场经济活动的主要参加者,是社会财富的生产者和流通者。我国的国民经济体系就是由数以万计的不同形式的企业组成的。千千万万个企业的生产和经营活动,不仅决定着市场经济的发展状况,而且决定着我国社会经济活动的生机和活力。

企业作为国民经济的基本单位必须具有以下特征。

(一)企业是直接从事经营活动的经济组织

这里说的经营活动是指商品的生产、流通和服务活动。一个国家有许多各种各样的组织,如各种党派组织、政府组织、社会团体组织等。这些组织虽然与商品的生产、流通和服务有某种关系,但他们不直接从事这些活动。企业必须是直接从事经营活动的经济组织。

(二)企业从事经营活动的直接目的是获得利润

利润是商品价格与成本之间的差额,是企业经济效益的集中反映。企业从事经营活动虽然要考虑满足社会的需求,但其直接目的是获得利润。这是企业活动区别于其他组织活动最显著的特征。创造利润既是企业从事经营活动的直接目的,也是企业生存的必要条件。

(三)企业从事经营活动拥有自主经营权、独立核算、自负盈亏

企业要根据市场需求变化开展经营活动就必须拥有自主经营权。企业依法拥有的自主经营权主要包括:生产经营决策权;产品、劳务定价权;产品销售权;物资采购权;进出口经营权;投资决策权;留用资金支配权;资产处置权;联营、兼并权;劳动用工权;人事管理权;工资、奖金分配权;内部机构设置权等。

独立核算、自负盈亏是指企业以自己的收入抵偿自己的支出(即成本费用和税金等)。若收入大于支出,则为盈利,由企业自己支配;若收不抵支、发生亏损,则由企业自己弥补。对经营过程中发生的债务,由企业自己清偿,若企业的全部资产不能清偿自己的全部债务时,企业就要破产倒闭。

(四)企业必须是依法设立的经济组织

企业必须严格依照法律规定的条件和程序,经工商行政管理部门核准登记后才能设立,并且要在核准的经营范围内从事经营活动。否则,企业的设立和从事的经营活动就是非法的,不仅不能受到法律的保护还要受到法律的制裁。

综上所述,所谓企业是指依法设立的以盈利为目的直接从事经营活动且独立核算、自负盈亏的经济组织。

二、企业的基本类型

企业作为国民经济的基本单位,根据不同的标准可以划分为不同的类型。常见的企业分类有以下几种。

(一)按企业经营内容和所属行业的不同分类

这种分类方法是我国常用的企业分类方法,我国企业的上级主管部门也是按这种分类来设置管理机构的。按这种分类方法分成的主要企业类型有以下七种:

(1) 工业企业：是从事工业品生产，为社会提供工业产品和工业性服务的企业。例如，生产汽车的一汽集团公司和钢铁业生产领头人的首钢集团。

(2) 农业企业：是从事农、林、牧、副、渔业生产，为社会提供农副产品的企业。例如，国内粮食生产龙头的北大荒集团。

(3) 商业企业：是专门从事商品流通业务的企业。例如，我们生活中熟知的运动品牌安踏和各种食品、服装公司等。

(4) 金融企业：是专门经营货币或信用业务的企业。例如，除国有银行外的商业银行等。

(5) 交通运输企业：是专门为社会提供交通运输服务的企业。例如，河南交通发展集团和宛运集团等。

(6) 餐饮服务企业：通常是指专门为社会提供食宿服务的企业。例如，中国第一例服务类中国驰名商标全聚德、海底捞等。

(7) 通信服务企业：是专门为社会提供通信服务的企业。例如，中国移动、中国联通、中国电信三大通信公司。

除上述主要类型外，还有旅游服务企业、家政服务企业等。

（二）按企业资产的所有制性质的不同分类

这是我国过去常用的一种分类方法。按照企业资产的所有制性质可将企业分为如下几种类型：

(1) 全民所有制企业，也称国有企业。它的全部生产资料和劳动成果归全体劳动者所有，或归代表全体劳动者利益的国家所有。在计划经济体制下，我国的国有企业全部由国家直接经营。由国家直接经营的国有企业称国有企业。例如中国石油、中国烟草、中国盐业等。

(2) 集体所有制企业，简称集体企业。在集体企业里，企业的全部集体生产资料和劳动成果归一定范围内的劳动者共同所有。现在只有部分地方还有少数集体所有制企业。

(3) 私营企业，是指由自然人投资设立或由自然人控股，以雇佣劳动为基础的营利性经济组织。

(4) 混合所有制企业，是指具有两种或两种以上所有制经济成分的企业，如中外合资经营企业、中外合作经营企业、国内具有多种经济成分的股份制企业等。

（三）按企业组织制度和法律要求的不同分类

按企业组织制度和法律要求不同的分类是国际通用的一种企业分类方法。根据我国有关法律规定可将企业分为以下四类：

(1) 个体工商户：是依照我国《个体工商户条例》设立的，由一个自然人或一个家庭出资，业主人数和出资多少没有要求，出资人承担无限责任的经营实体。个体工商户不具有企业法人资格，名称中不得使用"有限""有限责任""公司"等字样。

● 知识链接

法人是相对于"自然人"而言的，尽管都被称为"人"，但却有着本质的区别。自然人是以生命和血缘关系的存在为特征的单个人,而法人则只是社会组织在法律上的人格化,是依照法律独立享有民事权利并承担民事义务的组织。因此我们每个人都是自然人,但不是法人。

企业法人是指依法成立,有必要的财产,有自己的名称、组织机构和经营场所,能够独立承担民事责任的经济组织。可见,企业法人就是法人型企业,它与一般企业的主要区别就在于其组织机构比较严密与完善,而且能够独立承担民事责任,是法律关系的主体。

非企业法人是指国家机关、事业单位和社会团体法人。它们是法人,但它们主要从事国家行政管理活动和社会公益活动,不以盈利为目的。

(2) 个人独资企业:是依照我国《个人独资企业法》设立的,由一个自然人出资,出资多少没有要求,出资人以其个人财产对企业债务承担无限责任的经营实体。个人独资企业不具有企业法人资格,名称中不得使用"有限""有限责任"或"公司"字样。

(3) 合伙企业:是依照我国《合伙企业法》设立的,由2人(含2人)以上出资,出资多少没有要求,出资人按照合伙协议,共同出资、合伙经营、共享收益、共担风险,并对合伙企业债务承担无限连带责任的营利性组织。合伙企业不具有企业法人资格,名称中不得使用"有限""有限责任"或"公司"字样。

(4) 公司制企业:公司是依法设立的,有独立的法人财产,以盈利为目的的企业法人。我国《公司法》将公司分为有限责任公司和股份有限公司两类。

有限责任公司是依照《公司法》设立的,股东以其出资额为限对公司承担责任,公司以其全部资产为限对公司债务承担责任的企业法人。我国《公司法》规定,有限责任公司的股东人数为50个(含50个)以下;有符合公司章程规定的全体股东认缴的出资额;有股东共同制定公司章程;有公司名称和住所,名称中必须有"有限公司"或"有限责任公司"字样;有符合有限责任公司要求的组织机构。

股份有限公司也是依照《公司法》设立的,其全部资本分为等额股份,股东以其所持股份为限对公司承担责任,公司以其全部资产为限对公司债务承担责任的企业法人。股份有限公司的设立,可以采取发起设立或者募集设立的方式。按照我国《公司法》规定,股份有限公司应当有2人以上200人以下作为发起人,其中须有半数以上的发起人在中国境内有住所;有符合公司章程规定的全体发起人认购的股本总额或者募集的实收股本总额;股份发行、筹办事项符合法律规定;有发起人制订的公司章程,采用募集方式设立并经创立大会通过;有公司的名称和住所,建立符合股份有限公司要求的组织机构。

三、企业设立的条件与程序

(一) 企业设立的条件

根据我国有关法规的要求,设立企业应具备以下五个基本条件:
(1) 有自己的名称、组织机构和章程。
(2) 有固定的经营场所和必要的经营设施。

(3) 有符合国家规定并与其生产经营和政策规定相适应的资金数额和从业人员。
(4) 能独立承担民事责任。
(5) 符合国家法律、法规和政策规定的经营范围。

（二）企业设立的程序

我国企业设立的基本程序分为以下三步。

第一步是申请，是指企业开办人向工商行政管理部门提出企业名称预先核准申请和企业设立登记申请。办理申请时，企业开办人需到当地工商行政管理部门领取申请表，按要求填写即可。企业名称预先核准申请书的样表，如表2-1所示。

表2-1　企业名称预先核准申请书

申请企业名称	
备选企业名称	(1) (2) (3)

第二步是审批，是指企业主管部门或者审批机关对企业名称核准申请与企业设立申请进行的审批。

第三步是登记，是指企业登记主管机关工商行政管理部门对申请人设立企业的基本事项加以核查，并予以注册，发给申请人营业执照的法律程序。

● 知识链接

我国工商企业管理条例规定，企业（公司）名称应由以下部分依次构成：行政区划＋字号＋行业或经营特点＋组织形式，如广州市东达贸易有限公司。

除国务院决定设立的企业外，企业名称不得冠以"中国""中华""全国""国家""国际"等字样。企业名称中的字号应当由2个以上的字组成，行政区划不得用作字号。企业名称可以使用自然人投资人的姓名作字号。企业名称应当使用符合国家规范的汉字，不得使用外国文字、汉语拼音字母、阿拉伯数字、标点符号。企业名称中不得含有其他法人的名称。企业名称中不得含有"帝""总统""大和"等封建、殖民、资本主义不良文化色彩的内容。企业名称中的行业表述应当使用反映企业经济活动性质所属国民经济行业或者企业经营特点的用语。企业名称中行业表述的内容应当与企业经营范围相一致。企业名称中不得使用国民经济行业类别用语表述企业所从事的行业（如"实业""发展"）。

企业为反映其经营特点，可以在名称中的字号之后使用国家（地区）名称或者县级以上行政区划的地名。此时，不视为企业名称中的行政区划，企业名称不应当明示或者暗示有超越其经营范围的业务。

企业名称有下列情形之一的，不予核准：
(1) 与同一工商行政管理机关核准或者登记注册的同行业企业名称、字号相同，有投资关系的除外。

(2) 与其他企业变更名称未满1年的原名称相同。

(3) 与注销登记或者被吊销营业执照未满3年的企业名称相同。

(4) 其他违反法律、行政法规的。

【活动1】 组建项目团队

一、活动内容

阅读[案例2-1],在理解和把握材料内容精神的基础上,建立自己的项目团队,为筹建模拟公司作准备。

二、活动步骤与要求

(1) 各小组成员认真阅读[案例2-1],并填写表2-2。

表2-2 对[案例2-1]的分析记录

问题	分析记录
组建项目团队需要注意哪些方面	
能否将组建项目团队的工作简单地交给人力资源部门?为什么	
考虑团队成员的平衡时应该注意哪些方面	

(2) 小组成员交流分享对[案例2-1]的分析结果。

(3) 各小组选派一名代表在全班交流分享对[案例2-1]的分析结果。

(4) 任课老师对各小组的分析结果作出评价和指导,并组织评选出优胜组。

【案例2-1】 建立项目团队应考虑的主要因素

在建立项目团队时,需综合考虑多重因素以确保团队的有效协作与项目的顺利完成。在明确项目的需求、范围、时间和预算后,挑选合适的团队成员成为至关重要的下一步。

1. 你的团队需要什么样的人

一般而言,理想的团队成员应具备技术能力、学习能力和职业精神三大特质。作为项目负责人,其任务首先是明确团队所需的人才类型以及项目能为成员带来的价值,团队的一致性对项目的推进和工作效率至关重要。其次,选拔团队成员时,需清晰界定各角色的具体职责、技能要求和经验标准,以便挑选出最合适的成员。再次,除了技术能力等硬性条件,还需评估候选人的沟通能力、学习能力和解决问题能力等内在驱动的软性技能,团队是一个整体,仅凭能力或经验不足以支撑团队的长期协作与目标达成,成员间的良好配合与学习进步才是关键。最后,作为项目负责人,应将团队建设视为长期任务,团队成员的职业精神与法制观念是团队稳定运行的基石。

2. 如何招募到所需的人

招募理想的团队成员往往需要复杂的过程,因为对人才的评估并非一蹴而就。以社会招聘为例,招募到合适的人才通常需一次或多次笔试和面试。作为项目负责人,除明确团队需求外,还需制订并公布合理的招募计划,及时筛选有效简历进行评估,必要时借助多种手段对候选人进行背景调查和谈判,并在其加入时给予充分的引导和说明。

3. 如何确保团队成员按期望的模式运作

作为项目负责人,在项目建立之初,首先应明确项目、团队和参与者的需求,如项目任务是紧急任务还是长期运营,团队风格也应纳入项目负责人的期望之中。其次,做好团队成员间的磨合与沟通工作,通过诚实、透明的工作氛围建立信任,鼓励协作与互助。最后,确保团队价值观与组织文化一致,培养积极向上的团队文化与凝聚力。

4. 如何保持团队成员之间的平衡

保持团队成员间的平衡有助于营造和谐的工作氛围,提高工作效率。因此,在组建团队之初就应设计好团队架构,包括成员数量、岗位分工、角色定位与薪酬等。作为项目负责人,应合理分配工作量、能力与职责,并建立激励与认可机制。同时,在推进项目时,需妥善处理冲突与差异,积极引导并跟踪协调。最后,关注团队成员的发展方向,尊重个性的同时确保其融入团队共性,为团队成员提供成长机会和支持,以保证团队整体不断进步,最终实现项目目标。

【活动2】 创建模拟公司

一、活动内容

阅读[案例2-2],假设每个小组只能筹到10万元注册资本,经过充分讨论后每个小组建立一个模拟公司。

二、活动步骤与要求

(1) 各小组成员认真阅读[案例2-2]。
(2) 各小组对阅读材料进行认真学习后,讨论并填写表2-3和表2-4。

表2-3 对[案例2-2]的分析记录

讨论内容	讨论结果
模拟公司的名称及其含义	
模拟公司经营的主要商品及其理由	

(续表)

讨论内容	讨论结果
模拟公司经营的商品主要卖给哪些人,为什么	
模拟公司的经营目标与宣传口号是什么	

表2-4　公司设立登记表

名　称			
名称预先核准通知文书号		联系电话	
住　所		邮政编码	
法定代表人姓　名		职　务	
注册资本	（　）万元	公司类型	
实收资本	（　）万元	设立方式	
经营范围	许可经营项目： 一般经营项目：		
营业期限	长期/___年	申请副本数量	个

本公司依照《公司法》《公司登记管理条例》设立,提交材料真实有效。谨此对真实性承担责任。

法定代表人签字：
年　月　日

(3) 小组成员交流分享对[案例2-2]的分析结果。

(4) 各小组选派一名代表在全班交流分享本组建立的模拟公司的基本情况。交流的内容主要是上述讨论的问题。

(5) 任课教师对各小组的交流结果作出评价和指导,并组织评选出优胜组。

【案例2-2】　建立公司的基本步骤

一、工商注册

(一) 办理名称预核准

(二) 办理营业执照

办理营业执照应提交注册的资料如下：

(1) 拟任公司法定代表人签署的《公司设立登记申请书》。

(2) 股东指定代表或共同委托代理人的证明。

(3) 经办人身份证明。

(4) 公司章程。

(5) 股东或者发起人的主体资格证明。

(6) 以法定代表人或股东名义签署的租赁合同,注册时向工商行政管理机关登记。

(7) 根据公司章程的规定和程序提交法定代表人的任职文件及其身份证明。

(8) 执行董事/董事长、董事、监事、经理的任职文件(原件各1份)及其身份证明。

(9) 公司住所使用证明。

(10) 在网上自行下载打印的《名称预先核准通知书》。

(11) 在网上自行下载打印并由全体投资者共同签署的《名称预先核准申请书》。

(12) 股东或发起人首次出资是非货币财产的,应当提交已办理其财产权转移手续的证明文件。

(13) 以股权出资的,提交《股权认缴出资承诺书》。

(14) 法律、行政法规和国务院决定规定设立有限责任公司必须报经批准的,提交有关批准文件或者许可证。

二、刻章(公章,私章,财务章)

三、组织机构代码证办理

到当地受理代码证办证中心办理。所需资料如下:

(1) 营业执照副本及复印件2份。

(2) 法人、经办人身份证复印件。

(3) 工商核准通知书。

(4) 公章。

四、办理税务登记证

五、办理开户行许可证

企业可以根据经营的需要,选择最方便的任何银行开设基本账户。所需资料如下:

(1) 营业执照正本。

(2) 单位公章、财务专用章、法人及财务负责人章。

(3) 《企业法人申请开业登记注册书》。

(4) 《组织机构代码证书》。

【知识拓展】 股份有限公司发起设立和募集设立的区别

(1) 发起设立是指由发起人认购公司应发行的全部股份而设立公司;募集设立是指发起人认购应发行股份的一部分,其余部分向社会公开募集而设立公司。

(2) 以发起方式设立的,发起人应在认足公司章程规定发行的股份后,缴纳全部股款或者依法办理其抵作股款的财产权的转移手续;以募集方式设立股份有限公司的,发起人认购的股份不得少于公司股份总数的35%,其余股份经国务院证券管理部门批准后向社会公开募集。

(3) 采取发起方式设立的,发起人交付全部出资后,应当选举董事会和监事会,由董事会向公司登记机关申请设立登记;采取募集方式设立的,发行股份的股款缴足后,发起人应当在30日内召开有认股人组成的公司创立大会,选举出董事会成员,董事会应于创立大会结束后30日内,向公司登记机关申请设立登记。

任务2　建立营销组织结构

【知识准备】

一、营销组织结构的基本类型

为了实现企业的营销目标,企业必须建立适合自身特点的营销组织。企业应根据自身的实力及发展战略,选择适合自己的营销组织形式,用最少的管理成本获得最大的运营效益。常见的营销组织形式有以下五种基本类型,企业可以选择其中一种或者综合几种方法来建立自己的营销组织结构。

(一)职能型营销组织

职能型营销组织是按职能来组织部门分工,即从企业高层到基层均把承担相同职能的管理业务及其人员组合在一起,设置相应的管理部门和管理职务。随着生产品种的增多,市场多样化的发展应根据不同的产品种类和市场形态,分别建立各种集生产、销售为一体,自负盈亏的事业部制。它强调市场营销各种职能如销售、广告和研究等的重要性。这种组织把销售职能当成市场营销的重点,而广告、产品管理和研究职能则处于次要地位。其营销组织结构,如图2-1所示。

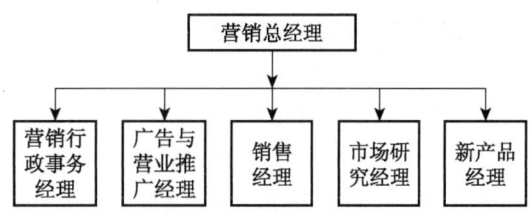

图 2-1　职能型营销组织结构图

职能型营销组织的主要优点:①贯彻了专业分工的要求,有利于提高人力资源利用效率;②职责分明,落实各类人员对各类工作成果的责任;③集中管理、统一指挥,有利于维护领导对指挥和控制活动的权力和威信。不过随着企业产品增多,市场扩大,这种组织形式可能暴露出其效益较差的弱点,因为没有一个职能组织为具体的产品或市场负责,每个职能组织都力求与其他职能组织对等的地位。因而该种组织形式面临着如何进行协调的问题,这就要求企业具有较高的综合平衡能力。

(二)区域型营销组织

区域型营销组织是指在企业的销售组织中,各个销售人员被分派到不同地区,在该地区全权代表企业开展销售业务。这种组织形式的优点:区域主管权力相对集中,决策速度快,易于管理,区域负责制提高了销售人员的积极性,能够激励他们去开发当地业务和培养人际关系。这种组织形式的缺点:由于公司产品较多,消费需求比较复杂,销售人员要从事所有的销售活动,技术上可能不够专业,不适应种类多、技术含量高的产品。其营销组织结构,如图2-2所示。

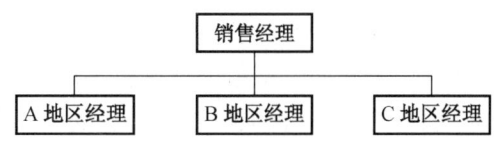

图 2-2　区域型营销组织结构图

(三)产品型营销组织

产品型营销组织是指企业按产品分配销售人员,每个销售人员专门负责特定产品或产品线的销售业务。生产多种产品或品牌的企业,常常建立一个产品或品牌经理组织形式,特别是当产品技术复杂,产品之间联系少或数量众多时,按产品专门化构建销售组织比较合适。产品管理组织形式由一名产品主管经理负责,下设几个产品大类经理,产品大类经理又监督管理某些具体产品经理。

产品型营销组织的优点:①产品经理能够将产品营销组合的各种要素较好地协调起来;②能对市场上出现的问题迅速作出反应;③较小的品种或品牌由于有专人负责而不至于遭忽视。

然而,这种组织形式也有不便之处:①产品经理未能获得足够的权威,以有效地履行自己的职责,只有靠劝说的方法取得广告、销售、生产等部门的配合;②管理形式的费用常常高出原先的预料;③产品经理的任职期限较短,故使市场营销计划缺乏长期连续性。其营销组织结构,如图2-3所示。

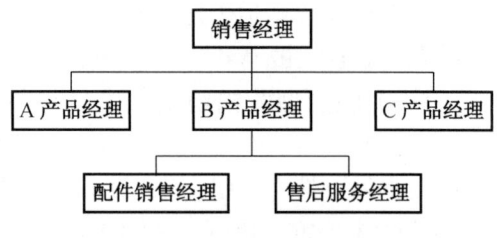

图2-3 产品型营销组织结构图

(四)顾客型营销组织

顾客型营销组织是指企业按照产品的消费者的情况不同来组建自己的销售队伍,即一个推销员负责某一类型消费者的推销。这种组织形式的优点:有利于推销员深入研究消费者需求,与消费者建立长期友好的关系,减少渠道摩擦,为新产品开发提供思路。这种组织形式的缺点:因为每一个类型的顾客分布范围是平均的,推销人员的活动范围就会很大,这样会增加差旅费用以及推销成本。其营销组织结构,如图2-4所示。

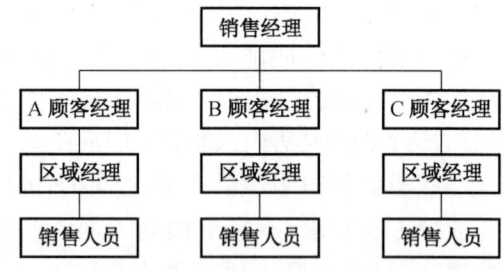

图2-4 顾客型营销组织结构图

(五)复合型营销组织

前面几种营销组织建设的基础都是假设企业只按照一种基础划分营销组织,如按区域划分或按产品划分或按顾客划分。事实上,许多企业使用的是这几种结构的组合。如果企业在一个广阔的地域范围内向各种类型的消费者销售种类繁多的产品,销售人员可以按区域—产品、产品—顾客、区域—顾客相结合的方式加以组织,这样可以综合发挥不同组织形式的优点,公司可根据具体项目与公司的情况确定项目管理的组织形式,而不受现有模式的限制,因而在发挥项目优势与人力资源优势等方面具有方便灵活的特点。与此同时,复合型营销组织结构也会产生一些不足,如公司的项目管理方面容易造成管理混乱,项目的信息流、项目的沟通容易产生障碍,公司的项目管理制度不易较好地贯彻执行等。其营销组织结构,如图2-5所示。

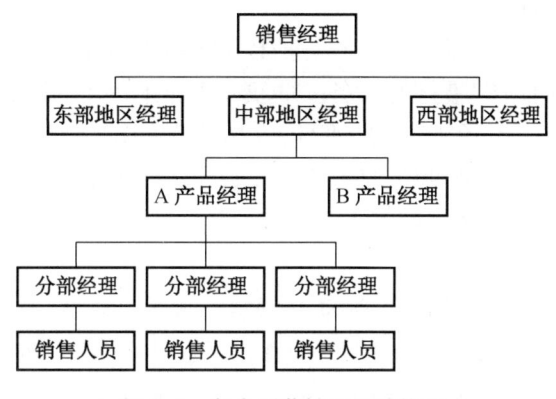

图 2-5 复合型营销组织结构图

二、建立营销组织结构基本原则

(一) 目标一致性原则

这一原则要求设计组织结构必须有利于企业目标的实现。任何一个企业的成立,都有其宗旨和目标,因而,企业中的每一部分都应该与既定的宗旨和目标相关联。否则,就没有存在的意义。一个生产企业的目标是通过生产某种满足社会需要的产品来实现利润的最大化,那么,它的组织结构一般包括为实现这一目标而设立的计划部门、采购部门、生产部门、销售部门、财务部门等。同时,每一层结构根据总目标制定本部门的分目标,而这些分目标又成为该结构向其下属结构进行细分管理的基础。这样目标被层层分解,结构层层建立,直至每一个人都了解自己在总目标的实现中应完成的任务。这样建立起来的组织结构才是一个有机整体,才能为总目标的实现提供保证。

(二) 统一领导,分级管理原则

统一领导是现代化大生产的客观要求,它对于建立健全组织、统一组织行动、协调组织是至关重要的。要保证统一领导,应该将有关组织全局的重要权力集中在组织的最高管理机构。如组织目标、方针、计划、主要规章制度的制定和修改权,组织的人事、财务大权等,都必须集中在组织的最高管理层,以保证整个组织活动的协调一致。在实行统一领导的同时,还必须实行分级管理。所谓分级管理,就是在保证集中统一领导的前提下,建立多层次的管理组织结构,自上而下地逐级授予下级行政领导适当的管理权力,并承担相应的责任。

(三) 专业化原则

专业化就是按工作任务的性质进行专业化分工,也就是说,组织内的各部门都应该尽量按专业化原则来设置,以使工作精益求精,达到最高效率。

(四) 相互协调原则

为了确保组织目标的实现,在组织内的各部门之间以及各部门的内部,都必须相互配合、相互协调地开展工作,这样才能保证整个组织活动的步调一致,否则组织的职能将受到严重影响,目标就难以保证完成。

(五)权责对等原则

权是指管理的职权,即职务范围内的管理权限。责是指管理上的职责,即当管理者占有某职位,担任某职务时所应履行的义务。职责不像职权那样可以授予下属,它作为一种应该履行的义务是不可以授予别人的。职权应与职责相符,职责不可能大于也不可能小于所授予的职权。职权、职责和职务是对等的,如同一个等边三角形三边等长,一定的职务必有一定的职权和职责与之相对应。

(六)有效性原则

有效性原则要求组织机构和组织活动必须富有成效。首先,组织机构设计要合理,要基于管理目标的需要,因事设机构、设职务匹配人员;其次,组织内的信息要畅通,对信息管理要求,一要准确,二要迅速,三要及时反馈;再次,主管领导者要能够对下属实施有效的管理,明确规章制度,保证和巩固组织内各层次和人员之间关系的协调一致。

(七)集权与分权相结合原则

这一原则要求企业实施集权与分权相结合的管理体制来保证有效的管理。需集中的权力要集中,该下放的权力要大胆地分给下级,这样才能增加企业的灵活性和适应性。如果将所有的权力都集中于最高管理层,则会使最高层主管因疲于应付琐碎的事务,而忽视企业的战略性、方向性的大问题;反之,权力过于分散,各部门各把一方,则会导致彼此协调困难,不利于整个企业采取一致行动,以实现整体利益。因此,高层主管必须将与下属所承担的职责相应的职权授予他们,调动下属的工作热情和积极性,发挥其聪明才智,同时也减轻了高层主管的工作负担,以利于其集中精力抓大事。但在一个企业中,究竟哪些权力该集中,哪些权力该分散,没有统一的模式,往往是根据企业的具体性质和管理者的经验来确定。

(八)稳定性与适应性相结合原则

这一原则要求企业组织机构既要有相对的稳定性,不能频繁变动,但又要随外部环境及自身需要作相应调整。一般来讲,一个企业活动的有效进行能维持一种相对稳定状态,企业成员对各自的职责和任务越熟悉,工作效率就越高。组织机构的经常变动会打破企业相对均衡的运动状态,接受和适应新的组织机构会影响工作效率,故企业组织机构应保持相对稳定。但是,任何企业都是动态、开放的系统,不但自身是在不断运动变化的,而且外界环境也是在变化的,当相对僵化、低效率的组织机构已无法适应外部的变化甚至危及企业的生存时,组织机构的调整和变革就变得不可避免,在这时只有调整和变革,企业才会重新充满活力,提高效率。

【活动1】　　　　分析案例,感悟营销组织结构的建立

一、活动内容

在深入理解本项目任务2[知识准备]的基础上,研读分析[案例2-1]至[案例2-5],并交流分享案例分析结果。

二、活动步骤与要求

(1) 各小组成员认真研读[案例2-1]至[案例2-5],并填写表2-5。

表2-5 对[案例2-1]至[案例2-5]的分析结果

问题	分析结果
[案例2-1]中采用了什么类型的营销组织结构?这种组织结构有什么优缺点	
[案例2-2]中采用了什么类型的营销组织结构?这种组织结构有什么优缺点	
[案例2-3]中采用了什么类型的营销组织结构?这种组织结构有什么优缺点	
[案例2-4]中采用了什么类型的营销组织结构?这种组织结构有什么优缺点	
[案例2-5]中采用了什么类型的营销组织结构?这种组织结构有什么优缺点	

(2) 各小组成员交流分享对[案例2-1]至[案例2-5]的分析结果。
(3) 各小组选派一名代表在全班交流分享对[案例2-1]至[案例2-5]的分析结果。
(4) 任课老师对各小组的分析结果作出评价和指导,并组织评选出优胜组。

【案例2-1】 北京某电器公司的营销组织

北京某电器公司营销中心设营销副总经理一名,管理营销事务,下设若干名市场营销经理各执行某一方面的营销职能,其中:营销行政事务经理主管营销日常工作;广告与营业推广经理主管产品的促销工作;销售经理主管推销人员的招募和管理;市场研究经理主管市场调查、分析与预测等工作;新产品经理主管新产品的开发与研制工作。他们都对营销副总经理负责,接受营销副总经理的领导。

【案例2-2】 Z公司的营销组织

Z公司是我国南方近年发展良好的女装企业,Z公司的一个成功之处在于其制订了合理的销售计划。由于女装销售的季节性较为明显,销售预测显得尤为重要。根据销售预测,Z公司会确定相应的销售目标,并将销售目标分配给各销售人员。Z公司按地理位置将目标市场分为若干区域,每个销售人员负责一个区域的全部销售业务,从而有利于销售人员与顾客建立长期关系。

【案例2-3】 通用食品公司的营销组织

通用食品公司在其"邮寄部"设了若干独立的产品线经理,分别负责粮油、动物食品和饮料等产品;在粮油产品线中,又分设若干品种经理负责营养粮食、儿童加糖粮食、家庭用粮食和其他杂粮产品;营养粮食产品经理之下又辖若干品牌经理。产品负责人的作用是制订产品计划,监督产品计划实施,检查执行结果并采取必要的调整措施。

【案例2-4】 M企业的营销组织

M企业是国内的一家白酒生产企业,其合理的销售管理和优秀的销售队伍一直广受业内好评。M企业将其目标市场按照客户属性进行分类,不同的销售人员负责向不同类型的客户进行销售。由于受过专业的训练,M企业的销售人员经验老到。

例如,在接近顾客的时候,很多销售人员会先通过与客户开展社会往来以形成和谐的人际关系,而不是开门见山地说明来意。当顾客有异议时,对于顾客的一些不影响成交的反对意见,有经验的销售人员并不反驳,而是采取不理睬的方法。即使是需要反对顾客的意见时,销售人员也会先承认顾客的看法有一定道理,也就是需要顾客作出一定让步后才讲出自己的看法。在建议成交的环节,对于M企业的优质产品,销售人员还会呈现一种供不应求的状态,从而促成交易。凭借如此优秀的销售队伍,M企业近年来知名度不断上升。

【案例 2-5】 W企业的营销组织

W企业是一家著名的国际性日化用品生产企业,产品种类丰富,包括洗衣粉、洗发水、厨房清洁用品及化妆品等多种产品。由于在世界各地的大部分国家都有分公司,考虑到各个国家的文化不同,W企业从地区、消费者和产品的角度进行综合考量,向不同地区的消费者提供种类繁多的产品,获得了非常好的销量。

【活动 2】 建立适合模拟公司的营销组织结构

一、活动内容

根据本节所学内容,每个小组结合自己模拟公司的情况,经过充分讨论后设计出适合自己公司的营销组织结构。

二、活动步骤与要求

(1)每个小组成员运用在本项目中学习的营销组织结构类型,为本组模拟公司设计营销组织机构并绘制营销组织结构图。
(2)小组成员在本组交流分享自己为模拟公司设计的营销组织结构及图示。
(3)各小组选派一名代表在全班交流本组建立的模拟公司营销组织结构及其图示。
(4)任课老师对各小组的分析结果作出评价和指导,并组织评选出优胜组。

【知识拓展】 营销中心的组织结构

一般来说,一个在运行中的企业都有自己的营销组织。如果你是营销总监,你可以在企业原有基础上提出改进建议。如果是一个新成立的企业,就需要根据企业类型重新规划设计营销组织。

营销中心的组织结构可以根据公司的规模、行业特点以及市场策略而有所不同,但通常会包括以下几个关键部门:市场研究部、品牌管理部、产品营销部、广告宣传部、数字营销部、公共管理部、客户服务部、数据分析部等。

每个部门按照所属的职能要求,除了设置负责整个营销中心战略规划、团队管理和策略执行的营销总监,还可设置部门经理、岗位经理、主任、助理、店长及普通员工六个不同级别的岗位。

(1) 部门经理：负责部门的日常业务管理工作，如市场研究部经理、广告宣传部经理、客户服务部经理等。

(2) 岗位经理：负责特定岗位和特定领域内的工作，如广告宣传部设置广告经理、数字信息经理等。

(3) 主任：负责领域内的团队管理和具体业务执行工作，如培训主任、市场信息主任、设计主任等。

(4) 助理：负责协助上级完成日常工作，提供必要的支持和协助工作。

(5) 店长：有线下实体业务的公司往往设有此类岗位，主要负责店铺的日常运营和管理，以及对应店铺的形象管理工作。

(6) 普通员工：负责具体的方案执行、销售和服务工作。

随着科技的发展与营销工作的范围拓展，根据企业业务的不同，现代营销中心还可能设有其他不同的岗位，如社交媒体营销或新媒体营销、电商营销专员等。大型企业可能会有更为复杂的层级结构，而小型企业则可能把不同的岗位简化为几个关键的复合岗位。但无论什么类型的企业，设置营销中心的共同目的是实现营销方案，完成营销目标。

【思考与练习】

一、名词解释

1. 企业 2. 合伙企业 3. 有限责任公司 4. 股份有限公司 5. 产品型营销组织 6. 区域型营销组织

二、判断题（判断下列各题是否正确。正确的在题后的括号内打"√"，错误的打"×"）

1. 企业必须是直接从事经营活动的经济组织。（　　）
2. 我国对设立公司的出资额没有要求。（　　）
3. 顾客型营销组织的特点是技术上不够专业，不适应种类多、技术含量高的产品。（　　）
4. 产品型营销组织可能会使市场营销计划缺乏长期连续性。（　　）

三、选择题（在下列每小题中，选择适合的备选答案序号填入括号内。）

1. 企业从事经营活动拥有（　　）。
   A. 独立核算　　　　　　　　B. 自主经营权
   C. 自负盈亏　　　　　　　　D. 自由经营

2. 我国的公司制企业包括（　　）。
   A. 有限责任公司　　　　　　　　B. 无限责任公司
   C. 股份有限公司　　　　　　　　D. 合伙公司
3. 营销组织结构的基本类型包括（　　）。
   A. 职能型营销组织　　　　　　　B. 区域型营销组织
   C. 产品型营销组织　　　　　　　D. 顾客型营销组织
   E. 复合型营销组织

四、问答题

1. 企业的基本特征有哪些？
2. 简述企业设立的基本条件和程序。
3. 什么是复合型营销组织？
4. 什么是产品型营销组织？
5. 简述营销组织结构建立的基本原则。

项目 3　市场调研

【项目说明】

　　市场调研是企业营销活动顺利开展的先导性环节。科学的市场调研对于企业经营有着重要的意义。本项目需要完成四个任务：一是掌握行业市场状况的分析方法；二是掌握市场调研的基本内容、程序和方法；三是掌握调查问卷的基本结构和设计方法；四是掌握市场调研报告的具体写作方法。通过掌握行业市场状况的具体分析方法、市场调研的操作流程、问卷的结构和设计以及市场调研报告的写作技巧等，为企业进行有效、科学的市场调研打下坚实的基础，从而为企业制定有效的营销策略提供重要依据。

【学习目标】

　　※**知识目标**　掌握行业市场状况分析的内容与市场容量估算方法；掌握市场调研的基本操作流程；掌握市场调查问卷的构成与设计方法；掌握市场调研报告的结构与写作方法。

　　※**能力目标**　能够进行行业市场状况分析；能够制订市场调研方案；能够设计市场调查问卷；能够撰写市场调研报告。

【项目成果】

　　完成本项目你应当提交以下成果：
　　（1）模拟公司背景行业市场状况分析报告。
　　（2）模拟公司市场调查方案和调查问卷。
　　（3）模拟公司市场调研报告。

任务 1　背景行业市场状况分析

【知识准备】

一、背景行业市场需求分析

每个背景行业虽然各不相同,但在具体市场需求分析因素和方法上却是一致的。市场需求的影响因素和分析方法很多,在此着重介绍人口因素、经济因素以及市场容量的测算方法等。

1. 人口因素

人口是构成市场的重要因素,决定着一个国家或地区市场容量的大小。人口因素主要包括以下五个方面:

(1) 人口的总量及其增长速度。一般情况下,市场需求的增加同人口总量的增加成正比。第七次全国人口普查公报显示,全国人口共 144 349 万人,与 2010 年的 133 972 万人相比,增加了 7 205 万人,增长 5.38%;年平均增长率为 0.53%。随着三孩政策效果逐步显现,以及人口的预期寿命持续提高,未来一段时期,我国人口总量将保持在 14 亿人以上。庞大的人口体量带来较大的市场容量。

(2) 人口的年龄结构。年龄结构是指不同年龄段的消费者占人口总量的比例。不同年龄的人们对商品和服务提出了不同的要求,从而形成各具特色的细分市场,如儿童市场、成人市场、老年市场等。第七次全国人口普查公报显示,我国 0~14 岁人口占 17.95%,15~59 岁人口占比 63.35%,60 岁及以上人口占 18.70%,65 岁及以上人口占 13.50%。与 2010 年相比,0~14 岁、15~59 岁、60 岁及以上人口的比重分别上升 1.35 个百分点、下降 6.79 个百分点、上升 5.44 个百分点。数据显示,我国少儿人口比重回升,生育政策调整取得了积极成效。同时,人口老龄化程度进一步加深。从市场需求来看,生产经营老年人用品的企业将有越来越广阔的市场。

(3) 人口的性别结构。男女性别的不同会形成对商品的需求、购买心理和购买行为的差异。一般来说,一个家庭多为女性主持家务,所以家庭日用品以及服装、化妆品等应以女性为主要经营对象,而文化用品、体育用品以及烟酒食品应以男性为主要经营对象。

(4) 家庭结构。家庭是消费的基本单位,家庭单位的数量和家庭构成对于市场需求影响很大。现代社会大家庭分化,小家庭剧增,家庭单位增多,家庭平均人口减少。这对于电视机、电冰箱、洗衣机等家用电器的生产和经营以及旅游用品、文体用品的生产和经营提供了越来越多的市场机会。

(5) 人口的受教育程度。消费者受教育的程度不同,影响着他们的消费欲望和购买行为。一般来说,消费者受教育程度越高,对商品的鉴别能力越强,购买的理性程度也越高,对商品的质量、品质要求也比较高,容易接受新产品,对商品的个性化需求也会增强。因此,企业应重点关注受教育程度高的地区和人群,侧重于经营高档的、款式新颖的商品。

2. 经济因素

调查经济环境要从一国或一地区的总体经济发展水平和个人收入水平两方面入手。

(1) 国民生产总值和国民收入。国民生产总值和国民收入是衡量一国总体经济实力高低的综合指标。国民生产总值是指一个国家或地区的国民经济所有部门的劳动者在一定时期内(通常为1年)提供的用货币表示的全部最终产品和劳务价值的总量。国民收入是指一国或地区各物质生产部门中的劳动者在一定时期内(通常为1年)新创造价值的总和,即等于国民生产总值扣除生产过程中物质消耗的价值。

(2) 个人收入、个人可支配收入、个人可任意支配收入。个人收入、个人可支配收入、个人可任意支配收入是衡量消费者个人购买能力的具体指标。

个人收入包括消费者的工资、红利、退休金、租金、赠与等全部收入,但消费者在一定时间内并非将收入全部用于购买商品,用来购买商品的只是个人收入的一部分。

个人可支配收入是指个人收入中扣除消费者个人缴纳各项税款(如个人所得税)和交给政府的非商业性开支(如大学学费)后可用于个人消费和储蓄的那部分收入,这部分收入是影响消费者购买力和消费支出的决定性因素。

个人可任意支配收入是指从个人可支配收入中减去消费者用于购买生活必需品的支出和固定支出(如水电费、通信费等)所剩下的那部分个人收入。这部分收入一般用于购买高档商品和劳务,是影响市场购买力最活跃的因素。

总之,收入是消费的基础,收入的增减决定着消费水平的高低。为了更好地分析消费者的经济能力,还需要了解恩格尔系数。恩格尔系数是指食品支出总额占消费支出总额的比重。恩格尔系数是衡量一个家庭或一个国家富裕程度的主要标准之一。一般来说,在其他条件相同的情况下,恩格尔系数越大,一个国家或家庭生活则越贫困;反之,恩格尔系数越小,一个国家或家庭生活则越富裕。

3. 市场容量的估算

市场容量的估算对于企业的运营至关重要,若估算结果与实际水平相差甚远,企业要么会承受过剩的库存,要么会因存货短缺而丧失赚钱的机会。那么,什么是市场容量?又该如何对其进行估算呢?

首先,我们需要了解市场容量的内涵。市场容量是指一种产品在某一市场有购买力的需求量,它是购买意愿和购买能力的有机统一,也是一个特定产品的潜在购买用户数(或销售量、销售额)。

其次,我们应该掌握市场容量的估算方法。由于市场具有不同的维度、阶段和层次,在进行市场容量估算时应区别对待。

市场容量估算方法一:

$$市场容量=总用户数×有购买欲望的用户占总用户数的比例$$

例如,对某地区图书市场容量进行估算,已知总人数,若能估算出读书者所占比例,就可估算出图书市场容量的大小,即图书市场容量=总人数×读书者所占的比例。具体估算的分析路径,如图3-1所示。

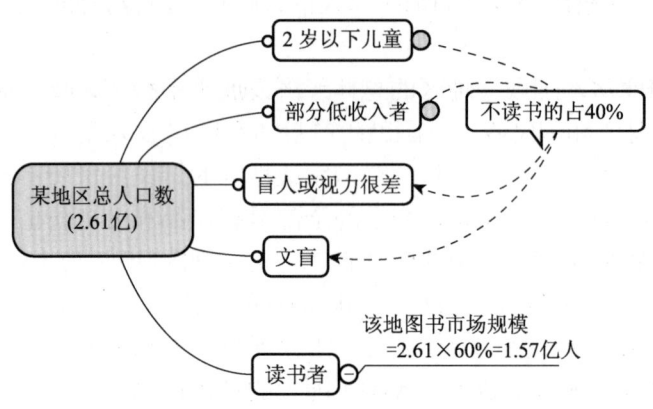

图 3-1　图书市场容量估算示意图

市场容量估算方法二：

$$市场容量＝现有用户＋新用户$$

例如，对某地区彩电的市场容量(家庭数)进行估算，其基本思路为：彩电的市场规模可以从新老用户的角度考虑，新用户首次购买；而老用户重复购买。另外，老用户又可根据购买动机，分为因更新换代而更换和因生活水平提高而追求更高品质的彩电而更换两种。因此，某地区彩电的市场容量＝首次购买的市场容量＋更新换代的市场容量＋提高生活水平的市场容量。具体的估算分析过程，如图 3-2 所示。

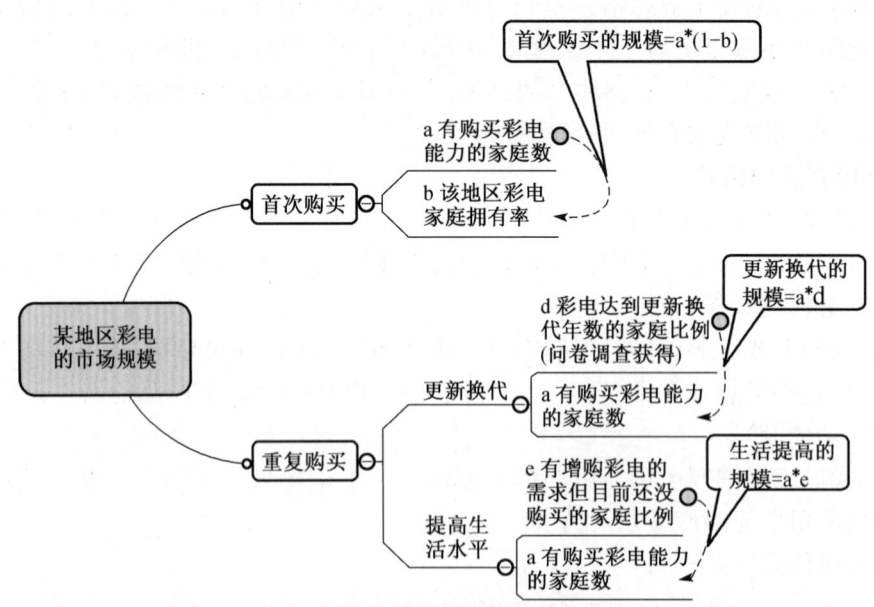

图 3-2　彩电市场容量估算示意图

根据图 3-2 揭示的市场容量估算原理，进一步举例演示说明如下。甲公司为了估算某地区彩电的市场容量，基于新老客户的角度，事先进行了充分的市场调研，调研结果如下:该地区有购买彩电能力的家庭数是 100 万户,该地区的家庭彩电的拥有率为 60%,即拥有彩电的家庭数是 60 万户(100×60%),则作为新客户首次购买彩电的市场容量就是 40 万户[100×(1−60%)]。而在对老客户(拥有彩电的 60 万户)的重复购买行为的调查中,发现彩电达到更新换代年数的家庭比例为 30%,为进一步提高生活水平、有增购彩电的需求但目前还没有购买的家庭比例为 40%,则彩电更新换代的市场容量为 18 万户(60×30%),提高生活水平的市场容量为 24 万户(60×40%)。综上分析与计算,该地区的彩电市场容量总和(用家庭户数表示)为 82 万户(40+18+24)。

市场容量的估算除以上两种基本方法外,还可以通过类比分析、时间序列分析、相关分析等统计的办法进行预测。由于这些办法的具体操作会涉及相对复杂的数学知识,在此不再赘述。

二、背景行业市场供给分析

供给与需求两者相辅相成。前文对背景行业的需求作了分析,现在分析一下背景行业的供给情况。在经济学里一般认为,供给是指一定市场上在一定时期内(如 1 月或 1 年)与每一销售价格相对应,生产者愿意而且能够提供的商品量。它其实反映的是价格与供给量之间的"价格—数量"组合关系。根据这一内涵界定,市场有效供给必须具备两个条件:一是"愿意",表明了供给的欲望;二是"能够",表明了供给的能力。供给是供给欲望与供给能力的有机统一,这两个条件缺一都不构成现实有效的供给。

供给可以分为行业单个企业的供给与整个行业市场的供给。在一定的价格水平条件下,对单个企业的供给量进行加总,就可以得到行业市场的总供给量。

影响市场供给的因素是多种多样的,主要有以下系列因素:商品自身价格、相关商品价格、生产要素的价格、企业的目标、生产技术水平、生产者对商品未来价格的预期、政府的政策、自然条件、社会条件和政治制度等。

在这众多的因素中,对市场供给起决定性作用的因素是价格。一般来说,在影响供给量的其他因素不变的情况下,一种商品的供给量与其价格之间存在着正向变动的关系,商品的价格越高,供给量越多;价格越低,供给量越少。

在现代市场经济条件下,市场的供求机制与价格机制、竞争机制是密不可分的,三者相互影响,相互交织。我们不能孤立、片面地看待其中的某一问题。

需要注意的是,市场能否有效供给还与政治环境密切相关。对于国内市场,要了解党和国家制定的路线、方针和政策及其连续性和稳定性,地区、部门的政策、制度规定以及调整变化等情况;对于国际市场,由于国别不同,情况就更复杂,主要应了解国家制度和政策、国家和地区之间的政治关系等。企业必须对这些因素加以注意,认真研究,才能顺利地开展营销活动。

三、背景行业市场竞争者分析

竞争是市场经济的基本特性。竞争迫使企业不断地研究市场,开发新产品,更新设备,降低经营成本,提高企业管理水平,从而获得最佳经济效益。在现代市场经济条件下,每一个企业都面临着激烈的市场竞争,为此,企业必须强化行业竞争者分析,才能在激烈的市场竞争中求得生存和发展。

行业竞争者分析的一般流程是:首先,识别竞争者;其次,判定竞争者的战略和目标;再次,评估竞争者的实力和反应;最后,进攻和回避对象的选择。

(一)竞争者分析的主要内容

(1)谁是你的竞争者?
(2)他们的目标是什么?
(3)他们的强项和弱点分别是什么?
(4)他们是采用什么竞争策略?
(5)他们的竞争反应模式如何?

(二)企业竞争的市场地位与对策

现代市场营销理论根据企业在市场上的竞争地位,将企业划分为四种类型:市场领导者、市场挑战者、市场跟随者和市场补缺者。就可乐市场而言,如果可口可乐是市场的领导者,百事可乐就是市场的挑战者,而娃哈哈的非常可乐则可以看作是市场的跟随者。在大企业激烈竞争夹缝中生存下来的一些自身实力有限的中小企业,如果专注于某一局部、微小的"空白"市场,精耕细作,奉行市场填空补缺战略,也能获取一席之地。

四种企业面临的竞争态势各不相同,为了生存和发展,必须紧密关注市场动态和竞争者的一举一动,根据外界环境的变化,灵活机动地制定自身的对应策略。四种不同类型企业的具体竞争对策,如表 3-1 所示。

表 3-1 四种不同类型企业的具体竞争对策

市场领导者	在行业中占绝对竞争优势的企业,一般占有最大的市场份额,其营销行为会对市场产生很大影响	(1)不断寻求扩大市场总需求的途径 (2)保护现有的市场份额 (3)扩大市场份额
市场挑战者	在行业中仅次于市场领导者的一些企业,这些企业是迅速成长起来的,实力较强但目前市场占有份额还较小,基本上都具备了随时向市场领导者发起突然进攻的规模与实力。市场挑战者在竞争策略上具有相当大的主动性和灵活性	(1)攻击市场领先者 (2)攻击其他市场挑战者或市场跟随者 (3)攻击和吞并一些地区性市场中的小企业
市场跟随者	一大批在竞争实力上远远不如市场领导者或市场挑战者的企业。它们往往不可能以自己的行为去影响市场的发展趋势,而只能跟随市场竞争力强的企业去开展经营活动。所以,这些企业往往采取模仿市场领导者的跟随策略。跟随策略最大特点是风险较小,但要注意不能轻易地侵犯市场领导者的核心领地。此类企业在竞争策略上也具有相当大的主动性和灵活性	(1)紧密跟随策略 (2)保持距离跟随策略 (3)选择跟随策略
市场补缺者	一些虽然竞争实力不强,注意在市场缝隙中寻找生存与发展机会,专注于某些细分市场,精心为其服务并力争成为某一方面的专业企业。任何一个行业中都会有一些这样的企业,之所以能够在激烈竞争中生存与发展,是得益于高度专业化的生产和经营	实现专业化如服务专业化、销售渠道专业化、最终用户专业化、特殊顾客专业化等

特别值得注意的是,科学技术是第一生产力。随着互联网技术的发展,尤其是5G时代的到来,电子商务已经成为企业竞争新的主阵地。

除了科技因素,企业在竞争时还需要关注市场的法律环境。这是指各国政府制定的对企业市场营销有关的法规、条例、惯例和法令等,如竞争法、广告法、商标法、价格法、专利法、消费者权益保护法、电子商务法以及国际贸易法等。这些法规、法令会对企业的营销活动形成制约。

(三)竞争者实力评估与竞争者的反应类型

1. 竞争者实力评估

竞争者能否执行和实现战略目标,取决于资源和能力。科学评估竞争者的实力和准确判断竞争者的反应类型是企业顺利实施竞争战略的重要前提。评估竞争者的实力可以从以下因素入手:

(1) 产品:竞争者产品在市场上的地位、产品的适销性、产品系列的宽度与深度等。

(2) 销售渠道:竞争者销售渠道的广度与深度、销售渠道的效率与实力、销售渠道的服务能力等。

(3) 市场营销:竞争者市场营销组合水平、市场调研与新产品开发能力、销售队伍的培训与技能等。

(4) 生产与经营:生产规模与生产成本水平、设施与设备、专利与专有技术、质量控制与成本控制、区位优势、员工状况、原材料的来源与成本、纵向整合程度等。

(5) 研发能力:研发投入、研发人员素质及研发能力等。

(6) 资金实力:竞争者的资金结构、筹资能力、现金流量、资信度、财务比率、财务管理能力等。

(7) 组织:组织对环境因素变化的适应性与反应程度、组织成员的素质等。

(8) 管理能力:竞争企业管理者的领导素质与激励能力、协调能力、管理者的专业知识、管理决策的灵活性、适应性、前瞻性等。

2. 竞争者的反应类型

竞争者根据自身的实力强弱与战略意图,一般有以下四种反应类型:

(1) 从容型竞争者:这类竞争者对某一特定竞争者的行动没有迅速反应或反应不强烈。

(2) 选择型竞争者:这类竞争者可能只对某些类型的攻击作出反应,而对其他类型的攻击则无动于衷。

(3) 凶狠型竞争者:这类竞争者对向其所拥有的领域所发动的任何进攻都会作出迅速而强烈的反应。

(4) 随机型竞争者:这类竞争者对竞争攻击的反应具有随机性,有无反应和反应强弱无法根据过去的情况加以预测。许多小公司就属于随机型竞争者。

四、背景行业消费者购买行为分析

(一)消费者购买行为的内容

消费者购买行为就是消费者在一定的购买欲望的支配下,为了满足某种需要而购买商品的行为。购买行为是消费者具体的购买活动,主要研究消费者何时购买、何处购买、如何购买以及消费品由谁购买的问题。

1. 消费者何时购买

消费者的购买时间,受商品的性质、季节、节假日和消费者闲忙的影响,有一定的习惯和规律。例如,牙膏等日用消费品需要经常购买;服装与季节有很大的关系;周末和节假日的购物消费远高于工作日。另外,消费者的购买时间也受到促销活动的影响。例如,"双十一""六一八"是全年重要的消费节点。研究和掌握消费者对企业经营商品的购买时间规律,可以适时投放商品,集中销售服务的力量,以免失去销售机会。

2. 消费者何处购买

消费者的购买地点与消费品的种类有关。从传统商务的角度而言,对于日用消费品,消费者一般愿意就地就近购买;对于耐用消费品,消费者一般愿意到大型商场去购买。从电子商务的角度而言,消费者购买不同类型的商品,所选择的购物平台会有所区别。因此,企业应根据自己经营商品的性质,结合消费者的购买地点,合理安排商业网点和商品分销路线,方便消费者的购买活动。

3. 消费者如何购买

消费者的经济条件不同,决定了他们具有不同的购买方式。由于购买力不同,有的消费者要求对购买的商品能实行分期付款,有的消费者则愿意一次付清。因此,企业在经营商品的花色品种、经营方式和付款方式上应灵活多样,以适应不同消费者的要求。

4. 消费品由谁购买

在一般情况下,商品的购买活动是由特定的购买主体来完成的。例如,在一个家庭中,家庭日用品、化妆品和时装等商品一般是由妻子来购买的,耐用消费品通常是由丈夫来购买的,但要注意儿童用品的购买主体是父母,要针对不同年龄段儿童的判断能力来进行详细分析。不同的购买主体对商品的要求具有很大的差异。因此,企业要分析研究不同商品的购买主体是谁,并针对其购买行为的特点,在产品的设计、包装及广告宣传方面等采取相应的策略,以促使购买行为的实现。

(二)影响消费者购买行为的主要因素

影响消费者购买行为的因素是多方面的,其中主要包括四大类:文化因素、社会因素、个人因素、心理因素。

1. 文化因素

具有不同文化素质的人有着不同的价值观念、审美观念、生活标准和行为准则。因此文化是引起消费者需求与购买行为差异的重要因素。下面具体说明文化、亚文化、社会阶层对购买行为所起的作用。

1)文化

文化是人类欲望和行为的最基本的决定因素。低级动物的行为主要受其本能的控制,而人类的行为大部分是后天学习而来的,在社会中成长的儿童通过其家庭和其他机构的社会化过程,学到了基本的价值、知觉、偏好和行为的整体观念,如中国人使用筷子进餐,而西方人则多用刀叉等。

2）亚文化

每一种文化都包含着一些较小的群体,一般称为亚文化群,它们以特定的认同感和影响力将各成员联系在一起,使之有特定的价值观、生活格调与行为方式,亚文化分为四种类型:民族亚文化、宗教亚文化、种族亚文化和地理区域亚文化。

3）社会阶层

所谓社会阶层是指一个社会中具有相对的同质性和持久性的群体,它们是按等级排列的,每一阶层的成员具有类似的价值观、兴趣爱好和行为方式。在我国,根据职业、文化程度以及在国家经济建设中的作用来分,主要有农民、工人和知识分子三个阶层。不同社会阶层的人,对产品和品牌有不同的需求和偏好。因此,企业只能集中力量为某些阶层服务,而不能同时满足所有阶层的需求。

2. 社会因素

人是生活在社会之中的,因而人的购买行为将受到许多社会因素的影响。

1）相关群体

相关群体是指那些直接或间接影响人的看法和行为的群体,可以分为四类:对个人影响最大的首要群体,如家庭成员、亲戚朋友、同事邻居等;个人所参加的影响较次一级的次要群体,对成员的影响并不是很经常,如职业协会、宗教团体、贸易协会等;个人并不直接参加,但影响很显著的崇拜性群体,如体育明星、影视明星、社会名流等,这个群体的一举一动会成为人们模仿的样板;隔离群体是一种其价值观和行为被人们所拒绝接受的群体。

一般来说,群体的结合越紧密,交往过程越有效,个人对群体越尊重,群体对个人购买行为选择的影响就越大。

企业应善于运用相关群体对消费者来施加影响,扩大产品销售。阿迪达斯公司在这方面的做法值得借鉴,在国际体坛上,人们常用"哪里有世界冠军,哪里就有阿迪达斯公司的产品"来形容阿迪达斯公司在世界体育界的影响。

2）家庭

家庭是社会上最重要的消费者购买组织,同时也是消费者的首要相关群体之一,对消费者的购买行为有着重要影响。人们的消费行为、消费习惯等最先是从家庭继承和发展而来的。家庭的购买习惯、家庭的社会地位和经济条件、家庭结构等都会对消费者购买行为产生影响与制约。

3）社会角色

一个人在一生中会参加许多群体,如家庭、协会及其他组织,每个人在群体中的位置可用角色和地位来确定,对你的父母来说,你是儿子或女儿;在自己的家里,你是丈夫或妻子;在孩子眼里,你是父亲或母亲;在单位里,你是领导或部下。每个角色都将在某种程度上影响其购买行为,每一个角色都伴随着一种地位,不同的地位对消费行为也有不同的影响。

3. 个人因素

消费者的年龄、职业、经济状况、生活方式、个性及自我观念等情况的不同会使他们的购买行为有很大差异。

1）年龄

不同年龄的人有不同的需要和偏好，人们在衣、食、住、行各方面的需要都随着年龄的变化而变化。例如，儿童喜欢各种玩具、糖果，成年人是耐用消费品、日用品的主要购买者，老年人则需要各种医疗保健品。

2）职业

不同职业的消费者由于受教育的程度、工作环境、职业性质等方面差异，其消费需求和偏好也极不相同。比如，教师会较多购买报刊图书等文化商品，而对于影视明星、时装模特来说，时尚、漂亮的服饰则更为需要。

3）经济状况

不同经济状况的消费者对商品的需求和偏好是不同的，它使消费者作出不同的购买决策，完成不同的购买行为。例如，收入水平较低的消费者比收入水平较高的消费者更关心价格的高低及商品的实用性。

4）生活方式

有些消费者虽然出身于同一社会阶层，来自同一文化群体，但由于生活方式不同，他们的兴趣、见解也不相同。

5）个性及自我观念

个性是个体所特有的与其他人不同的比较稳定的心理因素。与个性相关联的另一个概念是购买者的自我观念，也是影响消费者行为的一个因素。企业必须了解其目标市场可能存在的个性特征和消费者的自我观念，企业所设计的品牌形象，应当符合目标消费者的个性及自我观念。

4. 心理因素

消费者的购买行为除了受上述因素的影响，还要受动机、知觉、学习、信念与态度等心理因素的影响。

1）动机

动机是驱使人们产生某种行为的内在心理活动，是引起行为发生、造就行为结果的直接原因。人饿了要吃饭，渴了就想喝水，这就是人的需要产生动机，动机引起行为的表现。对于消费行为来讲，只有那些强烈的、占主导地位的消费需要才能引发购买动机，促成现实的购买活动。消费者的购买动机主要分为以下几大类：求实动机、求名动机、求新动机、求美动机、求利动机、求同动机、自我表现动机等。

在现实生活中，促成消费者实现购买行为的常常不是某种单一的动机，而是多种动机的综合。比如，某女士购买一件价值不菲的裘皮大衣，既是为了保暖，又是为了美观，还可能是为了显示自己的优越和与众不同，这样，由于受多种动机的共同支配，消费者在选购大衣时，就会从质地、价格、保暖性、品牌等各方面来综合考虑。当然，在多种互相作用的购买动机中，常常有一种是占主导地位的，其余则是辅助性的，由于消费者在购买时的主导动机不同，他们对商品的要求和选择标准也会发生很大差异。

2）知觉

知觉是外界刺激作用于人体感官时人脑对外界感觉信息的看法和理解。当我们听到一段音乐,看到一个广告,闻到炸鸡的香味,摸到一种产品的时候,虽然我们通过感觉获得了大量零碎的信息,但只有一部分才可能成为知觉,成为头脑中比较深刻的印象,对行为产生影响。知觉不但取决于物质刺激的特征,而且还依赖于刺激物同周围环境的关系,以及个人所处的状况。例如,我们在饥饿的时候,便可能会注意到各类食品;相反,如果刚刚吃饱饭,刚炸好的鸡腿不被意识到的可能性会很大;当某商店的商品打折幅度较小时也许我们不会加以注意,这是因为其变化幅度太小,但如果打到五折甚至三折时,我们注意到这种降价的可能性就会大很多。

3) 学习

学习是指由于经验而引起的个人行为的改变。消费者的学习,就是通过各种方式和途径,直接或间接地认识与了解最能满足自己需要的产品或服务的过程。由于市场环境不断变化,新产品、新品牌不断涌现,消费者的购买行为必须经过多方搜集有关信息之后,才能作出决策,这就是一个学习过程。消费者学习的方式和途径主要包括积累经验、获取信息、记忆、联想。

4) 信念与态度

信念是指人们在思想上对某种事物的看法和评价,具体表现为信任程度的强弱。例如,某位消费者没买"容声"冰箱而是选择了"海尔"冰箱,可能就是因为他信任"海尔"。企业应重视消费者对其产品的信念,因为信念会形成产品的品牌形象,从而影响消费者的购买行为。

态度是人们对某种事物的倾向性评价,如对商品的属性、商标所持的态度,对企业经营方式和经营作风的看法等。消费者对商品持积极肯定的态度,会推动购买行为的完成;持消极否定的态度,会阻碍购买行为。企业要利用各种媒体,加强与消费者之间的信息沟通,促进消费者对商品形成积极肯定的态度,扭转消费者的否定态度。

(三) 消费者购买的角色

消费行为通常是以家庭为单位进行的,而商品的决策者、使用者、实际购买者往往是不一致的。例如,某家庭需购买一台洗衣机,提议可能来自母亲,哪一种品牌的建议可能来自亲朋好友,对功能的要求可能来自父亲,对色彩款式的要求可能来自女儿,而最终可能是母亲经常使用的。营销人员必须了解家庭成员的购买角色,从而有针对性地开展促销活动,才能取得最佳效果。人们在购买决策过程中扮演的角色可分为以下几类:

(1) 发起者,即首先提出购买某种商品或服务的人。

(2) 影响者,即对购买提出看法或建议而对最终决策者有一定影响的人。

(3) 决策者,即对实施购买行为具有完全或部分决定作用的人。

(4) 购买者,即实施购买行为的采购者。

(5) 使用者,即实际使用该商品的人。

消费者在购买决策过程中的不同角色,对于产品设计、信息确定和促销安排均有一定的关联度,因此企业必须认识这些角色。了解购买决策中的主要角色及他们所起的作用,将有助于营销人员妥善制订营销计划。

(四) 消费者购买决策过程

消费者的购买决策过程一般要经历:确认需求、收集信息、评价选择、购买决策、购后行为五个步骤。

1. 确认需求

确认需求是整个购买决策过程的起点,是消费者发现现实状况与其想达到的状况之间有一定的差距,从而意识到自己的消费需求。它可能由消费者的生理需求引起,如饥饿、口渴使人们意识到食物、饮料的需求;也可能由外部刺激造成,如从电视上、报刊上看到化妆品广告而对某化妆品产生购买欲望;或者是内、外两方面因素共同作用的结果。所以营销人员应采取适当措施,唤起并强化消费者的需求。

2. 收集信息

当消费者对某种商品的需求趋于强烈时,就会去收集同需求相关的一般信息。例如,要购买汽车,就会从各种广告媒体及其他信息渠道中寻求有关汽车的信息。在此阶段,企业的重点工作是了解消费者需要的各种主要信息来源,包括个人来源、商业来源、公共来源、经验来源等,以及每种信息对今后购买决策的相对影响。一般来说,就某一种产品而言,消费者最多的信息来源是商业来源,即营销人员控制的来源,一般起到通知的作用;最有效的信息来自个人来源,它对消费者购买决定的作出起重要作用。

3. 评价选择

消费者得到的各种有关信息,可能是重复的,甚至是互相矛盾的,因此还要进行分析、评估和选择,这是决策过程中决定性的环节。一般认为消费者对商品的判断都是建立在自觉和理性的基础之上的,消费者为了满足自身需要,必须从某种产品中寻求某种利益,比如,电冰箱的容量、耗电量、保鲜效果、价格等;汽车的耗油量、安全、车厢大小等,都是消费者感兴趣的产品属性,但他们不一定对产品的所有属性都视为同等重要,他们只密切注意与其需要有关的产品属性。例如,一位爱吃辣椒的消费者买零食,那么带辣味的食品就是他的首选,于是他会买带辣味的薯片或虾条,至于品牌则不是他关注的要点。对企业来说,使某种商品具有独一无二的特色并不是工作的全部,更重要的是这个特色必须与消费者需要的属性结合起来,这样才能吸引消费者并满足他的迫切需要,比如,洗涤剂的去污能力、抗过敏药的无嗜睡性等都是这方面的例子。

4. 购买决策

评价选择阶段会使消费者对某种产品形成一定的偏好,从而产生购买意图。一般情况下,消费者会按自己的购买意图作出购买决定,但在购买意图和购买决策之间,有以下三种因素会相互作用,使消费者不一定能实现或马上实现其购买意图。

(1)他人的态度:他人的态度会影响一个人的选择。他人的否定态度越强烈,与购买者的关系越密切,购买者就越会改变他的购买意图。

(2)意外情况:如出现家庭收入减少,急需在某一方面用钱或得知准备购买的商品品牌令人失望等意外情况,消费者也可能会改变购买意图。

(3)预期风险:当所要购买的商品价格昂贵、结构复杂、预期风险较大的情况下,消费者会暂不购买或改变购买意图。

因此,企业在这一阶段应通过提供如指导使用、保修、试用期退货、分期付款等各种服务来消除消费者的疑虑,坚定其购买意图。

5. 购后行为

商品买回家后,消费者的购买决策过程还没有终止,继续进入了购后时期,在购后时期主要有以下两种行为。

1) 购后满意度

消费者会根据企业、朋友以及其他信息来源所获取的信息为标准来检查与衡量自己购买的商品。如果企业夸大其产品的优点,消费者将会产生不满意感,预期性能与实际性能之间的差距越大,不满意度也越高。因此,企业应检查产品说明有无给予消费者以正确的指导,广告内容有无超现实的方面,产品本身是否存在缺陷等,以便使消费者产生高于期望值的满意度,从而树立起良好的产品形象和企业形象。

2) 购后评价

消费者对商品的满意与否会影响其以后的购买行为。如果消费者对产品满意,则在下一次购买中可能继续购买该产品,并向亲朋好友、邻里、同事宣传该产品;如果不满意,消费者不但永远不会再次购买该产品,而且会到处作反面宣传,使原本已准备购买的人也改变其购买意图。因此,营销人员应积极主动地与购买者进行售后联系,同时还要加强售后服务,尽早尽快地采取必要措施来消除或减轻消费者可能产生的不满意度,同时根据顾客的反馈意见及时改进产品和改善服务。

企业营销人员通过了解消费者的购买决策过程,就可以获得许多有助于满足消费者需要的有用线索;通过了解参与购买过程的各种角色及其对购买行为的影响,就可以为其目标市场制订行之有效的营销计划。

【活动1】 分析案例,感悟市场状况分析方法

一、活动内容

(1) 在深入了解[知识准备]中有关市场状况分析的知识的基础上,研读[案例3-1],交流分析案例中对市场状况的分析方法。

(2) 根据分析结果,讨论自己的模拟公司应该如何进行市场状况分析。

二、活动步骤与要求

(1) 各小组成员认真复习[知识准备]中市场状况分析的基本知识,研读[案例3-1],并填写表3-2。

表3-2 对[案例3-1]的分析结果

问题	分析结果
对海尔集团进行SWOT分析的目的是什么	
案例中体现了市场状况分析哪些方面的内容	

(续表)

问题	分析结果
你认为本案例中对竞争对手的分析到位吗？为什么？请说明理由	
面对案例描述的市场状况，你认为海尔集团应该如何应对	
请草拟自己模拟公司的市场状况分析提纲，为后续分析报告的写作做好准备	

(2) 小组成员交流分享讨论结果。

(3) 各小组选派一至两名代表在全班交流分享讨论结果。

(4) 任课教师对各小组的分析结果作出评价和指导，并组织评选出优胜组。

【案例 3-1】 海尔集团 SWOT 分析——以空调产业为例

海尔集团是中国家电行业的领头羊，不断为家电国际标准提出自己的想法，在国际标准中的提案占 8 成，是中国家电企业专利质量的第一。通过不断的努力，海尔集团实现了资源的整合和实力的扩大。更重要的是，我国是全球家电制造业大国，由我国生产的家电占全世界产量的 56%，在这 56% 中有 8.9% 是由我国家电品牌生产的，其中海尔集团生产的家电占 71%。

一、优势(Strengths)

1. 根据行业发展实施有效的管理模式

从 1984 年海尔集团成立至今，海尔集团总共拥有六个战略阶段。不同的战略阶段实施了契合当时环境的管理模式。1984—1991 年运用名牌战略确保产品质量并最终运用这一优势远超其他竞争品牌；1991—1998 年运用多元化战略，实施 OEC 模式，不断提高自身品牌能力，进行全方位的优化管理；1998—2005 年运用国际化战略，实施市场链管理模式，将产品的制造、营销、零售等进行一体化建设；2005—2012 年的全球化品牌战略、2012—2019 年的网络化战略以及 2019 年至今的生态品牌战略都实施了人单合一模式，以员工、用户为中心，每个员工都可以针对用户、企业内部事项提出自己的想法，不断激发他们的创造力，从而形成一个扁平化的组织结构，不断地输入新鲜血液。

2. 品牌知名度高，市场份额占比多

尽管国内空调行业乃至整个家电业正在经历调整期，海尔空调的市场份额在普遍低迷的市场中还有所上涨。截至 2021 年 6 月，海尔智家股票总市值 2 380 亿元，行业排名第三，占市场份额 10.0%，其独特的物联网体系又使互联智能空调成为全世界销量第一，也是国内空调出口销量第一。

3. 产品功能技术的创新

海尔空调主要拥有六大专利技术：冷膨胀技术、凝水技术、宝石蓝涂层技术、银离子抗菌涂层技术、逆平衡技术、速凝快洗技术。这六大专利技术不仅都能够有效抑制细菌，还有使空调内外机能自清洁的功能，保障家中空气的卫生，充分考虑了消费者的需求,深受消费者喜爱。

二、劣势(Weaknesses)

1. 空调核心技术的缺失

如今海尔集团还没有研发出具有竞争优势的核心技术,如压缩机、制冷机等。以其他空调企业为例,格力有凌达压缩机技术,美的有自研压缩机技术和东芝压缩机技术,海信有日立压缩机技术。海尔集团没有自主研发的压缩机核心技术,一般使用三菱电机和海立压缩机。海尔集团应当不断创新,构建自己的核心技术研发团队,提升在市场中的竞争优势。

2. 营销方式没有拥抱新媒体

如今,在互联网催生出新媒体的情况下,直播购买产品的方式变得越来越普遍,而海尔很少尝试这种新营销模式,海尔集团应该尝试这种新的营销方式。2020年春节过后淘宝平台的直播用户已经达到了两亿多,占到整体网民的29.3%,这是多么庞大的市场!格力的董明珠女士、携程的梁建章先生还有百度的李彦宏先生纷纷下场直播为自家品牌站台,好的直播平台能够给企业带来影响力与知名度的提高。例如,董明珠2020年尝试当起了主播,她亲自参与的13次直播竟然达到了约500亿元的交易额,她首次在快手平台直播时,总观看人数达到了430万人。2020年8月,国美携手海尔集团进行了一场欢乐家庭聚会式的直播活动,直播三小时销售额就达到4.1亿元。因此,海尔集团在更大的平台上进行直播带货会有利于吸引更多的客户,促进自身的发展。

三、机遇(Opportunities)

1. 国家政策支持

依照"中国制造2025"大纲的设定发展,第一步要更加注重创新能力,发挥出企业最大优势,同时促使制造业朝着智能化迈进,减少因制造业产生的污染,更加注重可持续的环境发展,在全世界形成具有影响力的企业。第二步要在国际上具有领先优势,具有引导世界趋势的能力,创造出世界品牌。第三步要求建立全球领先的技术体系,综合实力不断加强。在国家政策的支持下,我国家电行业拥有广阔的发展空间,需要家电企业不断创新,最终达到成为世界制造强国的目标。

环境可持续发展理念逐渐融入了人们的生活,"碳达峰""碳中和"越来越多地出现在我们的生活中,这就要求所有企业低碳减排、优化能源结构、减少污染,而家电企业离不开各种能源,因此家电行业面临着新的变革。为响应国家的方针政策,海尔集团不断研发创新,推出了有关应用清洁能源的成果,又创建第一个智能物联云平台,依靠自身现有物联网技术体系加之技术创新使产品更加绿色低碳,海尔中德工业园区成为全球首个实现碳中和的"灯塔基地",吸引了两百多家企业用不同的方式来参与低碳节能项目的实践。

2. 消费结构升级,追求更好产品

随着消费人群年龄结构的改变以及教育水平的增长,我国国民消费结构逐渐升级,人们追求质量更高,科技含量更高,附加功能更多的产品。消费人群年龄结构改变，新时代消费主力军慢慢由"80"后、"90"后变为"95"后、"00"后，随着时代的发展变换，消费结构以及消费观念相比从前也有着巨大变化，"00"后更追求商品质量、产品服务、商品个性化、商品颜值、商品创意度及其他新奇想法。

现如今我国教育事业不断发展，不论是义务教育、高等教育还是职业教育都在不断完善，不断培养高素质人才，整个社会人员素质的提高会带动企业竞争能力的提升。随着知识文化教育的深入，消费理念也在不断改变，从之前的追求便宜到现在的追求质量，人们对产品的要求更加兼顾价格和质量以及外观的统一。

四、威胁(Threats)

1. 市场竞争激烈

中国人口众多，而家电又属于生活必需品，中国家电企业生产的产品数量也是非常庞大的，竞争也是非常激烈的，众多的家电品牌都在相互竞争，不断提升产品质量，做出成绩。在这众多的家电企业中，格力、美的、海尔三家占据了家电行业的半壁江山。同时，中国市场占据了全世界市场的一半，很多了解中国市场且拥有核心技术的优秀外国企业也盯上了这块大蛋糕。以日本东芝公司为例，东芝2013年在杭州建立了自己的独资工厂，不过东芝并没有采用中国进口标准而是继续沿用更高的日本标准来保障东芝空调的品质，由此东芝在中国的生产销售四年内整整翻了7倍。所以，国内外的优秀空调生产企业对于海尔集团也算一种威胁。

2. 原材料成本达十年来最高

铜是空调生产或安装过程中必不可少的原材料，因为空调中的原材料有30%都是铜件，而在安装过程所需材料中铜件又占到70%。2020年年底，铜价一路飙升至6万元/吨，成本激增，线下空调、冰箱、洗衣机价格或多或少也在增长。在铜供应量紧张的情况下，且其他材料无法替代，铜价居高不下。在此背景下，家电等存量需求将会下降。2021年春节前后，铜价、合金、铝价、铁矿、不锈钢、玻璃、包装纸箱、泡沫塑料均有不同程度的涨幅。原材料价格的一系列增长，增加空调生产企业的成本压力，进一步影响企业利润。

（资料来源：谢宛妘.海尔集团SWOT分析[J].中国商论，2021(16)：129-131.有改写。）

【活动2】 项目组分析背景行业市场状况

一、活动内容

针对自己的模拟公司，结合所学知识，为模拟公司进行行业市场状况分析，并撰写行业市场状况分析报告。

二、活动步骤与要求

(1) 各小组成员认真复习[知识准备]中行业市场状况分析的基本知识,再次研读[案例3-1]。

(2) 根据表3-2的讨论结果,针对自己的模拟公司,小组成员研究商定行业市场状况分析具体内容。

(3) 各小组根据商定结果,撰写一份行业市场状况分析报告。

(4) 各小组选派一至两名代表在全班汇报、交流本小组模拟公司的行业市场状况分析报告。

(5) 各小组成员认真讨论,对分析报告的汇报、交流情况进行互评和自评,之后各小组选派一至两名代表在全班发言、交流。

(6) 任课教师对各小组的讨论结果作出评价和指导,并组织评选出优胜组。

【知识拓展】 SWOT 分析法

SWOT 分析法是用来确定企业自身的竞争优势、竞争劣势、机会和威胁,从而将公司的战略与公司内部资源、外部环境有机地结合起来的一种科学的分析方法。S(strengths)、W(weaknesses)是内部因素,O(opportunities)、T(threats)是外部因素。按照企业竞争战略的完整概念,战略应是一个企业"能够做的"(即组织的强项和弱项)和"可能做的"(即环境的机会和威胁)之间的有机组合。

SWOT 分析的基本步骤是:①分析企业的内部优势、弱点,既可以是相对企业目标而言,也可以是相对竞争对手而言;②分析企业面临的外部机会与威胁,既可能来自与竞争无关的外部环境因素的变化,也可能来自竞争对手力量与因素变化,或两者兼有,但关键性的外部机会与威胁应予以确认;③将外部机会和威胁与企业内部优势和弱点进行匹配,从而形成可行的战略。

SWOT 分析有四种不同类型的组合,每种组合的情况各异,采取的对策也各不相同。

(1) 优势—机会(SO)组合:它是一种发展企业内部优势与利用外部机会相结合的战略,是一种理想的战略模式。当企业具有特定方面的优势,而外部环境又为发挥这种优势提供有利的机会时,可以采取该战略。

(2) 弱点—机会(WO)组合:它是利用企业外部机会来弥补企业内部弱点,使企业改变劣势而获取优势的战略。如果企业存在外部机会,但由于企业存在一些内部弱点而妨碍其利用机会,可采取措施先克服这些弱点。

(3) 优势—威胁(ST)组合:它是指企业利用自身优势,回避或减轻外部威胁所造成的影响。

(4) 弱点—威胁(WT)组合:它是一种旨在减少内部弱点,回避外部环境威胁的防御性技术。

任务2　策划市场调研方案

【知识准备】

一、策划市场调研方案的意义

在进行正式市场调研之前,必须要策划好市场调研方案。所谓策划市场调研方案,就是根据调研研究的目的和调研对象的性质,在进行实际调研之前,对调研工作总任务的各个方面和各个阶段进行的通盘考虑和安排,提出相应的调研实施方案,制订出合理的工作程序。

策划好市场调研方案,意义重大。市场调研方案是整个调研过程的行动纲领,它有助于企业提高对现有信息的认识水平,有利于制订科学的营销规划,有利于优化企业营销组合,有利于开拓新市场等。

二、市场调研方案策划的主要内容与方法步骤

一份完整的市场调研方案一般包括以下几个部分:前言、市场调研目标和意义、市场调研内容和对象、市场调研方法、市场调研进度和经费预算、附录等。在具体实施过程中,要求较高、技术性最强的部分当属市场调研方法的选择与灵活运用。该部分将在下文重点进行介绍。

市场调研方案策划的方法步骤一般有如下几步。

(一)确定调研目的

市场调研目的的确定必须清晰和明确,因为后续诸多环节的发生和所有金钱、时间等成本的投入都是为了实现既定的市场调研目标。为了确保调研目标界定的准确性与科学性,可以在正式调研目标确定前征求相关部门和人员的意见,集思广益。

(二)确定调研内容

目标定下来后,就需要进一步明确市场调研的内容。一般而言,市场调研内容主要包括外部环境因素的调研(如消费者调研、市场需求调研、市场竞争调研、宏观环境调研等)和营销组合因素的调研(如产品调研、价格调研、渠道调研、促销调研等)。

(三)确定调研对象

市场调研对象往往是指市场调研所针对的特定群体,市场调研人员应依据市场调研的目标和内容,确定相应的调研对象。

(四)确定调研的方式和方法

市场调研的方法很多,特点各异。企业必须全面了解这些方法及其特点,并根据调研侧重点选择正确的方法。

1. 询问法

询问法是用询问的方法收集市场信息资料的一种方法,是调研分析消费者购买行为和意向的最常见的方法。其优点是能够在较短的时间内获得比较及时、可靠的调研资料。

询问法包括问卷法、面谈法、信询法、电话访问法、在线访问法。

1) **问卷法**

问卷法是运用调研问卷的方式,请一部分被调研者填写问卷要求的内容,在规定的时间内完成,由调研人员进行整理汇总,以取得市场信息的方法。其优点是:调研的空间范围大、对象广泛、被询问者有充分的时间来考虑问卷上的问题,便于作出较准确的回答,费用较少。其不足之处是:问卷的回收率低,不适宜调研较复杂的问题。

2) **面谈法**

面谈法就是调研者通过与被调研者面对面交谈来获取市场信息的方法。该方法要求市场调研人员在面谈前先熟悉所要调研的问题,明确问题的核心和重点。其优点是:直观、不受问卷的约束,可以在交谈中互相启发,回答率较高,能直接观察调研对象的表情、态度,判断资料的可信程度等。其缺点是:调研费用较高,对调研人员的要求较高,调研结果的质量很大程度上取决于调研人员的访问技巧和应变能力。

3) **信询法**

信询法是指把调研问卷邮寄到被调研者的单位或家里,请其填好后按规定的时间寄回的一种调研方法。目前在我国应用不太普遍,除书籍、杂志、报社等出版单位较多采用此种方法来了解读者需求外,企业中运用此方法了解市场需求的还不太多。

4) **电话访问法**

电话访问法是用电话向调研对象询问以获取市场信息的一种方法。它具有方便迅速、可在短时间内调研较多调研对象、费用较低,并可及时纠正被调研者理解上的错误等优点。其缺点是容易遭到拒绝,难以询问较复杂的问题,无法观察被调研者的表情,电话普及率制约着调研对象的代表性等。因此,该方法只能适用于被调研者比较熟悉或调研问题较简单的调研。

5) **在线访问法**

在线访问法利用互联网进行访问,是一种随着网络的发展而兴起的最新访问方式。一般由市场调研者将调研问卷通过网址发送给被调研者,由被调研者自行填好后发回。其优点是:访问速度快,信息反馈及时,匿名性好,能提供独特的视觉音响效果,费用较低。其缺点是:调研对象范围受限,仅局限于网民,较难判断网上信息的准确性和真实程度。

2. 观察法

观察法是由调研人员到调研现场直接进行观察的一种调研方法。其特点是运用从旁边观察来代替当面询问,使被调研者意识不到自己是在被调研,从而获得更客观的第一手资料。观察法一般可分为以下两种。

1) **直接观察法**

直接观察法是由调研人员直接到现场观察顾客的购买活动以及到影剧院、公园等公共场所观察、统计人们的消费流行趋势,以取得市场信息的方法。例如,在美国一个小镇里曾有过这样一件事,在连续1个月的时间里,一位日本人天天到该镇影剧院看电影,一场不落。开始大家非常不理解,可之后不久,当地居民忽然发现样式新颖的日本皮鞋开始大量涌入并占领该镇几乎全部皮鞋市场。这时,人们才知道那位日本观众是一位推销员,借看电影之名,观察并摸清了该镇的皮鞋市场情况。

2) 仪器观察法

仪器观察法是由调研人员使用仪器在现场观察调研对象行为的方法。使用的仪器主要有视听检测仪、心理分析仪、瞳孔分析仪三类。

3. 实验法

实验法是指在给定的条件下,通过实验对比,对营销环境与营销活动过程中某些变量之间的因果关系及其变化进行观察分析的方法。例如,在调研商品包装对销量影响的程度时,可以选定几家商店,并分为甲、乙两组,在前几周将有包装的商品交给甲组商店销售,无包装的商品交给乙组商店销售,几周后交替互换,实验期一到,就可统计出带包装商品的销量与无包装商品的销量的变化程度。

实验法的优点是:方法科学,可以对任何一种商品在改变品种、包装、设计、价格、广告时先做小规模的实验性销售,以了解顾客的意见和反映,获得比较正确的数据和结论。其缺点是:市场的变化是由多种因素共同作用的结果,不同的实验很难做到实验条件的完全相同;实验的结果不易比较;所需时间较长;费用较高。

(五)确定调研时间和调研工作期限

所谓调研时间,就是指调研资料所属的时间(时期或时点)。如果调研的是时期现象,就要明确规定资料所反映的调研对象从何年何月何日起至何年何月何日止的资料,如产值、产量等反映的是某一时期发展过程的总量;如果调研的是时点现象,就要规定统一的标准时间,如人口数、企业数等是反映现象在某一时刻(或者说瞬间)上状况的总量。确定了调研时间,就明确了调研数据获取的时间范围。

所谓调研期限,就是指进行调研工作的时间,包括搜集资料和报送资料的整个工作所需要的时间。确定了调研期限,就明确了调研工作的时间范围。

(六)确定调研经费预算

调研经费的预算要全面周到,实事求是。一般要考虑如下费用:总体方案策划费、抽样方案设计费、调研问卷设计费、调研问卷印刷费、调研实施费(包括培训调研员、交通费、调研员劳务费、管理督导人员劳务费、礼品费用等)、数据录入费、数据统计分析费(包括上机、统计、制表、作图等)、调研报告撰写费、资料复印等办公费用、专家咨询费、鉴定费、出版印刷费用等。

(七)制订调研的组织实施计划

在明确了上述内容之后,就可以制订出完整的市场调研实施方案了。此处的实施方案必须要详尽,要具有很强的可操作性,便于相关市场调研人员去执行。根据总体调研时间的跨度,应进行科学合理的分工,做好时间管控,有计划、有步骤地去落实,在抓进度的同时也要兼顾调研的质量。

【活动1】 分析案例,感悟市场调研方案策划的方法

一、活动内容

(1) 在深入了解[知识准备]中有关市场调研策划方案的知识的基础上,研读[案例3-2],

交流分析市场调研策划方案的基本步骤与方法。

(2) 根据分析结果,讨论自己的模拟公司应该如何制订调研策划方案。

二、活动步骤与要求

(1) 各小组成员认真复习[知识准备]中市场调研方案策划的知识,研读[案例 3-2],并填写表 3-3。

表 3-3　市场调研策划方案分析结果表

问题	分析结果
[案例 3-2]中该公司的调研目标你认为确定得是否精准?请说明理由	
[案例 3-2]使用的数据收集方法是什么	
该市场调研策划方案内容是否完整?请总体评价该方案	
请为你的模拟公司策划一份市场调研实施方案,写出初步提纲	

(2) 小组成员交流分享讨论结果。

(3) 各小组选派一至两名代表在全班交流分享讨论结果。

(4) 任课教师对各小组的分析结果作出评价和指导,并组织评选出优胜组。

【案例 3-2】　某化妆品公司市场调研方案

一、调研背景

本公司充分考察当前化妆品市场竞争状态,结合本公司目前对轮藻的研究水平,决定进行化妆品的研发生产。为了了解市场需求,制定公司的相关策略,我们决定进行一次新产品开发前的市场调研,迎合消费者之需,做到有的放矢。

二、调研目的

为了给新产品开发提供客观数据支持,本次市场调研工作的主要目的如下:

(1) 了解消费者对男士护肤霜的消费现状,分析男士护肤霜市场的竞争态势,了解男士护肤霜的市场容量,为新产品市场定位提供依据。

(2) 研究男士护肤霜消费者的消费心理、动机及其消费行为特点,为新产品确定目标消费人群并为制作广告提供参考依据。

(3) 了解消费者获取化妆品的具体渠道,为新产品上市推广策略的制定提供依据。

(4) 了解消费者对本公司新产品的理解程度。

三、调研资料

根据上述调研目的,本次调研资料主要包括:

(1) 了解男士护肤霜的消费现状,分析男士护肤霜市场的竞争态势,了解男士护肤霜的市场容量,为新产品市场定位提供依据。所需信息主要包括:

① 了解消费者购买男士护肤霜时所研究因素(包装、渠道等)。

② 了解当前男士护肤霜市场的竞争对手,以及其市场占有率(明确自身市场地位

及竞争对策)。

(2) 探究男士护肤霜消费者的消费心理、动机及其消费行为特点：

① 了解消费者购买男士护肤霜的目的(广告诉求点)。

② 了解消费者购买男士护肤霜的主要途径(广告宣传渠道选择)。

③ 了解消费者在化妆品方面的消费水平(根据消费水平进行市场细分)。

(3) 探究消费者对本公司新产品的理解程度：

① 了解被访者对本公司所开发新产品的理解程度。

② 了解被访者对新产品开发的提议及意见。

四、目标被访者

因本次调研是一项探索性研究，要求样本要有广泛的代表性，以期能够基本反映消费者对男士护肤霜的认知和评价，以及对本产品的理解程度和期望，因此目标被访者为：

(1) 其亲戚朋友不在化妆品公司或广告公司工作。

(2) 年龄在20~50岁之间，衣着讲究者。

五、调查方法与抽样设计

根据本调研的特点，本次调查方法与抽样设计为：

(1) 本次调研采用问卷式。

(2) 访问采用街头拦截式。

六、样本量

本次市场调研所需要的样本量约为300个(由于时间等因素实际为110个)。

七、访员安排

(1) 本次调研由公司营销部门人员完成。

(2) 正式调查前由新产品开发的技术人员对访员进行专业知识的培训，以确保调研工作质量。

八、质量控制与复核

(1) 为保证调研质量，采取2人组调查方式，一审二审复核制。

(2) 实行一票否决制，即发现调查员一份问卷作弊，该调查员所有问卷作废。

九、数据录入与处理

参与本产品开发调研的数据录入人员及编码人员将参与问卷的制作与调研培训；在数据录入后需抽取10%的样本进行录入复核，以保证录入质量；数据处理采用SPSS软件进行。

十、研究时间安排(自项目确定日起)

4月16日—4月20日：方案与问卷设计

4月21日—4月24日：调研实施

4月25日—4月27日：数据处理与分析

4月28日—5月1日：报告撰写与发布

十一、费用预算

项目费用预算用途分别如下：

(1) 问卷设计、问卷印刷 150 元。
(2) 调查与复核费用 500 元。
(3) 数据处理（编码、录入、处理、分析）500 元。
(4) 报告撰写与制作 700 元。
合计：1 850 元。

【活动 2】 项目组为模拟公司策划一份市场调研方案

一、活动内容

在深入了解[知识准备]中市场调研策划方案有关知识的基础上，为自己的模拟公司策划一份市场调研方案。

二、活动步骤与要求

(1) 各小组成员认真复习[知识准备]中市场调研策划方案的基本知识，再次研读[案例 3-2]。
(2) 根据表 3-3 的讨论结果，针对自己的模拟公司，小组成员研究商定具体调研方案。
(3) 各小组做好分工，策划一份市场调研实施方案。
(4) 各小组上交最终调研方案，每个小组选派一至两名代表在全班进行汇报、交流。
(5) 各小组成员认真讨论，对调研方案的汇报、交流情况进行互评和自评，各小组选派一至两名代表在全班发言、点评。
(6) 任课教师对各小组的讨论结果作出评价和指导，并组织评选出优胜组。

【活动 3】 项目组运用一种市场调研方法，共同实施市场调研活动

各项目组根据本项目任务 2[活动 2]制订的详细调研实施方案，紧密结合自身模拟公司的特点，灵活选择一种市场调研的方法，各组独立开展模拟公司的市场调研活动。现将本活动的要求简要说明如下：
(1) 本活动属于学生课后实践活动，需要学生在第二课堂（课后）完成。
(2) 本活动实施前，教师要对学生做好示范和培训工作，如发问时语言、礼貌等问题。
(3) 教师务必要提前对学生进行安全教育，教育学生规避市场调研过程中可能出现的风险。

【知识拓展】 抽样数量的确定和抽样方法的选择

市场调研按照调研对象范围大小可以分为全面调研与抽样调研。全面调研是对调研对象的每一个个体都进行调研。由于其成本较高、周期较长，不适合一般企业的要求，所

以在企业调研实际中,往往较少使用。企业运用较为普遍的方法是抽样调研。抽样调研就是从调研对象总体中选择若干具有代表性的个体组成样本,对样本进行调研,然后根据样本调研结果去推断总体特征的方法。抽样方法大体可以分为两大类:随机抽样和非随机抽样。常见的市场调研抽样方法详情见表3-4。企业在进行抽样调研时,应视具体情况灵活选择。

表3-4 常见的市场调研抽样方法一览表

项目	抽样方法		方法特征
随机抽样	简单随机抽样	抽签法	将样本标号后随机抽取
		随机数表法	对总体单位编号,查随机数表抽取
	等距抽样		按顺序排列总体单位后,等距离抽取
	分层抽样		按某属性将总体单位分层,然后按层抽取
	分群抽样		将总体分群,抽出某一群后进行调研
非随机抽样	任意抽样		在总体中任意抽取一定数量样本调研
	判断抽样		由调研员或专家依据主观判断抽样
	配额抽样		按属性将总体单位分类后分配样本数额
	固定样本连续调研		固定选定的样本,长期进行调研

任务3 设计调研问卷

【知识准备】

一、调研问卷的概念与结构

(一)调研问卷的概念

调研问卷又称调研表或询问表,是调研人员依据调研目的和要求,以一定的理论假设为基础提出来的,由一系列"问题"和备选"答案"以及其他辅助内容所组成的,向被调研者搜集资料和信息的工具。它是国际通行的调研工具,被广泛用于社会调研、经济调研、市场营销调研等各个领域。

(二)调研问卷的结构

根据研究项目规模的大小和调研内容的多少,问卷可长可短。但无论问卷长短,一份完整的问卷都由标题、开头部分、甄别部分、主体部分和背景部分构成。

1. 标题

问卷的标题是调研主题的概括说明,可使被调研者对要回答的问题类型有一个大致的了解。例如,"宝洁润妍洗发水使用情况调研",这样的问卷标题简明扼要,既点明了调研目的,又不过于笼统。

2. 开头部分

问卷的开头部分一般包括问候语、填表说明和问卷编号等内容。

1) 问候语

在自填式问卷中,写好问候语十分重要,它可以引起被调研者对调研的重视和尊重,消除被调研者的顾虑,激发被调研者的参与意识,以争取他们的积极合作。

问候语要语气亲切,诚恳礼貌,文字要简洁准确,并在结尾处对被调研者的参与和合作表示感谢。下面是一篇关于洗手液的问卷调研中的问候语:

您好:

  我是某报社的市场调研人员,我们正在开展一项关于洗手液的调研活动,我们的目的是要了解您对洗手液的态度和看法,希望您能给予配合,认真填写问卷。

2) 填写说明

在自填式问卷中要有详细的填表说明,让被调研者知道如何填写问卷,如何将问卷返回到被调研者手中。这部分内容可以集中放在问卷的前面,也可以放在各有关问题的前面。例如:

  请您用钢笔或圆珠笔填写问卷,填写完之后,请送到大统百货门口,我们有专人负责收集,并有礼品赠送,谢谢您的合作,祝您万事如意,身体健康。

3) 问卷编号

问卷编号主要用于识别问卷、调研者、被调研者姓名和地址等,以便分类归档,或便于电脑处理。需要指出的是,有些内容比较简单的调研问卷可以省略这一部分。编号一般放在问卷标题的下面。例如:

  2024 年 34 个省会、直辖市城市食品放心工程消费者满意度调研问卷

  城市编号:□□ 城区编号:□□ 问卷编号:□□□□□□□

  其中,城市编号共 2 位,如:郑州市为 09;城区编号共 2 位,如:金水区为 01;问卷编号共 7 位,前 4 位分别按照城市和城区编号,后 3 位为自然顺序号。如:郑州市金水区共 120 份问卷,则编号从 0901001 至 0901120。

3. 甄别部分

甄别也称为过滤,它是先对被调研者进行过滤,筛选不合适的被调研对象,然后针对符合要求的被调研者进行调研。通过甄别,一方面可以筛掉与调研事项有直接关系的人,以达到避嫌的目的;另一方面也可以确定哪些人是合适的被调研者。甄别的目的是确保被调研者合格,从而符合调研研究的需要。例如,您家是否购买过洗衣机?请回答此问卷,如"否",停止访问。

4. 主体部分

主体部分是调研问卷的核心内容,它包括了所需要调研的全部内容,主要由问题和答案组成。

5. 背景部分

背景部分通常放在问卷的最后，主要是有关被调研者的一些背景资料。一般分为个人资料和公司资料。该部分所包含的各项问题，可使研究者根据背景资料对被调研者进行分类比较分析。例如，你的年龄？文化程度？月收入？贵公司的月销售额？贵公司有多少员工？

问卷提供了标准化和统一化的数据收集程序，通过采用问卷进行调研，问题用语和提问程序被标准化。所有的被调研者得到的信息是相同的，从而避免因为调研者随感而问，影响调研结果。从某种意义上讲，问卷是市场调研过程中的一种控制工具，正是借助这种工具，为对不同应答者进行有效的比较提供了基础。

二、调研问卷的设计原则

一个有效的问卷设计应该能够将所要调研的问题准确无误地传达给被调研者，并能够易于取得对方的合作以便得到真实、正确的答案。因此，在设计调研问卷时应遵循一定的原则。

1. 目的性原则

问卷调研是通过向被调研者询问来进行调研的，询问的问题必须是与调研主题有密切关联的问题。这就要求在问卷设计中，重点突出，避免可有可无的问题。总之，在问卷设计中要做到"为什么要问这个问题，这个问题我能得到什么信息。"

2. 可接受性原则

设计出来的问卷应该能为被调研者所接受。由于被调研者对是否参加调研有着绝对的自由，他们既可以采取合作的态度，接受调研；也可以采取对抗行为，拒绝回答。因此，请求合作就成为问卷设计中的一个十分重要的问题。设计问卷时，应在问卷说明词中，将调研目的明确地告诉被调研者，让对方知道该项调研的意义和自身的回答对整个调研结果的重要性。问卷说明要亲切、温和，提问部分要自然、有礼貌和有趣味，必要时可采用一些物质激励，这也是当今问卷调研的流行趋势，如在某手机市场调研中由于赠送精美的礼品袋和小笔记本，被调研者积极配合，甚至出现群众围堵调研者，强烈要求进行调研的情况。调研时还要注意替被调研者保守秘密，特别是一些严重涉及隐私的调研，必须向被调研者承诺并确实保守秘密。此外，问卷还应使用适合被调研者身份、水平的用语，尽量避免提出一些会令被调研者难堪或反感的问题。

3. 顺序性原则

在设计问卷中，要注意问卷中问题的排列顺序，使问卷条理清楚，顺理成章，以提高回答问题的效果。问卷问题的排列顺序主要有以下几点要求。

（1）先易后难。容易回答和调研者感兴趣的问题放在前面，可以给被调研者一种轻松、愉快的感觉，以便于他们继续答下去；中间部分最好妥善安排一些核心问题，即调研者需要掌握的资料。结尾部分可以安排一些背景资料，如职业、年龄、收入等。个人背景资料虽然也属事实性问题，也十分容易回答，但有些问题，诸如收入、年龄等同样属于敏感性问题，因此一般安排在末尾部分。当然在不涉及敏感性问题的情况下也可将背景资料安排在开头部分。

（2）先闭后开。封闭性问题放在前面；开放性问题放在后面。这是由于封闭性问题已由设计者列出备选的全部答案,较易回答,而开放性问题需被调研者花费一些时间考虑,放在前面易使被调研者产生畏难情绪。

(3) 先共性后个性。先问一些共性的问题,取得被调研者的配合之后,再问涉及个人的一些个性问题。

(4) 逻辑顺序。问题的安排应具有逻辑性,以符合被调研者的逻辑习惯。如可按时间顺序、类别顺序等合理安排。否则会影响被调研者的兴趣,不利于其他问题的回答。

4. 简明性原则

(1) 调研内容要简明。没有价值或无关紧要的问题不要列入,同时避免出现重复,力求以最少的问题获得最完整的资料。

(2) 调研时间要简短。问题和整个问卷都不宜过长,小型问卷问题应控制在 20 个以内。问题过多容易造成被调研者的反感。

(3) 问卷的设计要简单明了。让被调研者一看就知道问题是什么,而不用仔细解释。

5. 匹配性原则

匹配性原则是指要使被调研者的回答结果容易进行检查、数据处理和分析。所提问题都应事先考虑到能对问题进行分类和统计,便于分析。

三、设计调研问卷的方法步骤

调研问卷的设计过程一般包括十大步骤,即确定所需信息、确定问题的类型、确定问题的内容、研究问题的类型、确定问题的措辞、确定问题的顺序、确定问卷的排版和布局、确定问卷的测试、问卷的定稿、问卷的评价。

1. 确定所需信息

确定所需信息是问卷设计的前提工作。调研者必须在问卷设计之前就掌握所有达到研究目的所需要的信息,并决定所有用于分析这些信息的方法,比如频率分布、统计检验等,并按这些分析方法所要求的形式来收集资料,把握信息。

2. 确定问卷的类型

制约问卷选择的因素很多,而且由于研究课题不同,调研项目不同,主导制约因素也不一样。在确定问卷类型时,必须综合考虑以下这些制约因素:调研费用、时效性要求、被调研对象、调研内容。

3. 确定问题的内容

确定问题的内容似乎是一个比较简单的问题。然而其中涉及个体差异问题,也许在你认为容易的问题在他人那里则是困难的问题;在你认为熟悉的问题在他人那里则是生疏的问题。因此,确定问题的内容,最好与被调研对象联系起来。分析被调研者群体,有时比盲目分析问题的内容效果要好。

4. 确定问题的类型

问题的类型归结起来分为四种:开放型问答题、两项选择题、多项选择题和顺位式问答题,其中后三类可以称为封闭式问题。

1）开放性问答题

开放性问答即只提问题，不给具体答案，要求被调研者根据自身实际情况自由作答。开放性问答题主要限于探索性调研，在实际的调研问卷中，这种问题不多。开放型问答题的主要优点是由于被调研者的观点不受限制，便于深入了解被调研者的建设性意见、态度、需求问题等。缺点是难以编码和统计。开放性问答题一般应用于以下几种场合：作为调研的介绍；某个问题的答案太多或根本无法预料时；由于研究需要，必须在研究报告中原文引用被调研者的原话。

2）两项选择题

两项选择题也称作真伪题，是多项选择的一个特例，一般只设两个选项，如"是"与"否"、"有"与"没有"等。优点是简单明了，缺点是所获信息量太小，两种极端的回答类型有时往往难以了解和分析被调研者群体中客观存在的不同态度层次。

3）多项选择题

多项选择题是从多个备选答案中择一或择几。这是各种调研问卷中采用最多的一种问题类型。多项选择题的优点是便于回答，便于编码和统计，缺点主要是问题提供答案的排列次序可能引起偏见。这种偏见主要表现在以下三个方面。

第一，对于没有强烈偏好的被调研者而言，选择第一个答案的可能性远远高于选择其他答案的可能性。解决方案是打乱排列次序，制作多份调研问卷同时进行调研，但这样做的结果是加大了制作成本。

第二，如果答案均为数字，没有明显态度的人往往选择中间的数字而不是偏向两端的数字。

第三，对于 A、B、C 字母编号而言，不知道如何回答的人往往选择 A，因为 A 往往与高质量、好等相关联。解决办法是用其他字母，如 L、M、N 等进行编号。

4）顺位式问答题

顺位式问答题又称序列式问答题，是在多项选择的基础上，要求被调研者对问题的答案，按自己认为的重要程度和喜欢程度顺位排列。

在现实的调研问卷中，往往是几种类型的问题同时存在，单纯采用一种类型问题的问卷并不多见。

5. 确定问题的措辞

很多人可能不太重视问题的措辞，而把主要精力集中在问卷设计的其他方面，这样做的结果有可能降低问卷的质量。因此应该注意以下几点：

（1）问题的陈述应尽量简洁。

（2）避免提带有双重或多重含义的问题。

（3）最好不用反义疑问句，避免否定句。

（4）注意避免问题的从众效应和权威效应。

6. 确定问题的顺序

问卷中的问题应遵循一定的排列顺序，问题的排列顺序会影响被调研者的兴趣、情绪，进而影响其合作积极性。所以一份好的问卷应对问题的排列作出精心的设计。

7. 确定问卷的排版和布局

问卷的设计工作基本完成之后,便要着手问卷的排版和布局。问卷排版的布局总的要求是整齐、美观、便于阅读、作答和统计。

8. 确定问卷的测试

问卷的初稿设计工作完毕之后,不要急于投入使用,特别是对于一些大规模的问卷调研,最好的办法是先组织问卷的测试,如果发现问题,再及时修改,测试通常选择20~100人,样本数不宜太多,也不要太少。如果第一次测试后有很大的改动,可以考虑是否有必要组织第二次测试。

9. 问卷的定稿

当问卷的测试工作完成,确定没有必要再进一步修改后,可以考虑定稿。问卷定稿后就可以交付打印,正式投入使用。

10. 问卷的评价

问卷的评价实际上是对问卷的设计质量进行一次总体性评估。对问卷进行评价的方法很多,包括专家评价、上级评价、被调研者评价等。

专家评价一般侧重于技术性方面,比如说对问卷设计的整体结构,问题的表述、问卷的版式风格等方面进行评价。

上级评价则侧重于政治性方面,比如说在政治方向方面,在舆论导向方面,可能对群众造成的影响等方面进行评价。

被调研者评价可以采取两种方式:一种是在调研工作完成以后再组织一些被调研者进行事后性评价;另一种则是调研工作与评价工作同步进行,即在调研问卷的结束语部分安排几个反馈性题目,如"您觉得这份调研表设计得如何?"。

[活动1] 分析案例,感悟调研问卷的设计方法

一、活动内容

(1) 在深入了解[知识准备]中调研问卷有关知识的基础上,研读[案例3-3],交流分析案例中调研问卷的设计方法。

(2) 根据分析结果,讨论自己的模拟公司应该怎样设计问卷。

二、活动步骤与要求

(1) 各小组成员认真复习[知识准备]中调研问卷的基本知识,研读[案例3-3],并填写表3-5。

表3-5 对[案例3-3]的分析结果

问题	分析结果
[案例3-3]中的调研问卷是否遵循了基本的设计原则?有无不恰当的地方	

(续表)

问题	分析结果
该问卷设计的问题内容是否符合调研的目标?有无需要补充的内容?如果有,请作出补充。有无需要改动的部分?如果有,请作出改动	
该问卷设计的问题类型包括哪些方面?是否全面	
请你对该问卷作出整体评价	
如果通过问卷来调研你的模拟公司目前所处的市场环境,需要获得哪些市场信息	
你将采取哪些方法与步骤来设计问卷	

(2) 小组成员交流分享讨论结果。
(3) 各小组选派一至两名代表在全班交流分享讨论结果。
(4) 任课教师对各小组的分析结果作出评价和指导,并组织评选出优胜组。

【案例3-3】 小天鹅洗衣机质量需求调查问卷

尊敬的广大消费群众:

首先感谢你参与本次问卷调查,为了了解用户对小天鹅洗衣机的质量需求,特作此调查。我们会保密您填写的一切资料,希望您能帮助我们完成调查问卷,感谢您对我们小天鹅洗衣机的支持。谢谢!

1. 你喜欢小天鹅洗衣机吗(　　)。
   A. 喜欢　　　　　　　　　　　　B. 不喜欢
2. 你对目前上市的洗衣机感觉如何(　　)。
   A. 非常满意　　　B. 满意　　　C. 一般般　　　D. 有待改进
   E. 其他
3. 你购买洗衣机最先考虑的因素是(　　)。
   A. 外观新颖　　　　　　　　　　B. 功能强大
   C. 价格便宜　　　　　　　　　　D. 质量保障
4. 如果你有购买洗衣机的想法,你会选择购买什么样式的洗衣机(　　)。
   A. 波轮洗衣机　　B. 滚筒洗衣机　　C. 双筒式
5. 如果你去购机,你会选择哪个品牌的洗衣机(可多选)(　　)。
   A. 松下　　　　　B. 海尔　　　　　C. 小天鹅　　　D. 美的
   E. 西门子　　　　F. 其他
6. 你在家是否经常使用洗衣机(　　)。
   A. 经常使用　　　B. 偶尔使用　　　C. 几乎不用
7. 洗衣机的哪些性能指标是你最关注的(可多选)(　　)。
   A. 节能节水力　　B. 洗净力　　　　C. 静音　　　　D. 磨损度
   E. 可装容量　　　F. 智能操作系统
8. 你购买的洗衣机遇到过什么问题(可多选)(　　)。

A. 电脑控制板故障　　　　　　　　B. 洗衣噪声较大
C. 产品质量问题　　　　　　　　　D. 洗衣机不正常运作
E. 其他

9. 你购买洗衣机关注哪些特殊功能(可多选)(　　)。
　　A. 智能变频　　　　　　　　　　B. 羊毛洗漂
　　C. 抗菌杀菌　　　　　　　　　　D. 冷凝烘干

10. 你认为未来洗衣机的创新重点应该放在哪些方面(可多选)(　　)。
　　A. 外观设计　　　　　　　　　　B. 新材料
　　C. 洗净方式　　　　　　　　　　D. 节能环保
　　E. 其他

11. 你使用洗衣机重点考虑的因素是(可多选)(　　)。
　　A. 价格实惠　　　　　　　　　　B. 功能强大
　　C. 品牌　　　　　　　　　　　　D. 质量靠得住
　　E. 其他

12. 你对洗衣机寿命要求是(　　)。
　　A. 2年　　　　B. 3年　　　　C. 4年　　　　D. 4年以上

13. 你是否购买过小天鹅洗衣机(　　)。
　　A. 是　　　　　　　　　　　　　B. 否

14. 你的性别是(　　)。
　　A. 女　　　　　　　　　　　　　B. 男

15. 你的年龄是(　　)。
　　A. 25岁以下　　　　　　　　　　B. 25～35岁
　　C. 35～45岁　　　　　　　　　　D. 45～55岁
　　E. 55岁以上

16. 你的月收入是(　　)。
　　A. 2 000元以下　　　　　　　　 B. 2 000～4 000元
　　C. 4 000～6 000元　　　　　　　D. 6 000～8 000元
　　E. 8 000元以上

17. 你对洗衣机功能是否满意？你认为需要添加哪些新功能？

感谢您的配合！

【活动2】　项目组为模拟公司设计一份市场调研问卷

一、活动内容

针对自己的模拟公司,设计一份有效的调研问卷,通过设计问卷、回答问卷巩固掌握问卷调研法。

二、活动步骤与要求

（1）各小组成员认真复习[知识准备]中调研问卷的基本知识，再次研读[案例3-3]。

（2）根据表3-5的讨论结果，针对自己的模拟公司，小组成员研究商定问卷的设计方案。

（3）各小组根据设计方案，设计出一份调研问卷。

（4）各小组以全班同学（任课教师也可参加）为被调研者，互相派送调研问卷并认真填写。

（5）收交问卷并分析信息，总结出调研结果，各小组选派一至两名代表在全班交流。

（6）各小组成员认真讨论，对问卷的设计情况进行互评和自评，各小组选派一至两名代表在全班交流。

（7）任课教师对各小组的讨论结果作出评价和指导，并组织评选出优胜组。

【知识拓展】　　　　　　　　市场信息的来源

我们要进行营销调研，搜集市场信息，就必须了解市场信息的来源。归纳起来，一般有以下两大类来源：第一，来源于各种不同的机构，主要有党和国家领导机关、统计部门（包括国家统计局和地方统计局）、企业的上级主管部门（包括行业协会）、商业部门（包括商业主管部门、批发商业和零售商店等）、银行系统、信息中心、计算机数据库、市场调研机构及信息市场等；第二，来源于各种不同的载体，主要有报纸、杂志、广播、电视、互联网、顾客和用户等。

关于市场信息的来源问题，除上述分类表述外，还有一种分类方法也很为常见，即将市场信息来源分为一手资料（直接资料）与二手资料（间接资料）。一手资料与二手资料各有利弊，在使用时应灵活取舍。

任务4　撰写调研报告

【知识准备】

一、调研报告的基本内容与格式

一般地，一份完整的调研报告主要由以下几部分有机构成：封面、目录、摘要、正文和附录。

封面应包括调研报告的题目、报告的提供对象、报告的撰写者和发布日期。目录揭示调研报告的内在逻辑性，会让报告层次更清晰。摘要是对报告内容的高度浓缩和提炼，便于读者尽快了解报告的主要内容。正文是调研报告的核心，主要内容包括引言、调研方法、结论和建议等。附录通常包括调研问卷、较为复杂的统计表和参考文献等。

调研报告具有写实性、针对性和逻辑性等特点,常见的调研报告主要有以下三大类:①情况调研报告,它是比较系统地反映某地区、某单位基本情况的一种调研报告;②典型经验调研报告,它是通过分析典型事例,总结工作中出现的新经验,从而指导和推动某方面工作的一种调研报告;③问题调研报告,它是针对某一方面的问题,进行专项调研,提出解决问题的途径和建议的一种调研报告。

二、调研报告撰写的基本步骤与方法

尽管调研报告的主题各不相同,撰写调研报告的基本思路却是相似的,即确定主题、收集资料、进行构思与选材、分析问题、得出结论和提出建议、在初稿基础上反复修改直至最终定稿。

(一)审查调研资料

撰写市场调研报告的根本目的是为决策提供依据,而所用资料是否科学准确直接关系到调研报告的水平和质量。由于资料获取的便捷,调研资料诸如网络资料等二手资料往往会很多,在进行资料审查时,必须要坚持调研资料的相关性原则、时效性原则、系统性原则和经济性原则,努力做到去伪存真、去粗取精,确保资料的可靠性与准确性。

(二)统计调研数据

统计调研数据就是对所收集到的数据进行分类和汇总,使其系统化、条理化、科学化,以得出反映事物总体综合特征资料的工作过程。它是调研的继续,也是分析的前提,承前启后,具有重要作用。在进行调研数据的统计时,需要借助统计学和数学的相关工具和手段来对数据进行加工和处理,如做成统计表和统计图等。

(三)分析调研资料

根据调研数据的统计结果,客观真实地对其展开分析,发现数据背后隐藏的规律。通过数据能够比较清楚地知道自身的优势和短板分别在哪里,然后探究问题背后的深层次原因,为调研报告的撰写做好铺垫。

(四)撰写调研报告

根据以上三步分析的结果,紧密结合调研主题,按照一定的逻辑,最后形成书面的文字材料,即调研报告。调研报告的撰写要有客观的态度,切不可先入为主,内容力求客观、真实。除此之外,报告还要有鲜明的观点,行文力求精炼、简洁,逻辑结构要严谨,层次分明,重点突出,分析到位。

【活动1】 分析案例,感悟典范调研报告的结构与撰写方法

一、活动内容

(1)在深入了解[知识准备]中调研报告有关知识的基础上,研读[案例3-4],交流分析案例中调研报告的撰写方法。

(2)根据分析结果,讨论自己的模拟公司的市场调研报告应该如何构思和撰写。

二、活动步骤与要求

(1) 各小组成员认真复习[知识准备]中调研报告的基本知识,研读[案例 3-4],并填写表 3-6。

(2) 小组成员交流分享讨论结果。

(3) 各小组选派一至两名代表在全班交流分享讨论结果。

(4) 任课教师对各小组的分析结果作出评价和指导,并组织评选出优胜组。

表 3-6 对[案例 3-4]的分析结果

问题	分析结果
[案例 3-4]中的调查报告结构是否完整?有无需要完善的地方	
该调查报告的数据分析与处理结果你认为全面吗?有无需要改进的地方?如果有,请说明	
请你对该调查报告作出整体评价	
你打算用什么工具和手段处理模拟公司收集到的数据	
你将从哪些版块入手构思模拟公司调查报告的撰写,请简要列出拟写报告的初步提纲	

【案例 3-4】 中山市沙溪成衣市场调研报告

5 月份,沙溪镇经济环境调查小组对沙溪成衣市场进行了市场调查。调查小组通过访谈、派发调查问卷、开研讨会等方法,对沙溪的成衣市场做了调查摸底。现将沙溪成衣市场的市场调查情况汇总如下。

一、沙溪成衣市场现状

沙溪成衣市场主要位于中山市沙溪镇岐江公路乐群路段两侧铺位,约有 190 多家商户。该市场交通便利,岐江公路贯穿而过,毗邻市汽车总站、货运站及 105 国道中山过境线,公路四通八达,方便商户运输货物。沙溪成衣市场以经营库存服装批发为主,在珠三角的服装批发市场中具有一定的影响力。

沙溪成衣市场是一个自发的服装市场,主要销售国内服装企业、制衣厂的库存成衣,也有极少数商户自行生产或接受客户下订单。经营商户主要沿岐江公路两旁经营,另外在沙溪镇云汉商贸服装批发市场也有数十家经营库存服装的商户。经过多年的发展,沙溪成衣市场已具有一定的规模,在行业内具有一定的影响力。

二、调查数据统计

沙溪成衣市场约有 190 间,这次问卷调查共发放 150 份,共回收 48 份,回收率为 32%。以下是回收问卷数据统计:

(1) 商户老板以沙溪人为主,占 45%;中山其他镇人占 17%;广东省其他地区人占 15%;外省人占 11%;其他地方人占 12%。

(2) 经营的品种以女装为主,占 30%;男装占 27%;童装占 24%;其他占 19%。

(3) 经营的成衣以针织为主,占58%;梭织占42%。

(4) 货品来源中山及东莞各占27%;佛山占14%;其他地区占32%。

(5) 主要客户分布以外省为主,占22%;广东省其他地区占16%;国外占15%;中山占14%;中山邻近县市占13%;港澳占10%;其他占10%。

(6) 商户采购成衣的渠道以自行采购为主,占53%;通过采购经纪采购占32%;其他占15%。

(7) 成衣采购经纪以广东省为主,占42%;其他占33%;沙溪镇占25%。

(8) 在经营中碰到的问题以经营成本上升为主,占23%;竞争激烈占21%;采购成衣成本上升占19%;客户不足占13%;资金不足占11%;缺乏经营管理经验占7%;其他占6%。

(9) 铺位使用情况:自有占7%;租赁占93%。

(10) 没有商标注册的占81%;申请中占11%;有注册占8%。

(11) 20××年与20××年比较营业额以下跌为主,占51%,持平占26%,增长占5%;新开业无法比较占18%。

(12) 20××年经营经营状况是盈利一般的占64%;盈利较好的占0%;无盈无亏占19%;亏损占17%。

据有关部门的反映及与部分商户访谈,成衣市场平均毛利率为15%,1卡铺面每月平均营业额约为4万元,2卡铺面超过10万元。

三、商户的意见

在进行经济调查时,我们对部分商户进行了面对面的访谈,并召开了研究会,从中我们取得了在问卷调查中没有的信息,归纳为如下几点。

1. 宣传力度不够,知名度不够

沙溪成衣市场的发展是自发性质的,每一间成衣行都是独自经营,没有一个总体上的宣传,同时也没有单位或个人组织工作,所以成衣市场一直都没有核心的宣传,导致沙溪成衣市场的知名度不高。目前沙溪成衣市场大部分的客商是成衣行各自开发的客户,或者是客户推荐的。

2. 客源减少,市场欠畅旺

根据商户反映,沙溪成衣市场20××、20××年生意很好,客源多,外国客商也多。但进入20××年生意开始变淡,今年1~5月情况更差,这5个月的经营处于勉强经营状态。客源减少,市场便变得冷清。

3. 库存服装来货量不足导致采购成本上升

由于现在沙溪成衣市场的成衣行越开越多,同时制衣厂接订单的生产件数受采购商的严格控制,库存服装大幅减少,以致成衣行在收购库存服装时货源及采购量减少,采购成本上升。

4. 个别成衣行经营手法不当,以次充好,坑害客户

由于在收库存服装时,个别商户没有商业道德,以次充好。这种现象尤其多发生在外国客商身上。所以从20××年开始,外国客商相对减少了。

5. 经营成本上升,市场发展空间有限

有商户认为,位于沙溪乐群路段的铺位已基本饱和,没有地方可以容纳新的成衣行,而且铺租及税费每年持续上升,使经营成本增加。

6. 发展后劲缺乏,政府需加强引导

沙溪成衣市场是自发发展起来的,商户认为,现在成衣市场已有一定的规模,而且又是配合沙溪的制衣产业发展的,政府在这方面应加大扶持力度,如加强宣传、抓好治安环境、引导商户经营等。

7. 税收增幅大,征税方式变化不定

短短几年间的税收随着征税方式的变化而有大幅度的上升。商户希望有一个清晰且稳定的税务环境。

通过这次经济调查,我们初步了解到沙溪成衣市场的发展现状及存在的问题。在与商户访谈中,商户虽然遇到各种各样的问题,但总体来说,他们对沙溪成衣市场的发展还是有信心的。同时,我们也了解到沙溪成衣市场发展到今天,已经由发展的高峰开始回落,各商户面临的困难日益增多,这与市场管理水平、配套设施、市场营销未能同步提升有关。

四、对沙溪成衣市场的建议

通过调查,商户提出以下建议:

(1) 政府应制定明确的沙溪成衣市场发展扶持政策。沙溪成衣市场自发形成,在镇政府的扶持和业界的努力下,发展已经有一定的规模。为创造持续发展的后劲,商户希望政府进一步加强扶持,稳定税收环境,加强市场整体的宣传和治安工作。

(2) 成衣行可仿效布业商会,建立自己的商会组织或作为分支机构并入布业商会。有一个业内组织在协调行内的各种问题时,可达到事倍功半的效果。例如,在市场宣传、行业的管理和自律、行业的沟通交流等工作,都需要有行业组织的协调。

(3) 对经营手法不当的商户坚决进行制裁,以维持沙溪成衣市场的正常经营秩序,维护沙溪成衣市场的商誉。

(4) 有商户提出建议镇政府规划发展用地。此建议是否可行需要进行深入的研讨论证。

(5) 政府要帮助沙溪成衣市场开展宣传推广,利用沙溪服装产业聚集以及举办服装博览会等商机创造更多的客源。

(6) 扶持一批经营大户,进一步带动沙溪成衣市场的发展。

【活动2】 项目组为模拟公司撰写一份调研报告

一、活动内容

在深入了解[知识准备]中调研报告有关知识的基础上,针对自己的模拟公司前期调研所得的数据,为模拟公司撰写一份市场调研报告,以巩固市场调研报告的撰写技巧。

二、活动步骤与要求

(1) 各小组成员认真复习[知识准备]中调研报告的基本知识,再次研读[案例3-4]。

(2) 根据表3-6的讨论结果,针对自己的模拟公司,小组成员研究商定调研报告的具体写作方案。

(3) 各小组根据撰写方案,做好分工,撰写出一份调研报告。

(4) 各小组上交最终调研报告,每个小组选派一至两名代表在全班进行汇报、交流。

(5) 各小组成员认真讨论,对调研报告的汇报、交流情况进行互评和自评,各小组选派一至两名代表在全班发言、点评。

(6) 任课教师对各小组的讨论结果作出评价和指导,并组织评选出优胜组。

【知识拓展】

德 尔 菲 法

德尔菲法是在20世纪40年代由赫尔默(Helmer)和戈登(Gordon)首创的。1946年,兰德公司首次用这种方法进行预测,后来该方法被迅速广泛采用。德尔菲这一名称起源于古希腊有关太阳神阿波罗的神话。传说阿波罗具有预见未来的能力。因此,这种预测方法被命名为德尔菲法。

德尔菲法的典型特征有:①吸收专家参与预测,充分利用专家的经验和学识;②采用匿名或背靠背的方式,能使每一位专家独立自由地作出自己的判断;③预测过程几轮反馈,使专家的意见逐渐趋同。德尔菲法的这些特点使得它成为一种最为有效的判断预测法。

德尔菲法的具体实施步骤是:①组成专家小组。专家人数一般不超过20人。②向所有专家提出所要预测的问题及有关要求,并附上有关这个问题的所有背景材料,同时请专家提出还需要什么材料。然后,由专家做书面答复。③各个专家根据他们所收到的材料,提出自己的预测意见,并说明自己是怎样利用这些材料并提出预测值的。④将各位专家的第一次判断意见汇总,列成图表,进行对比,再分发给各位专家,让专家比较自己同他人的不同意见,修改自己的意见和判断。⑤将所有专家的修改意见收集起来,汇总,再次分发给各位专家,以便做第二次修改。逐轮收集意见并向专家反馈信息是德尔菲法的主要环节。收集意见和信息反馈一般要经过三四轮。在向专家进行反馈的时候,只给出各种意见,但并不说明发表各种意见的专家的具体姓名。这一过程重复进行,直到每一个专家不再改变自己的意见为止。⑥对专家的意见进行综合处理。

【思考与练习】

一、名词解释

1. 市场调研　2. 观察法　3. 问卷法　4. 恩格尔系数　5. 实验法　6. 个人可支配

收入 7. 市场容量

二、**判断题**(判断下列各题是否正确。正确的在题后的括号内打"√",错误的打"×")

1. 只要预测准确,决策就会是正确的。（   ）
2. 文化对市场营销的影响多半是通过直接的方式来进行的。（   ）
3. 恩格尔系数越小,生活水平越低。（   ）
4. 营销活动只能被动地受制于环境的影响。（   ）
5. 在经济全球化的条件下,国际经济形势也是企业营销活动的重要影响因素。（   ）
6. 市场预测是企业营销活动的起点和经营决策的前提。（   ）
7. 在抽样过程中,只要步骤严谨,方法得当,就不会出现误差。（   ）
8. 调研成果是调研报告的核心内容。（   ）
9. 设计问卷时,有关问句的排列,要依照一定的逻辑顺序。（   ）
10. 敏感性问题和开放性问题最好放在问卷的开头。（   ）

三、**选择题**(在下列每小题中,选择适合的备选答案序号填入括号内。)

1. (   )是构成市场的重要因素,决定着一个国家或地区市场容量的大小。
   A. 人口　　　　　　B. 需求　　　　　　C. 动机　　　　　　D. 喜好
2. 实地调研是采集(   )的现场。
   A. 第一手资料　　　B. 第二手资料　　　C. 市场数据　　　　D. 信息资料
3. 进行市场调研,首先要明确的是调研的(   )。
   A. 目标　　　　　　B. 计划　　　　　　C. 战略　　　　　　D. 策略
4. 市场调研与预测的主要主体是(   )。
   A. 个人　　　　　　B. 企业　　　　　　C. 政府　　　　　　D. 社会组织
5. "在市场调研与预测过程中,对信息的收集、加工、处理、分析和提供必须做到真实、精确",这指的是市场调研与预测的基本要求是(   )。
   A. 准确　　　　　　B. 及时　　　　　　C. 全面　　　　　　D. 适用
6. 1年以上5年以下时间长度的市场预测属于(   )。
   A. 短期预测　　　　B. 中期预测　　　　C. 中长期预测　　　D. 长期预测
7. 在访问法中,获得的信息量最大方法是(   )。
   A. 面谈调研　　　　　　　　　　　　　B. 邮寄调研
   C. 电话调研　　　　　　　　　　　　　D. 留置调研
8. 市场预测程序是(   )。
   A. 明确目的、收集资料、分析、预测　　B. 收集资料、明确目的、分析、预测
   C. 分析、明确目的、收集资料、预测　　D. 明确目的、收集资料、预测、分析
9. 以下选项中,属于影响消费者购买力和消费支出的决定性因素的是(   )。
   A. 人均国民生产总值　　　　　　　　　B. 个人收入
   C. 个人可支配收入　　　　　　　　　　D. 个人可任意支配收入

10. 市场营销环境中（　　）被称为是一种创造性的毁灭力量。
    A. 新技术　　　　　B. 自然资源　　　　C. 社会文化　　　　D. 政治法律

四、问答题

1. 简述市场调研的基本程序。
2. 简述市场调研的基本方法。
3. 简述调研问卷的设计原则。
4. 简述调研问卷的设计方法与步骤。
5. 简述调研报告的基本内容。

项目 4　选定目标市场

【项目说明】

选择确定目标市场是市场营销工作一般流程的第二个重要步骤。本项目的主要任务：一是细分市场，寻找市场机会；二是选定目标市场。企业只有正确选定目标市场才能有效设计营销组合策略，更好地为消费者服务并取得竞争优势。

【学习目标】

※知识目标　理解市场细分的意义，掌握市场细分的标准和方法；掌握选择目标市场的标准和选择模式；掌握目标市场营销策略。

※能力目标　能根据地理因素、人口因素、心理因素、行为因素细分市场，能根据企业实际情况评估细分市场，并能作出目标市场选择决策。

【项目成果】

完成本项目你应当提交以下成果：
(1) 背景行业市场细分报告。
(2) 为模拟公司选定目标市场营销策略。

任务 1　细分市场，寻找市场机会

【知识准备】

一、市场细分的概念和作用

（一）市场细分的概念

市场细分是由美国市场营销学家温德尔·史密斯在 1956 年提出来的市场营销概念。

它是指企业通过市场调查研究,根据消费者需求的差异性,把某一产品的整体市场划分为若干个在需求上具有某种相似特征的消费者群,从而形成各种不同细分市场的过程。每一个消费者群就是一个细分市场,亦称"子市场",每一个细分市场都是由在需求上具有某种相似特征的消费者构成的消费者群。

市场是由消费者组成的,而消费者在消费需求、购买习惯等方面各不相同。因为他们对商品的品种、数量、价格、式样、规格、色彩、购买时间、购买地点等都会体现出一定的差异性。这些差异性的存在,为市场细分提供了客观基础。消费需求差异越大,消费者越是追求差异化,市场细分也越有必要。理解市场细分这一概念,应掌握以下几个要点:

(1)市场细分的实质是细分消费者的需求,而不是对产品分类。企业进行市场细分,就是要发现不同消费者需求的差异性,然后把需求基本相同的消费者归为一类,这样就可以把某种产品的整体市场划分为若干个细分市场,以更好地满足市场需求。

(2)市场细分的最终目的是选择和确定目标市场,企业在此基础上,运用各种可控因素,实现最优化组合,以达到企业市场营销战略目标。从市场细分的最终目的来看,市场细分是目标市场营销的起点和基础,是企业市场营销战略的平台。企业的一切市场营销战略,都必须从市场细分出发。没有市场细分,就无法确定企业的目标市场,企业也就无法在市场竞争中找到企业的市场定位。

(3)市场细分的客观基础是消费者需求的差异性和企业资源的有限性。消费者需求的差异性以及由此决定的购买者动机和购买行为的差异性是市场细分的前提条件。从消费者需求状况看,整体市场可分为同质市场和异质市场。同质市场是指消费者对某一产品的需求、购买行为、对企业市场营销组合策略的反应等基本相同或相似的市场。只有少数产品的市场属于同质市场。异质市场是指消费者对某一产品的需求、购买行为、对企业市场营销组合策略的反应等存在差异的市场。绝大多数产品的市场是异质市场。正是异质市场的存在,使市场细分成为可能。从这个意义上说,市场细分就是把异质市场划分为同质市场的过程。

企业资源的有限性和为了进行有效市场竞争是企业进行市场细分的内在要求。在现代市场经济条件下,企业受到资源有限性的限制,不可能向整体市场提供满足所有消费者所有需求的一切产品和服务,只能满足一个或几个细分市场的消费者需求。为了进行有效市场竞争,企业必须选择与之相适应的有利可图的细分市场,放弃那些与之不相适应的细分市场,集中企业资源,实现企业市场营销目标。

(二)市场细分的作用

1)市场细分有助于企业发现市场机会,选定目标市场

如果不对市场进行细分化研究,市场始终是一个"混沌的总体",因为任何消费者都是集多种特征于一身的,而整个市场是所有消费者的总和,呈现高度复杂性。市场细分可以把市场丰富的内部结构一层层地分化出来,发现其中的规律,使企业可以深入、全面地把握各类市场需求的特征。另外,市场需求中有相当一部分是潜在需求,一般不易发现。企业运用市场细分的手段往往可以了解消费者的具体需求和满足程度,从而寻找、发现市场机会。

2）市场细分有利于企业集中使用资源，增强企业市场竞争能力

企业通过市场细分确定了自己所要满足的目标市场，找到了自己资源条件和客观需求的最佳结合点，这有利于企业集中人力、物力、财力，有针对性地采取不同的营销策略，取得投入少、产出多的良好经济效益。特别是对于资源有限的中小企业来说，只有通过市场细分，选择有利可图的细分市场，集中使用资源，投入一个或少数几个细分市场，扬长避短、有的放矢地开展市场营销活动才能增强企业市场竞争能力。

3）市场细分有利于企业制定和调整市场营销组合策略，实现企业市场营销战略目标

由于整体市场上的消费者需求差异性较大，使企业市场营销活动往往不能取得令人满意的效果，而且由于整体市场需求变化较快、较复杂，企业难以及时掌握，致使企业的市场营销活动缺乏时效性。而市场细分后，某个细分市场的消费者需求基本相似，企业能密切注意细分市场消费者需求变化，并迅速地制定和调整市场营销组合策略，顺利实现企业市场营销战略目标。同时，企业通过分析和比较不同细分市场中竞争者的营销策略，选择那些需求尚未满足或满足程度不够，而竞争对手无力占领或不屑占领的细分市场作为自己的目标市场，可以结合自身条件制定出最佳的市场营销策略，实现企业市场营销战略目标。

二、市场细分的标准

市场细分标准也称市场细分变量或细分标志，是指能够将某种商品的整体市场区分出具有相同需求特征消费者群的分类依据。要正确地进行市场细分，首先必须合理地确定细分市场的标准。由于各类市场的特点不同，因而市场细分的标准也有所不同。

（一）消费者市场细分的标准

对消费者市场细分的标准主要有地理细分、人口细分、心理细分、行为细分四类。

1. 地理细分

根据消费者所处的地理位置、自然环境等地理变量来细分市场称为地理细分。地理细分变量主要包括国家、地区、城市、农村、城市规模、人口密度、气候、地形、地貌、生产力布局、交通运输和通信条件等。

地理细分的理论依据是：由于地理环境、气候条件、社会风俗等因素影响，不同地区的消费者需求具有明显的差异，同一地区内的消费者需求则具有一定的相似性。

地理细分的意义在于：有利于分析研究处在不同地理环境条件下的消费者需求发展变化趋势和市场机会；有利于企业开拓特定的区域市场；有利于企业将有限的资源投向最能发挥自身优势的区域市场。

地理细分是市场细分的一个最常用的标准和方法，也是最明显、最易衡量和运用的细分标准。但是，地理环境是一种静态因素，处在同一地理位置的消费者需求仍然会存在很大的差异。因此，企业通常还采取其他变量进一步细分市场。

2. 人口细分

根据人口统计因素来细分市场称为人口细分。人口细分变量主要包括性别、年龄、职业、家庭规模、家庭收入、民族、宗教、文化程度、国籍、家庭生命周期等。

人口细分的理论依据是：人口细分变量与消费者需求之间存在着密切的因果关系。

不同性别、年龄、收入、民族等人口变量的消费者需求必然是有所不同的。

人口细分的意义在于：有利于分析研究不同人口变量的消费者需求发展变化趋势和市场机会；有利于企业针对不同人口变量的消费者群产生的市场机会，开发不同的产品更好地满足其需求；有利于企业针对不同人口变量的消费者需求设计有针对性的市场营销组合，以提高市场竞争能力。

人口细分是市场细分的一个重要标准和方法。按人口变量细分市场更容易测量和获取，但消费者需求和购买行为并不仅仅取决于人口变量，所以，市场细分还要依据消费者心理、消费者行为、消费者受益等细分标准再进行细分。

3. 心理细分

根据消费者心理特征细分市场称为心理细分。消费者心理细分变量主要包括消费者的生活方式、个性、购买动机、消费态度等。

生活方式是指个体在成长过程中，在与社会诸要素相互作用下，表现出来的生活兴趣和态度模式。由于人们生活方式不同，消费倾向及需求的商品也不一样。例如，美国一服装公司把女性分为"朴素型"（喜欢大方、清淡、素雅的服装）、"时髦型"（追求时尚、新潮、前卫）、"有男子气质型"三种类型，分别为她（他）们设计制造出不同式样和颜色的服装，取得了良好效果。在现代市场营销实践中，有越来越多的企业根据消费者的不同生活方式来细分市场，并且为生活方式不同的消费者设计不同的产品和市场营销组合策略。

不同性格购买者在消费需求上有不同的特点，如表4-1所示。不少企业常常使用性格变量来细分市场，给自己的产品赋予品牌个性，以适合相应消费者个性。

表4-1 不同性格购买者及需求特点

性格	消费需求特点
习惯型	偏爱、信任某些熟悉的品牌，购买时注意力集中，定向性强，反复购买
理智型	不易受广告等外来因素影响，购物时头脑冷静，注重对商品的了解和比较
冲动型	容易受商品外形、包装或促销的刺激而购买，对商品评价以直观为主，购买前并没有明确目标
想象型	感情丰富，善于联想，重视商品造型、包装及命名，以自己丰富想象去联想产品的意义
时髦型	易受相关群体、流行时尚的影响，以标新立异、赶时髦为荣，购物注重引人注意，或显示身份和个性
节俭型	对商品价格敏感，力求以较少的钱买较多的商品，购物时精打细算、讨价还价

购买动机是引起消费者购买行为的内在推动力。消费者购买动机不同，便产生不同的消费者购买行为。购买动机主要有：求美动机、求廉动机、求实动机、求新动机、求名动机、求便动机、炫耀动机等。企业针对不同购买动机的消费者，在产品中突出能满足他们购买动机的特征或特性，并设计不同的市场营销组合策略，往往能取得良好的经营效果。

企业可以按照消费者对产品的购买态度来细分消费者市场。消费者对企业产品的态度有五种：热爱、肯定、不感兴趣、否定和敌对。企业对持不同态度的消费者群，应当酌情分别采取不同的市场营销组合策略，以转变他们的态度使之向着热爱企业产品的方向发展。

4. 行为细分

根据消费者不同的购买行为来细分市场称为行为细分。消费者购买行为变量主要包括购买时间、购买数量、购买频率、购买习惯等。

许多商品的消费和购买具有时间性。例如,人们往往会利用节假日、"双十一"等集中购买生活家居用品,而月饼、粽子等产品的购买则集中在节日的前几天等。根据购买时间细分市场,企业可以掌握消费者对某种商品的购买时间规律,进而制定相应的营销策略促进商品销售。

根据购买数量细分市场,可以分为大量使用者、中量使用者和少量使用者。调查表明,某商品大量使用者的人数虽然占消费者总数的比例不大,但他们所消费的商品数量却在消费总量中占很大比重,少量使用者却相反。例如,美国一家市场调研公司发现,大量喝啤酒者大多是体力劳动阶层,年龄约在25~50岁,每天看电视约3~5小时以上,并喜欢观赏体育节目。在实践中,80%的利润是由20%的客户带来的,这20%的客户就是企业的最佳用户。企业可以根据这部分客户的信息改进其在定价、广告传播等方面的策略。

根据购买频率可将某种产品的整体市场分为初次购买者、经常购买者、潜在购买者等不同细分市场。一般来说,大企业实力雄厚,市场占有率较高,因而特别注重吸引潜在购买者,使他们成为企业产品的初次购买者,进而成为经常购买者,以扩大市场范围;而小企业资源有限,无力开展大规模的促销活动,以吸引、保持住一部分经常购买者为上策。

根据购买习惯(对品牌忠诚度)来细分市场可将某种产品的整体市场分为单一品牌忠诚者、几种品牌忠诚者、无品牌忠诚者等。如果单一品牌忠诚者和几种品牌忠诚者占较大或很大比重的市场,其他企业则难以进入;如果情况相反,则有利于其他企业进入,并逐步扩大市场份额;对于非品牌偏好者,企业应在促销方面吸引该细分市场的消费者。

除以上四类细分变量外,还可以根据消费者追求的利益不同细分市场,称为受益细分。消费者受益细分的理论依据是:由于消费者在购买产品时追求不同的利益,可能会被某种产品的不同特性和功能所吸引,因而可以把追求不同利益的消费者细分为不同的细分市场。近年来,消费者受益细分越来越受到重视,并在市场营销实践中广泛应用。

(二) 生产者市场细分的标准

许多用来细分消费者市场的标准,同样可以用来细分生产者市场。如地理细分和行为细分中的一些变量都是有效的细分标准。同时,由于生产者市场有其不同的特点,生产者市场细分标准同消费者市场细分标准不完全一致。其中常用的变量有如下三方面。

1. 用户要求

不同的用户对同一工业品的规格、性能、质量、品种、价格等方面往往有不同的要求。例如,用于飞机的轮胎比拖拉机所用轮胎质量标准高。同样是半导体,军事用户特别重视产品质量,要求绝对可靠,而价格不是主要因素;工业用户则重视半导体的质量和售后服务;对于商业用户来讲,则特别注意价格。依据用户要求来细分市场,便于企业制定相应的营销策略,开展营销活动。

2. 用户规模

用户规模也是生产者市场细分的重要标准。许多生产企业以用户的规模为标准,把客户分为大量用户、中量用户和小量用户。大量用户数量虽少,但购买力很大;小量用户户数很多,但购买力不大。大量用户对产品质量、供货期以及运输方式等一般要求比较苛刻,供货厂家竞争也比较激烈,但是,一旦达成购货协议,就具有相对的稳定性。小量用户采购的批量较小,购销关系不稳定。企业通过市场细分,掌握不同规模用户的特点,以采取不同的经营方式。对大量用户一般直接供货,并在价格上予以一定优惠;对小量用户则通过中间商渠道供货,以保证一定的市场覆盖面。

3. 用户的地理位置

由于用户的地理位置对货物运输影响很大,所以这也是市场细分的标准之一。对于用户较为集中的地区,企业可以采取直接销售方式,降低销售成本。对于较为分散的用户则可充分利用中间商网络进行分销。

(三) 运用市场细分标准应注意的问题

以上分析了市场细分的一般标准,企业在运用上述标准时,应该注重以下几方面的问题。

1) 不同类型企业在市场细分时应采取不同的标准

例如,消费品市场主要根据地理变量、人口变量等因素作为细分标准,但不同的消费品市场所使用的变量也有差异。又如,服装市场按性别、年龄等变量细分,汽车市场则按家庭人口、收入等细分。

2) 市场细分的标准是随社会生产和消费需求的变化而不断变化的

由于消费者价值观念、购买动机和行为不断变化,企业细分市场采用的标准也会随之变化。例如,轿车原来只需用收入指标来细分,而今天消费者购车除考虑经济承受力外,还追求轿车的性能、空间等。

3) 企业在进行市场细分时,应注意各种标准的有机组合

在选择细分标准时,可以采取单一标准,更多情况下则采用多项标准的组合,这样可使细分出的市场更具体,企业也更易把握细分市场的特征。

4) 选择的细分标准应使细分后的市场可以衡量,否则细分工作就没有意义

"可衡量"包括两层意义:一是市场细分的标准必须清楚明确,细分出的子市场容易辨别;二是细分后的市场规模、市场容量等要能够计量和测算,因为细分市场不仅要有质的规定,还要有量的可衡性。

5) 市场细分是一项创造性的工作

由于消费者需求的特征和企业营销活动是多种多样的,市场细分标准的确定和选择不可能完全拘泥于书本知识。企业应在深刻理解市场细分原理的基础上,根据实际情况创造性地使用新的有效的细分标准。

三、市场细分的程序与方法

(一) 市场细分的程序

美国市场营销学家麦卡锡提出的细分市场的一整套程序包括以下七个步骤。

1. 依据需求选定产品市场范围

每一个企业,都有自己的任务和追求的目标,作为制定发展战略的依据。它一旦确定进入哪一个行业,接着便要考虑选定可能的产品市场范围。

产品市场范围应以市场的需求而不是产品特性来定。比如一家住宅出租公司,打

算建造一幢简朴的小公寓。从产品特性如房间大小、简朴程度等角度出发,它可能认为这幢小公寓是以低收入家庭为对象的,但从市场需求的角度来分析,便可看到许多并非低收入的家庭,也是潜在顾客。举例来说,有的人收入并不低,市区已有宽敞舒适的居室,但又希望在宁静的空间再有一套房间,作为周末生活的去处,所以,企业要把这幢普通的小公寓,看作整个住宅出租业的一部分,而不应孤立地看成只是提供低收入家庭居住的房子。

2. 列举潜在顾客的基本需求

选定产品市场范围以后,市场人员可以通过"头脑风暴法",从地理因素、行为和心理因素几个方面,大致估算一下潜在的顾客有哪些需求,进一步能掌握的情况有可能不那么全面,但却为以后的深入分析提供了基本资料。比如,这家住宅出租公司可能会发现,人们希望小公寓住房满足的基本需求包括:遮蔽风雨、停放车辆、安全、经济、设计良好、方便工作学习与生活、不受外来干扰、足够的起居空间、满意的内部装修、良好的公寓管理和维护等。

3. 分析潜在顾客的不同需求

确定潜在需求后,企业就可依据人口因素做抽样调查,向不同的潜在顾客了解,上述哪些需求对他们更为重要?比如,刚毕业需要租房的单身青年,可能认为最重要的需要是遮风避雨、停放车辆、经济、方便上班和学习等;新婚夫妇的希望是遮蔽风雨、停放车辆、不受外来干扰、满意的公寓管理等;较大的家庭则要求遮蔽风雨、停放车辆、经济、足够的儿童活动空间等。这一步至少应进行到有三个细分市场出现。

4. 移去潜在顾客的共同需求

顾客的共同需求固然很重要,但只能作为设计市场营销组合的参考,不能作为市场细分的基础。比如,遮蔽风雨、停放车辆和安全等项,几乎是每一个潜在顾客都希望的。企业可以把它用作产品决策的重要依据,但在细分市场时则要移去。

5. 为细分市场暂时取名

企业对各细分市场剩下的需求,要作进一步分析,并结合各细分市场的顾客特点,暂时起一个名称。例如,开发商品房的企业,根据小公寓住宅市场各类顾客的基本情况,为各细分市场分别取名并确定其主要特点,如表4-2所示。

表4-2 细分市场名称与主要特点

细分市场名称	主要特点
好动者	年轻未婚,活泼爱玩追求个性化
老成者	比好动者稍年长,更成熟,收入与教育程度更高,更追求舒适和安静
新婚者	暂住,未来希望另找住房,夫妻都有工作,所以房租负担不重
工作为主者	单身,希望住所离工作地点近,经济
度假者	在市区有住房,又希望节假日过一点郊外生活
向往城市者	在乡村有住房,但希望能靠近城市生活

6. 进一步认识各细分市场的特点

即对每一个分市场的顾客需求及其行为,作更深入的考察。

7. 测量各细分市场的大小

以上步骤基本决定了各细分市场的类型。企业紧接着应把每个细分市场同人口因素结合起来分析,以测量各细分市场潜在顾客的数量。

(二) 市场细分的方法

1. 单一变量细分法

即只用一个变量对市场进行细分,如按性别细分化妆品市场,按年龄细分服装市场等。这种方法简便易行,但难以反映复杂多变的顾客需求。

2. 综合变量细分法

即用影响消费需求的两个或两个以上的变量进行综合细分。例如,用性别、收入水平两个变量对服装市场进行细分,其细分结果如表 4-3 所示。

表 4-3 综合变量细分法

性别	收入水平	细分市场名称
男	高	高收入的男装市场
	中	中等收入的男装市场
	低	低收入的男装市场
女	高	高收入的女装市场
	中	中等收入的女装市场
	低	低收入的女装市场

3. 系列变量细分法

这种方法是运用两个或两个以上的细分变量,依据一定的顺序逐次细分市场,下一阶段的细分,在上一阶段选定的子市场中进行。细分的过程,也就是一个比较选择细分市场的过程。例如,用系列变量细分法对某地区的皮鞋市场进行细分,如图 4-1 所示。

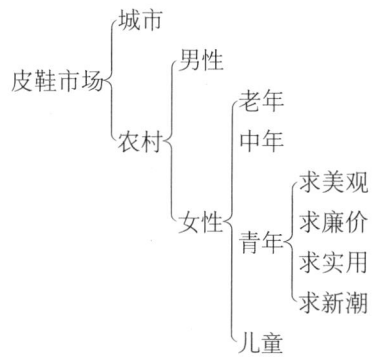

图 4-1 系列变量细分法

【活动1】 分析案例,感悟消费者市场细分的标准

一、活动内容

在深入理解任务1[知识准备]的基础上,研读分析[案例4-1],并交流分享案例分析结果。

二、活动步骤与要求

(1) 各小组成员认真研读[案例4-1],并填写表4-4。

表4-4 对[案例4-1]的分析结果

问题	分析结果
[案例4-1]中农夫山泉运用了哪些市场细分方法	
[案例4-1]中农夫山泉运用了哪些市场细分变量	
你从农夫山泉市场细分案例中获得了哪些感悟	

(2) 小组成员交流分享对[案例4-1]的分析结果。
(3) 各小组选派一名代表在全班交流分享对[案例4-1]的分析结果。
(4) 任课教师对各小组的分析结果作出评价和指导,并组织评选出优胜组。

【案例4-1】 农夫山泉的市场细分

农夫山泉股份有限公司(以下简称农夫山泉)成立于1996年,是中国饮料十强企业之一。农夫山泉专注于研发、推广饮用天然水、果蔬汁饮料、特殊用途饮料和茶饮料等各类软饮料。农夫山泉的崛起,可以说是始于"农夫山泉有点甜"的广告,"农夫山泉有点甜"的广告语飞越千山万水,传遍大江南北,品牌知名度迅速打响。2012—2019年,农夫山泉连续8年保持中国包装饮用水市场占有率第一;2019年,在中国茶饮料、功能饮料、果汁饮料市场,农夫山泉的市场份额稳居前三。这个成绩的取得无不体现出定位策略的精妙。

1. 农夫尖叫——主要目标人群

年龄:15~40岁,其中以15~30岁为主。

性别:男女比例基本相当,男性比例稍高。

职业:学生、青年(包含部分中年)白领。

性格:健康、充满活力、自信,喜欢尝试新鲜事物,追求个性、时尚,勇于面对挑战,不拘一格,对于饮料的健康、功能有比较明确的需求。

购买时间:运动、休闲时。

2. 农夫果园——主要目标人群

年龄:10~60岁,其中以10~30岁为主。

性别:男女比例基本相当,女性比例稍高。

职业:学生、青年(包含部分中年)白领。

购买动机:长期饮用果汁,补充人体所需维生素C。

购买时间:休闲、娱乐时。

3. 农夫山泉——主要目标人群

地域:城市消费者居多。

年龄:无限制。

性别:男女比例基本相当,男性比例稍高。

职业:无限制。

购买时间:休闲、娱乐、运动、开会时。

4. 东方树叶——主要目标人群

年龄:20~60岁,其中以20~40岁为主。

性别:男女比例基本相当,女性比例稍高。

职业:无限制。

购买动机:减肥、降血脂、降血压。

购买时间:休闲、娱乐时。

5. 茶π——主要目标人群

年龄:10~60岁,其中以10~30岁为主。

性别:男女比例基本相当。

职业:学生、青年白领。

购买动机:口感好、包装独特。

购买时间:休闲、娱乐时。

【活动2】 项目组为模拟公司寻找市场机会

一、活动内容

各项目小组针对本组建立的模拟公司拟进入的行业,结合我国当前的市场情况,通过细分市场和市场调查为自己的模拟公司寻找市场机会。

二、活动步骤与要求

(1) 各小组成员运用市场细分原理,为本组模拟公司拟进入的行业进行市场细分,并结合市场调查从中寻找发现市场机会,填写表4-5。

表4-5 市场细分练习

问题	练习结果
模拟公司拟进入什么行业?其市场的主要特点是什么	

(续表)

问题	练习结果
选择的地理细分变量及其细分结果是什么	
选择的人口细分变量及其细分结果是什么	
选择的心理细分变量及其细分结果是什么	
选择的行为细分变量及其细分结果是什么	
选择的受益细分变量及其细分结果是什么	
综合分析选择的最有价值的细分市场及其理由	

（2）组长组织小组成员在本组交流分享自己填写的表4-5的内容，并做好讨论记录。

（3）各小组选派一名代表在全班交流分享本组的市场细分结果和发现的市场机会。

（4）任课教师对各小组代表的交流分享情况作出评价和指导，并组织评选出优胜组。

【知识拓展】 浅度市场细分与深度市场细分

在市场的导入初期，由于客户的需求较为简单直接，市场细分一般是围绕着市场的地理分布、人口及经济因素（如年龄，性别，家庭收入）等浅度范围展开的。浅度市场细分一般只是把已存在的或潜在的市场用容易区分或识别的标准（如年龄、性别、性能、原料、产地等单一要素，最多为二维变量）来划分成更小的子市场，以便于统计、分析和归纳其特性。其特征主要表现为细分市场的形象化。也就是说，通过市场的浅度细分，其目标细分市场可以直接形象地描述出来。比如：当企业把市场划分为中老年人，青年人以及儿童等几个细分市场时，人们都能形象地知道这些细分市场的基本特征。由于这种细分方法简单、易于操作、费用低，大部分企业都可掌握且也乐于采用。但只有在市场启动和成长期的恰当时机，率先进行浅度市场细分的企业才有机会占有更大的市场份额。这时候品牌竞争往往表现得不够明显，竞争一般表现在产品、质量、价格、渠道等方面，有人称为产品竞争时代。汇源果汁就是在此期间脱颖而出的一个专业品牌，并成为数年来果汁业的领跑者。

但当客户的需求多元化和复杂化，特别是情感性因素在购买中越来越具有影响力的时候，此时市场竞争已经由地域及经济层次的浅度覆盖向需求结构的纵深发展了，市场细分也从有形细分向无形细分（目标市场抽象化）转化，即细分后的目标市场，无法通过形象的描述来说明。例如，我们可以通过对市场的深度细分，找到"追求时尚"这一细分市场。显然，这时的细分市场已经复杂化和抽象化了。企业对消费者的关注已从外在因素进入心理层面因素。以统一"鲜橙多"为例，他通过深度市场细分的方法，选择了追求健康、美丽、个性的年轻时尚女性作为目标市场,首先选择的是500 ml、300 ml等外观精致适合随身携带的PET瓶,而卖点则直接指向消费者的心理需求"统一鲜橙多,多喝多漂亮"。其所有的广告、公关活动及推广宣传也都围绕这一主题展开,如在一些城市开展的"统一鲜橙多TV-GIRL选拔赛""统一鲜橙多阳光女孩"等,无一不是直接针对以上群体,从而极大地提高了产品在主要消费人群中的知名度与美誉度。而这时仍然运用市场竞争初期的浅度市场细分方法对市场进行细分已根本无法适应市场竞争的要求。

深度市场细分是市场竞争中、后期企业取得成功的必然选择,因为只有这样才能锁定自己的目标市场群体,集中有限资源,运用差异化的深度沟通策略并辅以多种手段赢得其"芳心"并不断培养其忠诚度,从而达到最大限度地阻隔竞争对手的目的。

任务2　选定目标市场

【知识准备】

一、选定目标市场的意义

所谓目标市场,就是在市场细分的基础上,企业选择的作为主要服务对象的特定消费者群或子市场。现代企业的一切营销活动都是围绕目标市场进行的。选择和确定目标市场,明确企业的具体服务对象,是企业制定营销战略的首要内容和基本出发点。只有正确地选定目标市场,企业才能设计有效的市场营销组合,才能更好地满足消费者的需求,才能取得市场竞争的胜利,才能取得良好的经济效益。

二、目标市场应具备的条件

进行市场细分以后,并不是每一个细分市场都是值得进入的,企业必须对其进行评估以便正确选定目标市场。一般来说,目标市场应具备以下四个条件。

(一) 有市场机会

企业选定目标市场应考虑的首要因素就是细分市场具有市场机会。所谓市场机会,是指市场上存在的没有得到满足的需求。它表现为三种情况:一是消费者需要的具有某种功能或特点商品,现实的市场上还没有;二是消费者需要的某种商品市场上虽然已经有了,但存在着消费者不满意的方面;三是消费者需要的某种商品市场上虽然已经有了,但供应量还不足。只有具有市场机会的细分市场,才能作为企业的目标市场。

(二) 有适度规模

企业选定目标市场应考虑的第二个重要因素就是细分市场是否具有适度规模。"适度规模"是个相对的概念,大企业往往重视规模大的细分市场;小企业则往往要避免进入规模大的细分市场,而重视规模小的细分市场。衡量细分市场规模适度与否的基本标准应是细分市场现实需求量符合企业规模和营销目标的要求。这就要求企业首先要调查评估细分市场的现实需求量及购买力水平是否能够实现企业预定的营销目标。

（三）有发展潜力

评估一个细分市场值不值得去开发经营,不仅要看它现有规模这一静态方面,而且还要看到它可能发展变化的动态方面。这就要求企业要调查评估细分市场潜在消费者数量及购买力水平。有的细分市场目前的规模虽然不大,但从长远来看,可能会迅速增长,有一定发展潜力,这样的细分市场就值得去开发经营。例如,柳州五菱汽车制造厂在20世纪80年代初刚转产微型汽车时,微型汽车市场很小,但他们根据国际上微型汽车的普遍发展趋势预计到微型汽车具有广阔的前景。于是投巨资进行技术改造,进入20世纪90年代以后,销量迅速增长,获得了快速发展和良好的经济效益。

（四）有竞争优势

企业要进入某个细分市场,首先,必须考虑能否通过产品开发等营销组合,在市场上站稳脚跟或居于优势地位,因此,企业应尽量选择那些没有竞争者或竞争者较少,竞争者实力较弱的细分市场作为自己的目标市场。其次,要考虑企业的资源条件和经营能力是否能够充分满足细分市场的需求,是否能够提供与竞争者相比有明显特色的产品。最后,对于竞争者已经控制的市场,如果企业有条件有能力超过竞争对手,也可设法挤进这一市场,但要付出较大的代价。

三、目标市场营销策略

企业通过对不同细分市场评估后,就可以选定一个或几个细分市场作为目标市场,同时还要从总体上确定企业的市场营销策略。也就是说,目标市场营销策略要解决两大问题:一是选择几个细分市场作为目标市场;二是对选定的目标市场设计怎样的营销组合策略,以便更好地占领目标市场。因此,目标市场营销策略也称进入目标市场的营销策略。通常有以下三种不同的目标市场营销策略供企业选择。

（一）无差异市场营销策略

无差异市场营销策略就是企业不考虑细分市场的差异性,把整体市场作为目标市场,针对消费者对某种产品的共性需求,提供一种产品,设计一种市场营销组合的营销策略。无差异市场营销策略示意图,如图4-2所示。

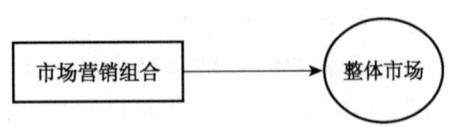

图4-2 无差异市场营销

一般来说,这种策略适用于那些具有广泛需求,从而能够大量生产和大量销售的产品。例如,福特汽车公司曾经一度只提供"T型车"这一种车型,而且只用黑色来满足所有的市场;早期的可口可乐公司在长达一个世纪的时间里,由于拥有世界性专利,只生产一种口味、一种包装的可乐来面向全世界的所有市场。采用这种策略的企业可以建立单一的大规模生产线,采用广泛的销售渠道,进行大量的、统一的广告宣传和促销活动。

实行无差异市场营销策略的优点:一是企业可以依靠大量的生产、储运和销售来降低单位产品的成本;二是可以利用无差异的广告宣传以及其他促销手段,从而节约大量的营销费用;三是不作市场细分,减少了市场调研、产品开发等方面的费用。因此,如果面对的整体市场中消费者需求无差异,或者即使他们的需求有差异,但差异很小可以忽略不计,而且产品能够大量生产和销售,那么,采用这种策略就是合理的。

无差异市场营销策略的缺点:一是不能满足消费者需求的多样性;二是不能满足其他较小的细分市场的消费者需求;三是不能适应多变的市场形势。因此,在现代市场营销实践中,无差异市场营销策略只有少数企业才会采用,而且对于一个企业来说,一般也不宜长期采用。

(二)差异性市场营销策略

差异性市场营销策略是指在市场细分的基础上,企业选择两个或两个以上细分市场作为目标市场,分别为之设计不同产品,采取不同的市场营销组合,满足不同消费者需求的目标市场营销策略。差异性市场营销策略示意图,如图4-3所示。

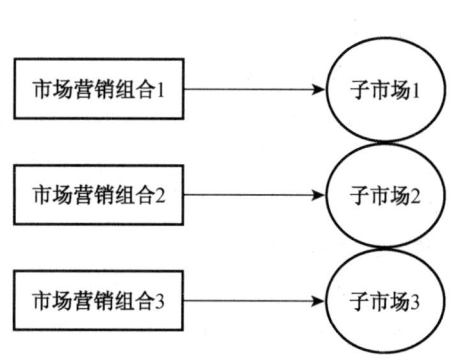

图 4-3　差异性市场营销

实行差异性市场策略的优点:一是企业可以采用小批量、多品种的生产方式,并在各个细分市场上采用不同的市场营销组合,以满足不同消费者的需求,实现企业销售量的扩大;二是企业具有较大的经营灵活性,不是依赖于一个市场一种产品,从而有利于降低经营风险。但采取差异性营销策略,缺点也是显而易见的:首先增加了生产成本、管理费用和销售费用,由于需要制订多种营销计划,使生产组织和营销管理大大地复杂化了;其次要求企业必须拥有高素质的营销人员、雄厚的财力和技术力量。为了减少这些因素的影响,企业在实施差异性策略时,一方面要注意不可将市场划得过细;另一方面不宜进入过多的细分市场。

(三)集中性市场营销策略

集中性市场营销策略是指企业选择一个细分市场为目标市场,设计一种营销组合,集中力量满足一个细分市场需求。采用集中性策略的意义在于:与其在大市场上占有很小的份额,不如集中企业的营销优势在少数细分市场上占有较大的,甚至是居支配地位的份额,以向纵深发展。如服装厂专为中老年妇女生产服装,汽车制造厂专门生产大客车,等等,均属于集中性市场营销策略。集中性市场营销策略示意图,如图4-4所示。

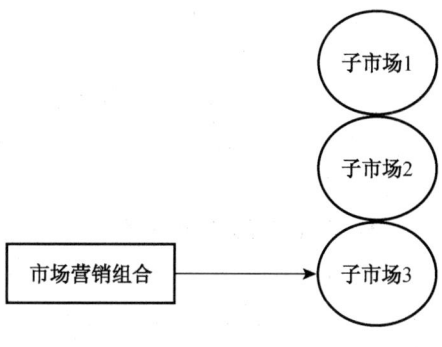

图 4-4　集中性市场营销

集中性营销策略的优点是:有利于企业准确地把握顾客的需求,有针对性地开展营销活动,也有利于降低生产成本和营销费用,提高投资收益率。这种策略特别适用于小企业。因为小企业的资源力量是有限的,如果能够集中力量在大企业不感兴趣的少数细分市场上建立优势就有可能取得成功。

集中性策略的缺点是:经营风险较大。采用这一策略使得企业对一个较为狭窄的目标市场过于依赖,一旦这个目标市场上的情况突然发生变化,比如消费者的需求偏好突然发生变化,或者有比自己更强大的竞争对手进入这个市场,企业就有可能陷入困境。因此,采用集中性策略的企业必须密切注意目标市场的动向,随时做好应变的准备。

四、选择目标市场营销策略应考虑的因素

根据上述分析,可以看出三种目标市场营销策略都有利有弊,那么,企业究竟应该选择哪种目标市场营销策略呢? 具体选择时,应考虑以下几个方面的因素。

1. 企业资源

如果企业资源充裕、实力雄厚、经营管理水平高,就可以根据产品的不同特性考虑采用差异性或无差异市场策略;如果实力有限,无力顾及整体市场或多个细分市场的需要,则应采用集中性策略。

2. 产品特点

如果企业的产品差异性小,不同厂家或地区生产的产品之间差别不大,而且消费者对这些产品的差别也不太重视,产品竞争的焦点主要集中在价格和服务上,对这些产品应该采用无差异策略。而有些产品不仅本身的性能、款式、花色等具有较大的差异性,而且顾客对这些产品需求的差异也较大,对这类产品应采用差异性策略或集中性策略。

3. 市场特性

如果消费者对某种产品的需求、购买行为基本相同,对营销刺激的反应也基本一致,也就是说,市场是同质的,企业就应该采用无差异营销策略;反之,如果消费者的需求和偏好有较大的差异,对营销刺激的反应也不一致,则企业就应采取差异性策略或集中性策略。

4. 产品所处的市场生命周期阶段

处于投入期的新产品,一般来说品种较为单一,竞争者也较少,吸引顾客的主要是产品的新颖性,这时企业宜采用无差异性策略;当产品进入成长期或成熟期时,市场上产品的花色、品种在增多,竞争也在加剧,这时就应采用差异性策略,以刺激新需求,尽量扩大销售;对于处于衰退期的产品,则应采用集中性策略,以维持企业的市场份额并延长产品的寿命周期。

5. 竞争者的状况及策略

竞争者的状况及策略主要涉及两个方面的问题:一是竞争者的数量,当同一类产品的竞争者很多时,消费者对不同企业提供的产品所形成的信念和态度很重要。为了使消费者对本企业产品产生偏好,增强本企业产品的竞争能力,就应采用差异性策略;反之,就可采用无差异策略。二是竞争者的策略。一般而言,企业所采取的目标市场策略应该与竞争对手有所区别。当竞争对手采用无差异策略时,本企业就可采用差异性策略;如果竞争对手已经采用差异性策略,则企业可建立更深层次的差别优势或以竞争性策略与之竞争。

项目 4　选定目标市场

【活动 1】　分析案例,感悟目标市场营销策略

一、活动内容

在深入理解任务 2[知识准备]的基础上,研读分析[案例 4-2],并交流分享案例分析结果。

二、活动步骤与要求

(1) 各小组成员认真研读[案例 4-2]并填写表 4-6。

表 4-6　对[案例 4-2]的分析结果

问题	分析结果
"足力健"是怎样发现市场机会进入老人鞋领域的	
"足力健"选定的目标市场是什么?所选定的目标市场是否具备目标市场应具备的一般条件,这些条件是什么?从案例中把它列举出来	
"足力健"对老人鞋制定的产品策略主要有哪些?你从中得到哪些启发	
从总体上看,"足力健"对老人鞋采用的目标市场营销策略属于哪一种?说说你的理由	

(2) 小组成员交流分享对[案例 4-2]的分析结果。
(3) 各小组选派一名代表在全班交流分享对[案例 4-2]的分析结果。
(4) 任课教师对各小组的分析结果作出评价和指导,并组织评选出优胜组。

【案例 4-2】　从足力健老人鞋看目标市场营销策略

2013 年春节,张京康回到山西老家的村子里,他发现村里很多长辈都不喜欢出门,就在家里坐着,有的甚至下不来床。张京康仔细一问才知道,原来是这些老人都没有合适的鞋穿。为什么会这样?原来随着年龄的增长,大多数老年人会出现大脚骨、足弓塌陷或高弓足等脚部问题。根据健康时报足部科学研究院的调查显示:89%的老年人存在脚部健康问题,最常见的有大脚骨、足弓塌陷。从那时候起,张京康就发愿,要为天下老人做一双专业的老人鞋。

2015 年,张京康打开搜索引擎输入了"老人鞋"3 个字,令他感到震惊的是,搜索结果竟然是"0"。他当即决定要开发老人鞋这个品类。在此之前,谁也没想过专门做一双鞋,只卖给老年人,还要为老年人的脚研发产品,张京康就找到了新的需求,发明了老人鞋,实现了创新。从 0 到 1,足力健老人鞋建立了一种全新的商业逻辑;从 0 到 1,足力健获得飞速的增长,成了明星品牌。

足力健采取了一系列独特的经营活动。

1. 围绕用户需求研发产品

(1) 鲶鱼头鞋型,宽松舒适不挤脚。
(2) 足力健鞋前加宽,鞋腰加高,放大鞋内空间。

(3) 老年人脚踝脆弱,元宝鞋帮可以保护脚踝。

(4) 防滑鞋底,大花纹设计,让老年人走路不易滑。

(5) 没有鞋带,一脚蹬设计,方便老人穿脱,不弯腰也能穿上。

(6) 高弹缓震鞋垫,能缓冲老年人走路运动的冲击力。

足力健老人鞋所有的功能设计研发,都在满足老年人需求,解决老年人痛点。

2. 采取平价策略

定价的关键是阻挡新进入者。足力健在生产端建立了成本优势后,在销售端采取了低价策略,最低49元就能买到一双专业老人鞋,既让利给消费者,又形成了巨大的竞争优势,有效阻挡了新进入者的威胁。

3. 款少量多,自主生产

不同于快时尚品牌,足力健老人鞋的产品是功能性的。足力健核心产品系列少而精,但每一款产品的出货量是巨大的。通过自主投产的模式,足力健能够严格把控每一个生产细节,保证产品品质,最大化降低生产管理成本。

4. 极致服务

足力健门店强调"极致服务",以半跪式服务为核心的服务模式给消费者带来独特的体验。除此之外,足力健还打造了"送货上门""包邮到家""会员优惠"等服务体系。

5. 3类门店、2种模式的渠道

足力健老人鞋依靠超市开店积累了大量客群。随着门店的快速扩张和品牌认知度的提高,超市客群逐渐成为存量市场,寻找新的增量成了新的课题。"从超市小店走向街边大店"的渠道策略打开了新的流量,扩大了消费人群。门店走向街边后,越来越多的年轻人看到了足力健品牌。门店类型也从超市店向街边店、商圈店、购物中心店全渠道发展,门店经营模式也从代理逐渐转向直营。

6. 以央视为中心的广告投入

足力健老人鞋每年都斥资数亿元,在央视打广告,刺激消费者。以央视为中心,足力健还投入了电梯媒体、北京卫视养生堂和其他卫视等广告。压倒性的广告投入,也提高了投资门槛,阻挡了新进入者。

(资料来源:https://zhuanlan.zhihu.com/p1245466097,有删改。)

【活动2】 项目组为模拟公司选定目标市场并尝试制定目标市场营销策略

一、活动内容

各项目小组针对本组建立的模拟公司拟经营产品的特点,结合在本项目任务1中寻找的市场机会,为自己的模拟公司选定目标市场,并结合研读[案例4-2]得到的启发,为自己的模拟公司尝试制定目标市场营销策略。

二、活动步骤与要求

（1）每个小组成员运用选定目标市场原理，为本组模拟公司经营的产品选定目标市场，并尝试制定目标市场营销策略。

（2）小组成员在本组交流分享自己为模拟公司拟经营产品选定的目标市场和制定目标市场营销策略。

（3）各小组选派一名代表在全班交流分享本组修正完善后的目标市场选择和营销策略。

（4）任课教师对各小组交流的结果作出评价和指导，并组织评选出优胜组。

【知识拓展】　　　　　　　市场定位与产品定位

市场定位是指企业为确定自己的主要服务对象即目标市场所作出的选择与决策。产品定位是企业在完成市场定位的基础上，对用什么样的产品来满足目标市场需求所作出的选择与决策。许多人把市场定位和产品定位混为一谈，其实这两者完全是两回事。从理论上讲，应该先进行市场定位，然后才进行产品定位。在企业实际实践中，也有先完成产品定位，然后才来补做市场定位的。

市场是一群有具体需求而且具有相应购买力的消费者集合。因此，市场定位可以直观地理解为对把东西卖给谁这一人的问题的定位。而产品定位则更多的是对生产什么产品来卖给目标消费者这一物的问题的定位，它以人的定位为基础，但在具体内容上有根本差异，两者不能混为一谈。

市场定位的基本内容主要包括：总体市场分析、竞争对手分析、市场细分、目标市场选择、目标市场区域规划、目标消费者特征描述等。

产品定位的基本内容主要包括：产品类别定位，即生产或经营什么大类的产品来满足目标市场的需求；产品档次定位，即生产或经营什么档次的产品来满足目标市场的需求；产品构成定位，即对生产或经营的产品花色品种、规格型号构成进行的决策；产品功能定位，即对生产或经营的产品应该为消费者提供哪些功能进行的决策；产品外形及包装定位；产品的USP（独特卖点）定位等。

【思考与练习】

一、名词解释

1. 市场细分　2. 地理细分　3. 人口细分　4. 行为细分　5. 心理细分　6. 受益细分　7. 目标市场　8. 目标市场营销策略

二、**判断题**(判断下列各题是否正确。正确的在题后的括号内打"√",错误的打"×")

1. 市场细分的实质就是细分消费者的需求。（　　）
2. 在同类产品市场上,同一细分市场的顾客需求具有较多的共同性。（　　）
3. 市场细分对中小企业尤为重要。（　　）
4. 市场细分标准中的有些因素相对稳定,多数则处于动态变化中。（　　）
5. 通过市场细分化过程细分出的每一个细分市场,对企业市场营销都有重要的意义。（　　）
6. 同质性产品适合采用集中性市场营销策略。（　　）
7. 集中性目标市场营销策略适用于资源薄弱的小企业。（　　）
8. 与产品生命周期阶段相适应,新产品在投入期可采用无差异营销策略。（　　）
9. 市场定位和产品定位分别有不同的含义。（　　）
10. 市场细分的标准是随社会生产和消费需求的变化而不断变化的。（　　）

三、**选择题**(在下列每小题中选择正确的备选答案,并将其序号填入括号内)

1. 市场细分化思想是20世纪50年代由美国市场营销学家（　　）提出的。
   A. 波登　　　B. 赫杰特齐　　　C. 马斯洛　　　D. 温德尔·斯密

2. 目标市场是企业所确定的作为服务对象的某些特定需要的（　　）。
   A. 产品　　　B. 顾客　　　C. 地区　　　D. 生产部门

3. 消费者对某种产品的需求和爱好比较接近,企业在选择目标市场时可采取（　　）目标市场策略。
   A. 无差异性　　　B. 差异性　　　C. 集中性　　　D. 密集性

4. 同一细分市场的顾客需求具有（　　）。
   A. 绝对的共同性　　　　　　B. 较多的共同性
   C. 较少的共同性　　　　　　D. 较多的差异性

5. （　　）差异的存在是市场细分的客观依据。
   A. 产品　　　B. 价格　　　C. 需求偏好　　　D. 细分

6. 某工程机械公司专门向建筑业用户供应推土机、打桩机、起重机、水泥搅拌机等建筑工程中所需要的机械设备,这是一种（　　）策略。
   A. 市场集中化　　　　　　B. 市场专业化
   C. 全面市场覆盖　　　　　D. 产品专业化

7. 属于产业市场细分标准的是（　　）。
   A. 生活格调　　　　　　B. 用户要求
   C. 用户规模　　　　　　D. 用户地理位置

8. 依据目前的资源状况能否通过适当的营销组合去占领目标市场,即企业所选择的目标市场是否易于进入,这是市场细分的（　　）原则。

A. 可衡量性 B. 可实现性
C. 不可营利性 D. 可区分性

9. 采用无差异性营销策略的最大优点是( )。
   A. 市场占有率高 B. 成本的经济性
   C. 市场适应性强 D. 需求满足程度高

10. 集中性市场营销策略尤其适用于( )。
    A. 跨国公司　　B. 大型企业　　C. 中型企业　　D. 小型企业

四、问答题

1. 市场细分的作用是什么？
2. 什么是市场细分的标准？它的主要标准有哪些？
3. 简述市场细分的程序和方法。
4. 什么是目标市场？简述目标市场应具备的条件。
5. 简述目标市场营销策略的类型及其优缺点。
6. 简述选择目标市场营销策略应考虑的主要因素。

项目 5　产　品　策　略

【项目说明】

产品策略是市场营销组合策略的首要内容。本项目的主要任务:一是进行产品定位;二是塑造产品整体形象;三是新产品开发。产品定位是产品策略中的首要内容,塑造产品整体形象则是落实产品定位的主要措施;而开发新产品则使企业能够提高竞争力、永葆活力。

【学习目标】

※**知识目标**　理解产品定位的概念和意义,掌握产品定位的程序和方法;理解产品整体概念,了解产品分类与产品组合,掌握塑造产品整体形象的内容与方法;理解新产品的概念和类型,掌握新产品开发的程序和常用策略。

※**能力目标**　能够根据企业实际情况,对企业经营的产品进行合理定位;能够依据产品定位塑造产品整体形象;能够根据企业实际情况策划新产品开发方案。

【项目成果】

完成本项目你应当提交以下成果:
(1) 模拟公司产品定位分析报告。
(2) 模拟公司产品整体形象策划方案。
(3) 模拟公司新产品开发方案。

任务 1　进行产品定位

【知识准备】

一、产品定位的概念和意义

(一) 产品定位的概念

产品定位是指企业在选定目标市场的基础上,对用什么样的产品来满足目标市场需求并取得竞争优势所作的决策。也就是说,产品定位要解决两大问题:一是为目标市场提供什么产品来满足他们的需求;二是为目标市场提供什么产品才能取得竞争优势。这两个问题,既有区别又有机统一。

譬如牛仔裤的发明过程:发明者首先发现的是淘金者需要一种耐穿耐磨的衣物,即发现目标市场在那里,然后才想到把帆布裁下来做成牛仔裤这种符合淘金者需要的产品。在这个例子中,"淘金者"是牛仔裤发明者选定的目标市场;"牛仔裤"是发明者向目标市场提供的能够满足其需求的产品;由于"牛仔裤"这种服装是其他服装厂当时没有向淘金者提供的产品,因此具有强大的"竞争优势"。不难想象,牛仔裤的发明者当时肯定是赚得盆满钵满的。

需要说明的是,向目标市场提供有"竞争优势"的产品,绝不仅仅是指首先"发明"的产品。只要提供的产品既能满足目标市场的需求,与竞争者的产品相比又有自己的"特色",就能取得竞争优势。因此,产品定位的核心问题就是企业怎样向目标市场提供既能满足其需求又有特色(差异性)的产品。进而通过向目标市场传播信息,使产品差异性在目标消费者心中扎下根并形成偏爱。

(二) 产品定位的意义

(1) 从顾客角度看,随着社会经济的发展,在市场上顾客可选择的产品越来越多,从品牌到品种,琳琅满目,目不暇接。但购买产品的过程却越来越短,消费者的大脑也难以整理那么多信息,必须在短时间作出购买决策。怎么办?这就需要一个最简单而能够说服顾客的理由。如果你有这个理由,你的产品就能卖得快、卖得多。否则,则恰恰相反。因此,在商品日益丰富且同质化程度越来越高的市场环境里企业要想生存,要想赚钱,必须在某一个购买理由上比别人做得更加优秀。

(2) 从竞争角度看,我国不少企业都有很浓的"羊群效应"——喜欢跟在别人后面跑,别人做什么,它就做什么。不去分析市场趋势,不去分析需求差异,更不去创造产品差异性,最后大家就在一个战场上互相残杀。随着市场经济的不断成熟和国内市场的国际化,永久的价格战是不可能存在的,大部分企业迟早要走向创造产品差异化之路。

从以上两个角度来看,产品定位在营销战略中,至少扮演两个角色:顾客青睐的源点和竞争取胜的重点。因为,没有定位,消费者无法在第一时间认识你、选择你;没有定位,竞争对手就可以轻而易举地战胜你。

二、产品定位的程序

产品定位虽然有多种方式,但其基本程序一般有以下四个操作步骤。

(一) 画出目标市场产品定位图

任何一种产品都有许多属性或特征,如价格的高低、质量的优劣、规格的大小、功能的多少等。其中两个以上的属性变量就可以建立起一个市场产品定位结构图。通常进行产品定位时,首先让目标市场的消费者指出他们认为最重要的产品特性是什么,从中选出几个产品特性,然后按照消费者对同类产品其他品牌在这些特征上的认知,在产品定位图上标出其位置。根据竞争品牌在图上的位置,来考虑本企业的产品应当定在什么位置上,以

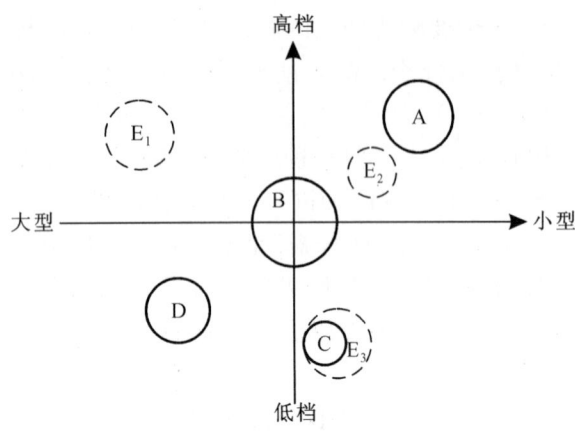

图 5-1 旅游车市场产品定位图

与竞争产品相区别。

在这里,我们以旅游车市场为例,以"档次"和"规格"来建立两维平面坐标图,其产品定位如图 5-1 所示。

(二)标出竞争者产品位置

如图 5-1 所示,A、B、C、D 产品是各竞争对手在目标市场上的实际区位,图上圆圈的面积表明各自销售额的大小。其中,A 是小型高档旅游车,B 是中档面包车,C 是低档面包车,D 是低档大型旅游车。

(三)为本企业产品初步定位

新进入旅游车市场,有以下三种定位方案可供选择。

1. 避让定位

避让定位也称避强定位,即把自己产品定位在当前目标市场的空白地带。以上例说明,只有大型高档旅游车尚未有企业涉足。这一定位可以避开竞争,获得进入市场的先机,先入为主地建立起对自己有利的市场地位。但在决定采取避让定位时,必须搞清楚以下问题:

(1)这一市场空缺为什么存在?是竞争对手没有发觉、无暇顾及还是没有市场开发前景?如果该市场确有市场需求,那么要考虑潜力是否足够大,如果收益无法弥补成本或弥补成本开支后只有微利,企业一般不会采取这一策略。

(2)企业是否有足够的技术力量去开发产品?是否有一定的质量保证体系和售后服务体系?否则只能造成资源的浪费。

2. 插入定位

插入定位即企业将自己的产品定位于竞争者市场产品的附近,或者插入竞争者已占据的市场位置,与竞争对手争夺同一目标市场。

采取这一策略的好处是,企业无须开发新产品,仿制现有产品即可。这是因为现有产品已经畅销市场,企业不必承担产品销售不畅的风险,这能免去大量的研究开发费用。同时,实施插入定位必须具有以下三个前提条件:

(1)在企业拟进入的目标市场还有未被满足的需求,即该市场除现有的供给外还有吸纳更多商品的能力。

(2)企业提供的产品应有特色。这是因为消费者对现有产品已有一定的了解,新产品没有特色将难为消费者所接受。

(3)没有法律上的侵权问题。

3. 取代定位

取代定位是将自己的产品定位于竞争者市场产品的相同位置。其目的是将竞争对手赶出原来的位置,或者兼并竞争对手而取而代之。

企业采取这一定位策略的原因,一是没有其他区域可去选定;二是企业实力较雄厚,有能力击败竞争对手,并扩大自己的市场份额。当然,采取取代定位策略应具备以下条件:

(1) 企业推出的产品在质量、功能或者其他方面有明显优于现有产品的特点。

(2) 企业能借助自己强有力的营销能力使目标市场认同这些优势。

(四)为本企业产品正式定位

在初步定位后,企业还应做一些调查和试销工作,及时找到偏差并立即纠正。即使初步定位正确,也应视情况变化及时对产品定位进行修正和再定位。

需要说明的是,产品定位不一定仅从产品特性角度去考虑,有些产品品牌在产品特性上大同小异,没有什么差异,此时企业可以利用广告为其产品创造出一些特点,使消费者对产品产生一种心理上的差异,而与竞争者品牌区分开来。此外,产品定位和目标市场选择一样,也是一种战略性的决策,两者是相辅相成的,必须联系起来考虑。

三、产品定位的方法

这里所讲的产品定位方法,主要是指创造产品差异性的方法。在现实的营销实践中,我们经常会发现这样一种情况:在同一市场上出现许多相同的产品,这些产品往往很难给顾客留下深刻的印象,更不可能使消费者产生偏爱。因此,企业要使自己产品赢得消费者的偏爱,获得稳定的销路,就必须使其与众不同、创出特色,从而获得一种竞争优势。企业通常采用以下方法来创造产品差异性。

(一)属性定位

属性定位就是根据与产品有关的特定属性进行定位,以创造产品的差异性。产品属性包括:①制造产品时采用的原料、配方、技术、设备、环境条件;②产品的式样、规格、色彩、包装、质量(使用效果、耐用性能、可靠程度)、功能、价格;③与产品有关的产地、历史、文化等因素。

例如,农夫山泉把其饮用水定义为"天然水",并强调其拥有优质的水源;西湖龙井茶、贵州茅台酒等产品就是按产地等相关因素进行定位;可口可乐则强调它绝对保密的"7X配方"进行定位;安徽的古井贡酒、山东的孔府宴酒、河南的杜康酒等产品则强调它的历史文化等因素进行定位。

(二)利益定位

利益定位就是根据产品能给消费者带来的某种独特利益进行定位,以创造产品的差异性。根据产品所能提供的利益来进行定位,必须注意当这一利益是由产品的某些特性而产生时,定位强调的是对使用者的利益而不是具体的产品特性。

例如,P&G公司的海飞丝洗发水所强调的产品定位是去头屑;飘柔洗发水所强调的是洗发、护发二合一,令头发飘逸柔顺;潘婷洗发水所强调的是含有维他命原 B5,兼含护发素,令头发健康,加倍亮泽;红牛功能饮料则强调能够迅速补充能量,消除疲劳,让头脑更灵活,精神更充沛。

(三)服务定位

当采用实体产品属性定位不易与竞争产品相区别时,竞争制胜的关键往往取决于服务定位。服务定位就是根据提供的有关服务进行定位,以创造产品的差异性。产品伴随服务主要包括送货、安装、用户培训、咨询、维修等方面。

送货必须准时、安全,这似乎已成为一个常识,但在实际活动中真正能坚持做到这一点的企业并不多,而购买者往往选择那些能准时送货的供应商;设备买主常常希望获得良好的安装服务。随着产品本身在技术方面越来越复杂,其销售也越来越依赖于附带的服务,正是出于这样的考虑,许多公司对服务的重视程度并不亚于对产品质量的重视程度。例如,海底捞的成功与其出色的服务是密不可分的。

(四)使用者定位

使用者定位就是根据产品的不同使用者进行定位,以创造产品的差异性。按照人口统计因素、生活方式或使用频率可以细分出不同的使用者类型。采用这种定位方法,企业可以使用集中性营销策略吸引某些特殊使用者,从而创造竞争优势。

例如,海澜之家凭借其平价优质、款式多、品种全的货品选择以及无干扰的自选购衣模式迅速赢得广大消费者的欢迎,塑造了"海澜之家——男人的衣柜"的鲜明品牌定位。又如,广东客家娘酒定位为"一代代客家人的母亲酒",母亲生下儿女,吃的第一道菜便是用客家娘酒做的"姜酒鸡"。客家人认为娘酒可以成为奶水的源泉,并且喝了娘酒,可以促进产妇的血液循环,突出这一特性,对即将做母亲的女性消费者就很具吸引力。

(五)比附定位

比附定位就是比拟名牌、攀附名牌来给自己的产品定位,以借名牌之光使自己的品牌生辉并创造产品的差异性。这种定位的出发点是:当竞争对手已稳坐领先者交椅时,与其强行竞争撞得头破血流,不如把自己的产品比附于领先者,以守为攻。

比附定位的做法主要有两种:一是"甘居第二",就是明确承认自己在同类产品中与最负盛名的产品相比,"只不过是第二而已"。这会使消费者对企业产生一种谦虚诚恳的印象,提高可信度,提升自己的地位;同时也不易招致强大竞争者的攻击,从而为自己赢得发展的时间和空间。这一策略的经典例子是美国埃维斯汽车出租公司(Avis)开展的"我们加倍努力"广告运动。他的广告词是:"在租车业中,我们不过位居第二。那为什么还要租用我们的车?因为我们更关注消费者的满意程度。"其实,当时美国出租汽车公司除 Hertz 这一巨人之外,其他的公司则是混作一团。但由于 Avis 采用了这样的比附定位策略,使 Avis 从美国汽车出租业中脱颖而出,成为美国真正的第二大汽车出租公司。Avis 在连续 13 年亏损之后,第一年即营利了 120 万美元,第二年营利了 260 万美元,第三年营利了 500 万美元。我国的蒙牛公司在创业初期与伊利公司的竞争中,也采用了这种定位策略,从而很快在乳制品行业中脱颖而出,成为乳制品行业的龙头企业。二是"攀龙附凤",如内蒙古的宁城老窖,曾经以"宁城老窖,塞外茅台"的广告诉求定位,就是一个较好的例子。

(六)另辟蹊径定位

另辟蹊径定位也称产品类别游离定位。采用这一定位方法,要强调自己的产品"不是什么"以区别于竞争者的产品,从而创造产品的差异性。告诉消费者新产品"不是什么"比告诉消费者"是什么"更容易让他们理解和接受。

例如,世界上第一辆汽车问世时被称为"不用马的马车"。消费者可以用原来形成的概念来理解新概念,在头脑中形成鲜明的印象。这样有助于新概念的形成。在产品定位时若能较好地利用这一策略,将会获得成功。典型的例子是,1968年美国七喜(7-up)公司将它的柠檬饮料定位为"非可乐",广告强调它与可乐类饮料的不同,是替代可口可乐和百事可乐的清凉解渴饮料。因而吸引了部分"两乐"饮料饮用者,结果该公司第一年销售额增长了15%,并很快成为美国第三大饮料产品。

(七)综合定位

企业在给自己产品定位时,有时不只采用上述某一种方法,而是综合利用两种以上方法来定位。综合定位可以满足消费者的多种需求,但如果使用不当,就会导致品牌特点不突出、目标市场难以形成深刻印象的问题的出现。

四、产品定位应注意的问题

(一)定位必须能够被消费者切身感受到

产品定位不是做给老板看的东西,而是向目标顾客保证的一种承诺。因此,你的产品定位所创造的产品差异性必须要让目标顾客切身感受到。比如麦当劳的"快乐"、海飞丝的"去屑"、宝马的"驾驶乐趣"等。如果目标顾客无法感受到产品的定位,那就意味着你的产品与目标顾客利益不相关,可能成为空中楼阁,中看不中用。

因此,在定位过程中,一定要反复问自己两个问题:"我的产品定位是否与目标顾客的利益相关?""我的产品定位目标顾客是否能够切身感受到?"如果答案是否定的,就必须更换。比如,宝马定位到"驾驶乐趣"之后,它所提供的轿车如果无法让人感受到驾驶的乐趣,那就麻烦了,这个定位肯定是有问题的。所以,多年来,宝马为了信守这个承诺,在产品上真是下足了功夫,尤其在汽车的动力和驾驶舱的设计上费尽了脑筋。不知大家是否注意到,在那些豪华轿车品牌里(非跑车),只有宝马给顾客表演了高速行驶中正反180度转弯的高难度驾驶动作。为什么这么做呢?其目的就是让顾客切身感受到其定位的真实性。相反,有家广告公司给××奶粉做品牌策划,把××奶粉定位为"关爱",其逻辑推理是这样的:××奶粉给全家人带来营养→从此全家人感受到一种家的温暖→实际上这是××奶粉给顾客带来的关爱→所以××奶粉是一种有"心"的奶粉。这听上去多么动人的推理,但消费者难以切身感受到其所定位的"关爱"。因此,这种定位毫无意义。

(二)定位必须到位,不能让消费者怀疑

企业对自己产品定位后就必须做到位,让购买者信服。否则消费者会认为你在吹牛或撒谎,你的产品就难以在市场上长期生存。

例如,拿牛奶行业来说,有一段时间,不少品牌都把自己定位在"新鲜"上。看上去这个定位不错,确实符合牛奶产品的特征和消费者的需求。但问题是,在这个定位下面他们所做的工作却不尽如人意,比如,在产品组合上,巴氏、百利包、利乐枕、利乐砖等什么产品都有,甚至还有奶粉。这还不止,"新鲜"的牛奶在货架上已经放了好几个月了还在卖,所销售的产品别说新鲜,马上就要过期了。无奈之下只好搞买赠活动。问题来了,消费者就开始怀疑了。因为他们天天听到的是:这个品牌的牛奶多么新鲜,就像奶牛跟在身边,但实际上不是这样的。尤其顾客买到的牛奶,如果包装起皱、掉色,生产日期偏早,他们根本

无法相信这个牛奶是新鲜的。因此而造成的副作用是难以估量的!

(三) 定位必须与竞争者区分开来,凸显竞争优势

企业在给自己产品定位时,一定要注意独特性,这种独特虽然不是独一无二的,但必须和竞争对手能够有效地区分开来。

例如,可口可乐和百事可乐就是典型。早期的可口可乐是以"正宗"为定位的。意思就是你想喝可乐,只有可口可乐是最正宗的、经典的。后来百事可乐要进入这个市场,该如何定位呢?他们分析后发现,可口可乐的消费者大多是成年人,因为只有成人才能喜欢正宗的东西。因此,他们就定位到"新生代的选择",并把品牌个性锁定在"反传统"上。所以,大家从他们两家所使用的基础颜色和形象代言人就能明显感觉到,百事可乐就是和可口可乐"对着干"的。可口可乐用红色(暖色调),百事可乐就用蓝色(冷色调);可口可乐的形象代言人是充满帅气的或漂亮的,百事可乐的形象代言人就是酷的或另类的。

(四) 定位必须有足够的资源来支撑和巩固

这是考虑到更长远利益的举措。也就是说,通过认真、周密的思考后确定了一个定位,企业就要为这个定位投入足够的资源,在目标顾客的长期记忆里巩固这个定位。如果哪一天,有人在你这个定位上超越你,那你离"倒霉"就只有一步之遥了。

在这方面做得比较好的品牌很多。比如,大家最爱举例的汽车品牌——沃尔沃就是典型。大家都知道沃尔沃的定位是安全。但大家也知道,哪款汽车敢"不安全"呢?无论是奔驰、宝马,还是奥迪、凯迪拉克,大家肯定要把自己的车做得更加安全。那么,沃尔沃既然定位到所有汽车品牌都要做的事情上,他到底是如何支撑和巩固自己的定位呢?可以说,他们在此做足了文章。举个最简单的例子,轿车有多少安全气囊才算安全? 一般的轿车可能只有 2 个,好的车可能有 4 个、6 个或 8 个。但沃尔沃 S80 据说是有 27 个安全气囊! 而且不仅车里有,车外也有。那么,世界上哪个汽车品牌能做到这个地步呢?

因此,只要企业将产品定位到一个概念上,就必须拿出足够的资源来支撑产品定位、巩固产品定位,想方设法让竞争对手无法超越。否则,定位的意义就不大。

(五) 产品定位的差异性不能过多

当某一产品强调特色过多,反而失去特色,也不易引起顾客认同,甚至会使消费者对企业的产品产生一个混乱的印象,不知道你的产品特色究竟是什么。对此,企业应把握的尺度是:能与竞争者产品明显区别开来。

(六) 产品定位要因市场变化而重新定位

由于时代、社会条件的变化以及顾客需求的变化,产品定位也需要重新考虑。例如,某品牌奶粉在 20 世纪五六十年代针对消费者喜爱含糖奶粉的需求,强调"含糖分多";进入 20 世纪 80 年代,人们生活富裕了,要养生、要保健减肥,因而希望食品中糖分尽量少一些。针对市场需求的这种变化,该品牌奶粉则强调"不含糖分"。这种定位正好迎合了人们"只要健康不要胖"的心理,因此受到消费者的广泛欢迎。

【活动1】 分析案例，感悟产品定位的方法策略

一、活动内容

在深入理解任务1[知识准备]的基础上，研读分析[案例5-1]和[案例5-2]，并交流分享案例分析结果。

二、活动步骤与要求

(1) 各小组成员认真研读[案例5-1]和[案例5-2]并填写表5-1。

表5-1 对[案例5-1]和[案例5-2]的分析结果

问题	分析结果
"好想你"的产品定位在2012年以后发生了什么改变	
"好想你"在开发产品时都考虑了哪些因素？用了什么定位方法	
"好想你"的品牌文化是如何重塑的？这样的定位有什么好处	
"爱之湾"和"江小白"产品定位的成功源于什么？你从中得到了什么启发	

(2) 小组成员交流分享对[案例5-1]和[案例5-2]的分析结果。
(3) 各小组选派一名代表在全班交流分享对[案例5-1]和[案例5-2]的分析结果。
(4) 任课教师对各小组的分析结果作出评价和指导，并组织评选出优胜组。

【案例5-1】"好想你"产品定位

"好想你"品牌的前身，是1992年在河南省新郑县（现新郑市）创立的奥星食品厂。1997年9月奥星食品厂改制为河南省新郑奥星实业有限公司，进入21世纪，它正式更名为好想你枣业股份有限公司（以下简称好想你枣业）。经过三十年的发展，如今的好想你枣业已成为一家集红枣种植加工、冷藏保鲜、科技研发、贸易出口、观光旅游为一体的综合型大公司，是国家农业产业化重点龙头企业。

2012年以前，好想你枣业主要以高端礼品的消费需求出现在市场中。2012年以后，伴随着"三公消费"限制的出现，礼品市场骤然转冷，好想你枣业亦受到波及。因此，好想你枣业迈出了转型的步伐。2013年，好想你枣业产品定位由中高端礼品转变为大众消费健康休闲零食，产品全面由商务礼品、家庭礼品向个人休闲、家庭休闲、商务休闲产品进行升级转型，主推休闲化产品，弥补了部分高档产品销量下滑的损失。渠道方面，好想你枣业大力进军超市和电商渠道。

从曾经的食品小工厂到现今红枣品牌的龙头企业，巨大的腾飞不免让人好奇，"好想你"品牌是如何完成对自身的清晰定位，从红枣市场的"蛮荒"之地中杀出重围、茁壮成长的？

一、寻找需求,确定产品定位

品牌定位的出发点必然是消费者需求。在发展初期,结合南方人喜欢用枣煲汤和自身产品鸡心枣被誉为"百药之引"这两个情况,石聚彬("好想你"品牌创始人)将产品取名为"鸡心人参枣",用人参煮枣,突出枣药食兼用的价值;采用100克的小袋包装,便于消费者单次食用;还将重15千克的黄色传统包装箱升级为仅5千克重、外观素雅小巧的白色箱子。依靠对消费者的精准定位,当年的"鸡心人参枣"在深圳、广州地区十分畅销,仅半年销售额达到30万元。

随后根据市场调查,了解到南方人不喜欢吃枣吐核这一现象,"好想你"品牌迅速设计并生产出一款类似缝纫机的半自动机器,专门用于生产无核枣;在发现嚼口香糖是当下的新潮流后,"好想你"品牌便研发口香糖样式包装的枣片,放在类似烟盒的包装里,在机场、火车等场所进行派发和售卖。

二、清晰定位,重塑品牌文化

从近年发展来看,"好想你"品牌定位愈发清晰。在过去,"好想你"品牌一直专注于产品的生产和创新研究,这是品牌发展初期的定位。但随着市场各品牌生产技术的提升,品牌差异性优势难以为继。"好想你"品牌开始探寻品牌的文化价值,期望依靠文化价值为品牌创造再生价值,提升产品溢价空间,最终帮助品牌获得发展机会。2009年"好想你"品牌对自身品牌进行重塑,将公司名字从"新郑奥星公司"更改为"好想你",通过精准的定位找到品牌的"灵魂所在",在名称中融入情感文化价值,为品牌创造了有感情的、鲜活的个性化生命,获得与消费者沟通的特殊语言、故事和情结。

"好想你"品牌还将品牌理念深入贯彻至营销活动中。线上有品牌旗舰店、在线征集等营销活动,线下可以体验优质的服务和产品,并定期开展社区活动、移动O2O销售车、好想你健康食养体验馆等活动,将"好想你"文化无缝隙渗透消费者生活,从而不断刷新并提升消费者对品牌的情感认知。

(资料来源:https://www.sohu.com/a/330011432_120197559,有删改。)

【案例5-2】 "爱之湾"和"江小白"的产品定位

爱之湾的产品定位

以"茅五剑"为代表的白酒厂及大酒商选择了30~60岁的男性为核心目标客户时,爱之湾则选择了女性客户,针对女性生产桃红起泡酒。从它的名字"爱之湾"开始,设计了广告语"有爱的地方就有爱之湾",也在网络上快速成了爆款。在线上形成了巨大的影响力之后,爱之湾在线下进行招商,2013—2014年仅一年时间就实现了超100万瓶的销量,这些成就完全归咎于爱之湾对目标人群的成功定位。

江小白的产品定位

饮酒对中国人来说是几千年来传承下来的习惯,现如今,一些大型白酒企业着重于以白酒的历史文化作为诉求点,以高端、大气、显赫、尊贵为重点。从近年市场反应来看,老一辈消费群体更加偏爱于传统白酒,而越来越多的年轻人偏离传统白酒。

江小白重新定义了时尚小酒,也开创了白酒的一系列时尚喝法。江小白是重庆的一个品牌,它的目标人群是18~30岁的文艺青年。江小白在重庆开了一家酒吧,

项目 5　产品策略

在这里江小白发明出 108 种喝法。江小白还发明了许多语录,这些语录都很符合年轻人的想法,也很符合年轻人的心理。这就创造了年轻人的消费场景。

（资料来源:https://www.xkbaba.com/2382.html,有删改。）

【活动 2】　　　　项目组为模拟公司进行产品定位

一、活动内容

各项目小组针对本组建立的模拟公司拟经营的产品,结合前面选定的目标市场进行产品定位,并修正完善市场营销方案。

二、活动步骤与要求

（1）每个小组成员运用产品定位原理,为本组模拟公司拟经营的产品进行定位,同时填写表 5-2。

表 5-2　产品定位练习

问题	练习结果
模拟公司产品选定的目标市场是什么	
选定的目标市场上主要的竞争产品有哪些	
模拟公司产品与目标市场上主要竞争产品相比较具有的优缺点是什么	
试用属性定位法为模拟公司产品进行定位,并写出理由	
试用利益定位法为模拟公司产品进行定位,并写出理由	
试用服务定位法为模拟公司产品进行定位,并写出理由	
试用使用者定位法为模拟公司产品进行定位,并写出理由	
试用另辟蹊径定位法为模拟公司产品进行定位,并写出理由	
为模拟公司产品确定最佳定位,并对模拟公司初拟的市场营销方案提出修正完善建议	

（2）小组成员在本组交流分享自己填写的表 5-2 的内容。
（3）各组组长根据本组成员交流讨论的结果,组织本组成员对在项目 4 中初步拟定的市场营销方案进行修正和完善。
（4）各小组选派一名代表在全班交流分享本组修正完善后的市场营销方案。
（5）任课教师对各小组交流的市场营销方案作出评价和指导,并组织评选出优胜组。

【知识拓展】　　　　　　顾客让渡价值

顾客让渡价值是美国营销学家菲利普·科特勒在《营销管理》一书中提出来的新概

念。他认为,顾客让渡价值是指顾客总价值(total customer value)与顾客总成本(total customer cost)之间的差额。

顾客总价值是指顾客购买某一产品与服务所期望获得的一定的利益,它包括产品价值、服务价值、人员价值和形象价值等。

顾客总成本是指顾客为购买某一产品所耗费的时间、精神、体力以及所支付的货币资金等,因此,顾客总成本包括货币成本、时间成本、精神成本和体力成本等。

由于顾客在购买产品时,总是希望把有关成本包括货币、时间、精神和体力等降到最低限度,而同时又希望从中获得更多的实际利益,以使自己的需要得到最大限度的满足,顾客在选购产品时,往往从价值与成本两个方面进行比较分析,从中选择出价值最高、成本最低,即"顾客让渡价值"最大的产品作为优先选购的对象。企业为在竞争中战胜对手,吸引更多的潜在顾客,就必须向顾客提供比竞争对手具有更多"顾客让渡价值"的产品,这样,才能使自己的产品为消费者所注意,进而购买本企业的产品。为此,企业可从两个方面改进自己的工作:一是通过改进产品、服务、人员与形象,提高产品的总价值;二是通过降低生产与销售成本,减少顾客购买产品的时间、精神与体力的耗费,从而降低货币与非货币成本。

任务2　塑造产品整体形象

【知识准备】

一、产品整体概念

现代市场营销理论认为,产品是指能够提供给市场进行交换,可以满足人们某种需要的一切事物,包括实物、服务、场所、地点、组织、人员、思想、创意等。这就是营销学所说的产品整体概念,也称整体产品。从内涵方面看,营销学所说的产品必须具备两个条件:一是能够提供给市场进行交换;二是可以满足人们的某种需要。从外延方面看,随着社会经济和科技的发展,产品的外延也在不断扩大。电视机、计算机、住房等有形物品是产品;美容、咨询、培训、教育等服务是产品;体育、影视明星等演艺人员的劳动是产品;会展中心、桂林山水等场所和地点也是产品。

从市场营销的观点看,整体产品可分为核心产品、形式产品、延伸产品三个层次,如图5-2所示。

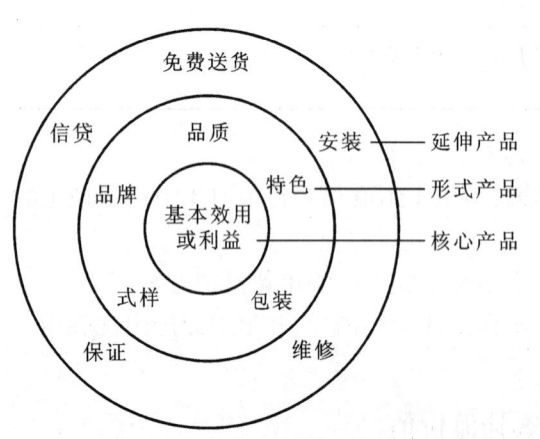

图5-2　整体产品层次示意图

(一)核心产品

核心产品也称实质产品,是指消费者在购买某种产品时所追求的核心利益。它是顾客真正要买的东西,因而也是整体产品中最基本、最重要的部分。消费者购买产品不是为了拥有构成产品的物质实体,而是为了满足自己的某种需要。产品若没有效用和使用价值,不能给人们带来利益的满足,它就丧失了存在的价值,顾客就不会购买它。例如,计算机能满足人们信息处理的需要,手机能满足人们随时随地通话的需要等。一般情况下,人们购买计算机、手机都是为了追求这些产品的核心利益与功能。

(二)形式产品

形式产品是指核心产品借以实现的各种具体的产品形式,是核心产品的载体,即向市场提供的产品实体的外观及可以为消费者识别的品质,它一般由产品的式样、颜色、品牌、品质、包装等有形因素构成。企业在设计产品时,应着眼于消费者所追求的核心利益,同时也要重视如何以独特的形式将这种利益呈现给消费者。因为形式产品的各种有形因素虽然不全部直接进入产品的使用过程,但也间接影响消费者对产品的满足程度和评价。

(三)延伸产品

延伸产品也称附加产品,是指消费者在购买产品时随同产品所获得的全部附加利益和服务。它主要包括提供信贷、免费送货、安装、调试、维修、产品保证、零配件供应、技术人员培训等。随着企业之间竞争的日趋激烈,为核心产品提供附加利益便成为企业竞争的有效手段。正如美国著名市场营销学家西奥多·李维特所说,未来竞争的关键,不在于企业能生产什么样的产品,而在于能为产品提供什么样的附加价值:包装、服务、用户咨询、购买信贷、及时交货和人们以价值来衡量的一切东西。例如,海尔集团强调"真诚到永远"的服务和经营理念已深入到消费者心中。但是,企业经营者必须注意消费者是否愿意承担因附加产品的增加而增加的成本。

实质产品、形式产品和附加产品作为产品的三个层次,构成产品整体概念,是不可分割的一个整体。其中,核心产品是实质,是根本,它必须转化为形式产品才能得以实现;在提供产品的同时,还要提供广泛的服务和附加利益,形成附加产品,以提高企业的竞争力。

产品整体概念的原理告诉我们,没有需求就没有产品。通过对产品整体概念三个层次的内容进行不同的组合,可以满足不同消费者对同一产品的差异性需求。消费者对产品质量的评价是从产品整体概念的角度进行的,因而不同企业产品质量的竞争实质上是产品整体概念的竞争。

二、产品分类

在市场营销中要根据不同的产品制定不同的营销策略。要制定科学有效的营销策略,就必须对产品进行分类。从企业经营管理的角度来看,有意义的产品分类主要有以下几种。

(一)按产品的耐久性和有形性分类

按产品的耐久性和有形性划分,产品可分为耐用品、非耐用品和服务三种类型。

1. 耐用品

耐用品是指正常情况下能多次使用的有形物品,如汽车、电冰箱、机械工具、住房等。企业对该类产品应采取的市场营销策略包括:重视人员推销和服务;追求高利润率;提供销售保证等。

2. 非耐用品

非耐用品是指正常情况下一次或几次使用就被消费掉的有形物品,如文具、化妆品、饮料等。这些物品很快就被消费掉,消费者和用户购买频繁。企业对该类产品应采取以下市场营销策略:通过多种网点销售这种物品,以便消费者能随时随地购买;薄利多销;积极促销等。

3. 服务

服务是指供出售的活动、效益或满足感。服务这种产品的主要特点是基本无形、不能大批量生产、生产与消费不可分割、不可存储。因此,经营服务更需要加强服务质量管理,密切购买者和经营者的关系,提高经营者的信誉及对购买者的适应性,以根据顾客的需要提供差别化的服务。

(二)按产品的用途分类

按产品的用途划分,产品可分为消费品和工业品两大类。

1. 消费品

消费品是指直接用于满足最终消费者生活需要的产品。根据消费者的购买习惯,消费品可分为便利品、选购品、特殊品和非渴求品四类。

1)便利品

便利品是指消费者通常购买频繁,希望根据需要随时购买的商品,如报刊、香烟等。便利品一般是非耐用品,且都是消费者日常生活必需品。因此,便利品经营地点的选择,应以方便顾客购买为原则。

2)选购品

选购品是指消费者为了物色适当的物品,在购买前往往要去许多家零售商店了解和比较商品的花色、式样、质量、价格等的消费品,如家具、衣服、家用电器等。选购品挑选性强,消费者不知道哪家的最合适,且因其耐用程度较高,不需要经常购买,所以消费者有必要并可能花较多的时间和精力去多家商店物色合适的物品。企业的产品若属于选购品,应该突出特色,以便消费者在众多的品牌中迅速地挑选出来。

3)特殊品

特殊品是指具有特殊效益及特定品牌,拥有一批购买者,并且愿意特别花费精力认定其品牌而购买的消费品。特殊品的显著特点就是消费者坚持认定品牌购买,从而排除竞争,如奢侈品、名牌服装、演唱会门票或体育比赛入场券等。企业的产品若属于特殊品,应加强宣传,提高品牌的知名度和美誉度。

4)非渴求品

非渴求品是指顾客不知道或者虽然知道但暂时不愿意购买的产品,如刚上市的商品、保险、墓地等。企业的产品若是非渴求品,就应该加强广告、推销工作,以便使消费者对这些产品有所了解,产生兴趣,从而扩大销售。

2. 工业品

工业品又称生产资料,是用于制造其他产品或满足业务活动需要的货品和服务。按照进入生产过程的方式和产品价值,生产资料可分为原材料与零部件、资产项目、易耗品及服务三类。

1) 原材料与零部件

原材料与零部件是指完全进入生产制造过程的产业用品,经过加工制造其价值将完全转移到新产品中去。其包括原料(如农产品、自然产品等)、材料、零部件和半成品等。

2) 资产项目

资产项目是指在生产过程中长期发挥作用,其价值是分期分批转移到所生产的产品中去的生产资料。其包括设施(如建筑物、土地、固定设备等)和附属设备(如可移动厂房、轻型设备和办公设备等)。

3) 易耗品及服务

易耗品及服务是指维持企业生产经营活动所必需的,但其本身完全不进入生产过程的产品。其包括使用易耗品、维修易耗品和维修服务、咨询服务等。

(三)按产品之间的销售关系分类

按产品之间的销售关系划分,产品可分为独立产品、互补产品、替代产品三类。

1. 独立产品

独立产品是指产品的销售状况不受其他商品销售变化影响的产品。例如,电脑和馒头的销售变化互不影响。互为独立品的两种商品,一般满足人们不同的消费需求。

2. 互补产品

互补产品是指两种产品的销售互为补充,即一种产品销售的增加必然导致另一种产品销售的增加。例如,复印机销售的增加必然导致复印纸和墨盒销售的增加。互为互补品的两种商品,一般相互补充共同来满足人们的同一类需求。

3. 替代产品

替代产品是指一种产品销售的增加必然导致另一种产品销售的减少。例如,如果市场上只有苹果手机和华为手机两家手机生产厂商,则前者销售量的减少必然导致后者销售量的增加。互为替代品的两种商品,一般存在相互竞争的销售关系,能满足人们的同一类需求。

产品除按上述标准进行分类外,还可以进一步细分。分类的目的是不同类型的产品由于购买对象、购买目的、购买方式和购买组织的不同,决定了购买行为、市场范围、销售渠道和促销方式的差异,因此需要制定不同的营销策略。

三、产品组合

(一)相关基本概念

(1)产品组合,是指企业生产或经营的全部产品的大类(产品线)和产品项目的有机组合,即企业的业务经营范围构成。产品组合不恰当可能造成产品的滞销积压,甚至造成企业亏损。

(2) 产品线,即产品大类,是指一组具有密切关系,能满足同类需要,使用功能相近的产品。一个企业可以经营一条或若干条不同的产品线。

(3) 产品项目,是指企业产品目录上列出的各种不同质量、品种、规格和价格的具体产品。凡企业在其产品目录上列出的每一个产品,就是一个产品项目。

(4) 产品组合的宽度,是指产品组合中所包含的产品线的多少。产品组合的宽度表明了一个企业经营的产品种类的多少和经营范围的大小。例如,海尔集团现有家用电器、信息产品、家居集成、工业制造、生物制药和其他6条产品线,这表明产品组合的宽度为6。

(5) 产品组合的深度,是指每个产品线所包含的产品项目的多少。产品组合的深度越大,表明企业经营产品的品种、规格就越多;反之,深度越浅,则产品的品种、规格就越少。一般用平均数分析,即以产品项目总数除以产品线总数就可以得到产品组合的平均深度。

(6) 产品组合的长度,是指产品组合中所包含产品项目的总数。例如,海尔集团现有15 100种不同类别、型号的具体产品,这表明产品组合的长度是15 100。

(7) 产品组合的关联度,是指一个企业的各个产品线或各产品项目在最终使用、生产条件、分销渠道和其他方面相互关联的程度。

(二) 产品组合的优化

企业进行产品组合的基本方法是统筹协调产品组合的四个维度,即根据企业实际能力和市场竞争需要,增、减产品组合的宽度、深度、长度和关联度。企业进行产品组合应该遵循三个基本原则:即有利于促进销售原则、有利于竞争原则、有利于增加企业的总利润原则。

要使企业产品组合达到最佳状态,即各种产品项目之间质的组合和量的比例既能适应市场需要,又能使企业盈利最大化,需采用一定的评价方法进行选择。这主要是从市场营销的角度出发,按产品销售增长率、利润率、市场占有率等几个主要指标进行分析。常用的方法有ABC分析法、波士顿咨询集团法、通用电气公司法、产品获利能力评价法及临界收益评价法等。

一般情况下,企业增加产品组合宽度,有利于扩大经营范围,发挥企业特长,提高经济效益,分散经营风险;增加产品组合的深度,可占领更多细分市场,满足消费者广泛的需求和爱好,吸引更多的消费者;增加产品组合的长度,可以满足消费者不同的需求,增加企业经济效益;而增加产品组合关联度,则可以使企业在某一特定领域内加强竞争力和获得良好声誉。

四、产品整体形象塑造

塑造产品整体形象的目的,概括地说就是为了赢得消费者对本企业产品的喜爱,取得产品竞争优势,扩大产品销售,提高经济效益。

塑造产品整体形象的理论依据是产品整体概念原理。也就是说,要使企业的产品赢得消费者的喜爱并取得竞争优势,就必须把整体产品三个层次所包含的内容都做好。评价的基本标准应是:消费者是否满意;与竞争产品相比是否有优势;企业的经济效益是否显著增加。

由于涉及的内容多,且有些内容在前面有关项目中已作了介绍,如选定目标市场、产品定位等;有些内容将在后面有关项目中进行介绍,如产品定价、渠道选择、广告宣传等。为了避免重复,这里只重点介绍四个方面的内容,即产品质量、产品品牌、产品包装和产品服务。

(一)产品质量

1. 产品质量的影响因素

要塑造产品的整体形象,人们首先想到的就是"提高产品质量"。要提高产品质量,必须首先弄清楚影响产品质量的主要因素有哪些。传统观念认为,产品质量就是"产品的制造质量"。也就是说,产品的制造过程是影响产品质量高低的唯一因素。其实不然。根据产品整体概念原理,产品质量也是一个整体概念,包括实质层质量、形式层质量和延伸层质量。制造质量的高低只是影响产品整体质量的一个因素,而不是唯一的因素。从产品的产销过程看,一般来说,影响产品质量的因素主要包括:设计质量、原材料及元器件质量、制造质量、包装质量、检验质量、储存质量、运输质量、服务质量等因素。

2. 产品质量的评价标准

怎样评价产品质量的高低?从技术方面看,有国家标准、行业标准和企业标准。但是,我们常常看到,不少商品虽然达到了国家标准但却不受市场欢迎,甚至卖不出去。这不能不令人反思:产品质量的评价标准究竟是什么?长期以来,不少企业对产品质量的评价标准固守传统观念,认为产品"越结实耐用越好""营养越高越好"等。但是,从市场营销的角度看,这种产品质量观是不正确的,至少是片面的。因为,人们对产品的需求是多方面、多层次的,"结实耐用"只是人们对某些有形产品追求的一个非核心利益点,并不是所有产品都是越结实耐用越好。例如,对那些即时性、一次性消费的产品,如一次性卫生筷子、纸杯、餐巾等产品,消费者对这些产品追求的核心利益是"卫生与方便"而不是"结实耐用"。因此,如果企业对这类产品在结实耐用上下功夫,不仅对自己无益,也无法得到消费者的认可。又如食品,有些经营者总是认为海参、鱿鱼比萝卜、白菜营养价值高,因此前者比后者受消费者欢迎。其实不然,对于那些喜欢吃萝卜、白菜而不喜欢吃海参、鱿鱼的消费者来说,海参、鱿鱼就不受欢迎。这就告诉我们一个道理:人们对产品的使用和消费,还存在着消费习惯与爱好的差异。因此,经营者不能凭自己的喜好和传统思维定式作为评价产品好坏的标准。

综合上述分析,从市场营销的角度看,评价产品质量高低的唯一标准就是"产品=满足需求"。也就是说,凡是能够满足消费者需求的产品就是合格的产品,满足需求的程度越高,产品质量越高;凡是不能满足消费者需求的产品就是不合格的产品,满足需求的程度越低,产品质量越低。

(二)产品品牌

1. 品牌与商标的概念

品牌俗称牌子,是制造商或经销商给产品起的名称或设计的标志,通常是由文字、图形、符号、标记或它们的组合形成的。其基本功能是把不同企业之间的同类产品区别开来,使消费者认牌购物。

品牌产生的最初目的,是企业为了保护自己并使消费者不受劣质产品的损害。也就是说,品牌在最基本的层面上,是提供了厂商对消费者的一种承诺。从竞争的角度,是厂商以自己信誉来换取消费者的认同。从消费者的角度,品牌节省了消费者选择商品时在时间和费用上的成本。随着商品形态和价值内涵的不断发展和进化,作为商品表征的品牌内涵也越来越丰富。

品牌的构成可分为品牌名称和品牌标志两个部分。品牌名称是指品牌中能够用语言表达的部分。例如,健力宝、娃哈哈、可口可乐等。品牌标志是指品牌中可以被识别但难以用语言准确表达的部分。它包括特定的符号、图案、颜色和艺术化的字体等。例如,"可口可乐""娃哈哈"艺术化的字体,"哥俩好"万能胶商标中的图案等。

品牌名称常常预示出产品的定位。例如,"太太口服液"中"太太"这一名称就直接表明了这种口服液的消费者;"可口可乐""舒肤佳"则把消费者在消费这种产品功能特质时能够期待产生的心理和生理感受作为品牌命名的起点,从而使命名本身就具备明确而有力的定位营销力量。品牌名称还可以定位于产品情感形象上,"娃哈哈"的品牌命名除了其通俗、准确地反映了消费者,最关键一点是将一种祝愿、一种希望、一种消费的情感效应结合儿童的天性作为品牌命名的核心。另外,还有把品牌名称定位于消费观念上的,如"孔府家酒"。定位于产品形式、状态的品牌名称也比比皆是,如"白加黑""大大泡泡糖"等。品牌的标志则更形象地传递信息,以小汽车为例,消费者能从各种轿车的标识上识别出大众、丰田、奥迪、奔驰、比亚迪等品牌。

商标是指经过政府有关部门注册登记后受法律保护的品牌。商标具有独占性和排他性。商标与品牌既有联系又有区别:商标是注册登记的品牌,所有的商标都是品牌,但品牌不一定是商标;品牌是一个商业名称,商标是一个法律名称。商标受法律保护,品牌不受法律保护。

值得说明的是,在现实生活中,人们对商标和品牌往往不加区别地使用,通常所说的"实施品牌战略"就包含着将品牌注册为商标的含义。

2. 品牌与商标的作用

(1) 区别,区别不同生产者或经营者生产经营的同类产品,便于消费者认牌购物。

(2) 保护,既保护消费者的利益,也保护生产经营者的利益。

(3) 监督,包括消费者对生产经营者的监督和国家对生产经营者的监督两个方面。

(4) 促销,便于企业宣传产品;便于消费者认牌购物节省时间,加快销售;有利于新产品打开市场,节约新产品投入市场的成本等。

(5) 增值,一个享有盛誉的商标,可以使商品增值,可以给企业带来无尽的财富。它本身也是一种重要的无形资产,如"可口可乐""联想""双汇"等商标都是价值连城的。

3. 品牌与商标的设计原则

(1) 反映产品特色,个性鲜明。例如,"可口可乐""娃哈哈""养生堂""安睡美"等。

(2) 简单明了,易读易记易懂。例如,"奔驰""宝马""奥迪"汽车、"哥俩好"万能胶等。成功的品牌,大多具有简练而亲和的名称。

(3) 能使消费者产生美好联想。例如,"爱玛"电动车、"百灵鸟"乐器、"步步高"学习机、"升达"电梯、"宝马"汽车、"金利来"领带等产品品牌,都具有这样的特点。

(4) 富有文化内涵,耐人品味。例如,"红豆"衬衫、"卧龙"玉液、"孔乙己"茴香豆、"孔府家宴"白酒等品牌都具有这样的特点。

(5) 构思新颖,美观大方。品牌是商品的标记,必须给人以美的享受。成功的品牌都具有构思新颖、美观大方的特点。

(6) 符合商标法要求。品牌要成为注册商标就必须符合商标法的要求。

4. 品牌策略

品牌策略是企业产品策略的重要组成部分。品牌策略要解决的核心问题是:怎样正确使用品牌,以充分发挥品牌在市场营销中的作用。

1) 品牌化决策

对于一种新产品,有关品牌的第一个决策就是决定企业是否给产品建立品牌。企业为其产品设立品牌名称、品牌标志,并向有关机构注册登记取得商标专用权的业务活动,就称为品牌建立。

在历史上,许多产品不使用品牌。但是,随着商品经济的日益发展、商品的不断丰富,促使品牌由诞生到发展,直至今日的基本普及化,发展的势头可谓相当迅猛;而产品的品牌所具有的积极作用也在其中不断地得到体现。但是,这并不意味着,现代市场上的商品都应建立品牌。建立品牌是要付出代价的,包括设计费、制作费、注册费、广告费等,并且还承担品牌在市场上失败的风险。因此,对某些产品使用品牌,如果对识别商品、促进销售的积极意义很小,就可能得不偿失,这时就可以不使用品牌。

可以不使用品牌的商品一般有以下几类:①产品本身并不具有因制造商不同而形成的质量特点的商品,如电力、煤炭、木材等;②消费者习惯上不必认定品牌购买的商品,如原粮、初级加工食品等;③生产简单,没有一定的技术标准,选择性不大的商品,如农具,以及品种繁多的小商品(如橡皮筋、纽扣)都属此类;④临时性或一次性生产的商品。

2) 品牌归属决策

企业一旦决定对产品使用品牌,对品牌归属就面临三种选择:

(1) 使用制造商品牌,或称生产者品牌。从传统上看,不论中外,因为产品的质量特性总是由制造商确定的,所以制造商品牌一直支配着市场,绝大多数制造商都使用自己的品牌。制造商所拥有的注册商标是一种工业产权,享有盛誉的著名商标可以租借给他人使用,但要收取一定的特许权使用费。

(2) 使用经销商品牌,或称中间商品牌。近年来,大型零售商、批发商都在发展自己的品牌,这种做法当然要付出代价,如要增加投资用于大批量订货和储备存货,要为宣传私人品牌增加广告费用,还需承担私人品牌被顾客否定的风险等。但是,由于中间商常能找到生产能力过剩的企业为其生产中间商品牌的产品,降低了生产成本和流通费用,从而可以较低售价取得较高的销售额和利润;并且,中间商有了自己的品牌,可加强对价格和制造商的控制,还能利用有限的陈列空间充分展示自己品牌的产品,因此,中间商还是喜欢使用自己的品牌,以增加获利。对于制造商来说,应根据品牌在市场上的声誉来决定采用制造商品牌还是中间商品牌。如果在一个对本企业产品不熟悉了解的新市场上销售商品，或者本企业的商誉远不及经销商的商誉时，则应采用经销商品牌，把产品成批地卖给经销商，由经销商以自己的品牌销售。

（3）制造商品牌与经销商品牌混合使用。这可能有三种情形：一是制造商品牌与经销商品牌同时使用，兼收两种品牌单独使用的优点；二是制造商在部分产品上使用自己的品牌，另一部分则以批量卖给经销商，使用经销商品牌，以求既扩大销路又能建立品牌形象；三是为进入新的市场，先采用经销商品牌，待产品在市场上受到欢迎后再改用制造商品牌。

3）家族品牌决策

制造商在决定给产品使用自己的品牌之后，面临着进一步的抉择，即对本企业产品是分别使用不同的品牌，还是使用一个统一的品牌或几个品牌？一般来说，可以有以下四种选择：

（1）对不同产品分别采用不同的品牌，即个别品牌，如上海牙膏厂有"美加净""黑白""庆丰"等品牌。这种策略，能严格区分高、中、低档产品，使用户易于识别并选购自己满意的产品；而且不会因个别产品声誉不佳影响其他产品及整个企业的声誉；还能使企业为每个新产品寻求建立最适当的品牌名称以吸引顾客。缺点在于品牌较多会影响广告效果，易被遗忘。

（2）对所有产品采用一个统一的品牌，即家族品牌，如美国通用电气公司的产品都使用"GE"这个品牌。采用这一策略的好处在于能减少品牌的设计和广告费用，并能壮大企业声势，提高其知名度。不过，只有在家族品牌已在市场上享有盛誉，而且各种产品有相同的质量水平时，该策略才能行之有效，否则，某一产品出现问题会危及整个企业的信誉。

（3）对不同类别产品使用不同的品牌。当企业生产截然不同的产品类别时，不宜使用相同的家族品牌，要予以区分。比如美国的斯威夫特公司生产肥料和火腿两类截然不同的产品，就分别使用了费哥若（Vigor）和普瑞娟（Premium）两种品牌。这样能适当兼顾个别品牌和家族品牌的好处。

（4）将企业名称与个别品牌相结合。这是在企业各种产品的个别品牌名称之前冠以企业名称，可以使产品正统化，享受企业已有信誉；而个别品牌又可使产品各具特色。如通用汽车公司生产的各种小轿车分别使用"凯迪拉克""雪佛兰""庞蒂克"等品牌，而每个品牌前都另加"GM"字样，以表明是通用汽车公司产品。

4）品牌扩展决策

品牌扩展决策是指企业尽量利用已成功的品牌来推出改进型产品或新产品。有两种情况：一种情况是，某企业先推出A品牌的产品，然后推出新的、经过改进的A品牌的产品，接着又推出进一步改进、具有附加利益的A品牌新产品；另一种情况是，利用已获成功的品牌名称推出全新产品，比如，"本田"公司利用其著名的"本田"品牌推出了一种新型割草机。

品牌扩展策略的运用，可以使制造商节约促销新品牌所需的大量费用，而且能使新产品被消费者很快接受。但是，如果新产品质量性能等不能令用户满意，就可能影响消费者购买用同一品牌命名的其他产品的态度。

5) 多品牌决策

多品牌决策是指对同一种类产品使用两个或两个以上的品牌。制造商之所以愿意同时经营多种互相竞争的品牌,是因为:

(1) 制造商可以获得更多的货架面积,而使竞争者产品的陈列空间相对减少。

(2) 提供几种品牌可以赢得品牌转换者从而扩大销售,事实上大多数消费者都不会因忠诚于某一品牌而对其他品牌不注意,他们都是不同程度的品牌转换者。

(3) 通过将品牌分别定位于不同的细分市场上,每一品牌都可能吸引许多消费者。

(4) 新品牌的建立会在企业内部形成激励,并促进效率的提高。不同品牌的经理们在竞争中共同进步,从而使企业产品销售业绩高涨。

然而,并不是品牌多多益善。如果每一品牌仅能占有很小的市场份额,而且没有利润率很高的品牌,那么采用多品牌对企业而言,是一种资源的浪费。企业应认真考虑:新品牌将夺走本企业其他品牌的多少销售量?将夺走竞争对手的多少销售量?最好能对新品牌严格筛选,以期实现夺取竞争对手的大块市场,而避免自相竞争。

6) 品牌再定位决策

品牌再定位是指因某些市场因素的变化而对品牌进行重新定位。一般来说,当竞争者品牌定位靠近本企业的品牌并夺去部分市场,使本企业的市场份额减少之时;或者消费者的偏好发生变化,形成某种新偏好的消费群,而本企业的品牌不能满足顾客的偏好之时,企业有必要对品牌再次定位。

企业在进行品牌重新定位的决策时,要认真考虑两个因素:一是将品牌转移到新的市场位置所需的费用,包括改变产品品质费、包装费、广告费等,重新定位离原位置距离越远,变化越大,则所需费用越高;二是定位于新位置的品牌能获得多少收益,收益的大小取决于在这一细分市场上消费者的数量、平均购买率以及竞争者的数量和实力等因素。企业管理层应该对各种品牌重新定位方案可能的收益与费用进行分析权衡,从中选定较优方案。

5. 品牌建设的基本内容与要求

品牌建设是指品牌拥有者在正确观念指导下对品牌进行的设计、宣传、维护的行为和努力。其基本内容及要求如下。

1) 树立正确的品牌建设观

首先,品牌建设是个系统工程。说到品牌建设,一些企业认为就是在媒体上大力做广告,就是大力搞促销,其实这不是做品牌,充其量只能叫作产品推广。品牌建设是个系统工程,需要在企业品牌战略的统领下,各部门通力协作,把营销组合的 4P 要素全部做精做优。

其次,品牌建设的基石是优质的产品。产品是品牌的载体和生存基础;而品牌是产品的最高价值体现。优秀的品牌一定要依靠优质的产品来维护其价值,因为产品代表的是消费者的需求,只有产品被消费者接受,才会在消费者心目中建立起品牌价值,否则失去了这个载体,品牌将无法生存。在产品充分满足消费者需求的情况下,品牌才能发挥出强大、持久的力量。

再次,品牌建设是一个长期的过程。品牌建设是一个长期积累的过程,是生产制造商专业化、规范化的运作机制和锲而不舍打拼成功的积累。比如广告费是硬投资,广告效应就不是今天投多少,明天就能赚回来,而是一个长期积累的结果。

2) 提炼品牌的核心价值

品牌建设除需要过硬的产品质量外,还需要提炼品牌核心价值。品牌核心价值是品牌的灵魂,是能让消费者明确、清晰地识别并记住品牌的利益点与个性,是驱动消费者认同、喜欢乃至偏爱一个品牌的主要因素;是品牌营销传播活动的核心。依托品牌核心价值提炼出的传播语可以给予消费者一个购买企业产品的合理的理由。企业在以后的所有营销传播活动中都要围绕品牌的核心价值展开,从而达到对品牌核心价值的体现与演绎,并丰满和强化品牌核心价值的目的。提炼品牌核心价值应把握以下原则。

原则1:高度的差异化。要有独特的卖点,尤其是与同类产品相比,能显示出鲜明的特点或个性。一个品牌的核心价值如果与竞争品牌没有鲜明的差异,就很难引起公众的关注,更别谈认同与接受了。缺乏个性的品牌核心价值是没有销售力量的,不能给品牌带来增值,或者说不能创造销售奇迹。高度差异化的核心价值一亮相市场,就能成为万绿丛中一点红,低成本吸引眼球,引发消费者内心的共鸣。

原则2:引导消费理念创新。一个强大品牌的意义并非仅仅是提供一种具有品质保障的产品,而是能够引导消费理念创新,并在此基础之上,周期性地引导生活方式发生革命性的转变。例如,2002年"金龙鱼"第二代食用调和油面世,它所倡导的"1:1:1"膳食脂肪酸平衡的健康理念,改变了中国人的饮食习惯,使中国人吃食用油的观念从"安全"向"营养均衡健康"的高度跃升。随后,金龙鱼第二代调和油在2005年获得国家发明专利,并获得中国粮油学会科技进步二等奖,"金龙鱼"正式掀起了食用油行业"营养均衡"革命的新潮流。

原则3:与企业资源能力相匹配。品牌核心价值不仅要通过传播来呈现,更要通过产品、服务不断地把价值长期一致地交付给消费者,才能使消费者真正地认同核心价值。否则,核心价值就成了空洞的概念,不能成为打动消费者的主要力量。而企业的产品和服务需要相应的资源和能力的支持,才能确保产品和服务达到核心价值的要求。因此,核心价值在提炼过程中,必须把企业资源能力能否支持核心价值作为重要的衡量标准。

原则4:具备广阔的包容力。由于对本企业创造的无形资产的利用不仅是免费的而且还能进一步提高无形资产的价值,所以不少企业期望通过品牌延伸提高品牌无形资产的利用率来获得更大的利润。因此,要在提炼品牌核心价值时充分考虑前瞻性和包容力,预埋好品牌延伸的管线。否则,想延伸时发现核心价值缺乏应有的包容力,就要伤筋动骨地改造核心价值,意味着前面付出的大量品牌建设成本有很大一部分是浪费的,就像市政工程中修路时没有预设好煤气管线,等到要铺煤气管道时必须掘地三尺一样,其损失有多大可想而知。

3) 赢得消费者的认同和赞誉

对品牌核心价值提炼定位之后,品牌建设的关键问题就是如何赢得消费者的认同和赞誉。因为如果不能赢得消费者的认同和赞誉,其他都是一纸空文。要赢得消费者的认同和赞誉需要把握以下策略。

策略1:创建品牌要有一个好的品牌名称。好的品牌名称应具备以下几个特点:一是与产品特性相符;二是朗朗上口、易懂、易记、易传播;三是不犯忌讳,中国是多民族国家,各民族风俗习惯不同,品牌名称应该尽量避免这方面的冲突;四是品牌名称和商标图案必须能够体现特定目标用户的知识素养、审美情趣和价值观念;五是尽量少用产地品牌,因为商标法对产地品牌的限制较多,而且产地品牌概念模糊(如"东北大米""优质大米"等),容易受同地产品的侵袭。

需要特别注意的是:应把品牌名称放在包装上的重点突出位置,产地名称、品种名称等放在一个辅助的位置。最好不要把产地模糊品牌作为展示重点,更不能把注册的商标品牌做成一个很小的标识放在不显眼的位置。在品牌名称的字体上,最好少用通用字体,而改用手写体或者一些独特的艺术体,以便在字体上创造一种独特的个性,加强与其他品牌的区别。

策略2:广泛传播品牌赢得消费者认知。任何品牌要想赢得消费者的认同和赞誉,必须首先让消费者认知品牌及其核心价值。广泛传播品牌的基本方法就是要有计划地做好广告宣传和各种促销活动。这方面的知识将在项目8中专题讲授。

策略3:借力赢得消费者信任和赞誉。借力权威:与品牌产品相关的权威包括政府管理部门、行业从业资格认证机构、行业协会、专业标准认证机构、奖项评比委员会、有特定公信力的新闻媒体、具有广泛影响力的技术专家、行业或技术评论家等。借力渠道:将品牌产品打入形象、地位、信誉良好的商业机构销售,可以获得两种直接营销效果:一是可以使终端用户快速认同品牌价值;二是可以影响其他渠道商也来积极经销该种品牌产品。借力用户:道理很简单,你向消费者说一百遍你的品牌产品物超所值,不如有消费者在使用你的产品后对他身边的人说一句"这个品牌真不错咧!"

策略4:讲故事赢得消费者信任和赞誉。例如,海尔集团开发"地瓜洗衣机"的故事;海尔集团为确保质量"砸洗衣机"的故事;海尔集团销售人员讲诚信"背洗衣机"给农民送货到家的故事等。品牌故事的塑造,必须遵循真实性、趣味性、独特性的原则。

策略5:"以人证物"赢得消费者信任和赞誉。这里的"以人证物",是指企业应当高度重视对终端销售人员的选拔、培训和管理。他们的亲和力、专业度和服务精神是企业品牌价值的重要组成部分。

4)提供组织保障

实践证明,品牌建设离不开组织的保障,即需要建立品牌管理部门。一个规范的品牌管理部门应该承担以下职能。

一是规划职能:品牌部应对品牌的结构、方向、发展策略进行系统分析和规划,确定策略思想和策略目标。

二是执行职能:品牌部按照品牌的策略规划安排具体的工作,负责与相关部门沟通或下发指令,要求完成规定的品牌建设工作,并对实施效果承担责任。

三是监控职能:品牌部应当对品牌的发展状况进行跟踪评估,掌握品牌各项指标和发展趋势,从中发现潜在的问题,确保品牌的健康成长。

四是研究职能:品牌部对品牌建设的各项方法进行分析研究,从创新的角度来挖掘品牌建设的机会点,确定构建品牌思想、品牌定位、品牌概念等品牌要素。

需要特别注意的是:企业在进行品牌形象管理时,必须立足长远,必须建立长期战略并一以贯之。如果品牌形象不统一或频繁变化,顾客就会感到困惑,顾客对品牌体验的"不一致"非常敏感。品牌是一种承诺,如果企业违背了这个承诺,你就失去了信誉。只有长期一致性管理之后,品牌的最大收益才能体现出来。

(三) 产品包装

1. 包装的概念

包装是指产品的容器或外部包扎物,是产品整体概念的重要组成部分,也是产品策略的重要内容。

2. 包装的作用

作为商品生产的最后一道工序和产品的外衣,包装的作用主要体现在以下几方面:

(1) 保护商品。即保护商品质量安全和数量的完好无损,是商品包装最原始、最基本的目的。

(2) 便于运输、携带和储存。产品的物质形态有气态、液态、固态、胶态等。它们的理化性能也各异,可能是有毒的,有腐蚀性的或易挥发、易燃、易爆等,外形上可能有棱角、刃口等危及人身安全的形状。进行合理的包装,可便于商品的运输,从而节省流通时间及降低运输费用。经过合理包装的产品,便于储存和点检,有利于仓库作业,合理堆砌,保护商品品质,同时便于计数,有利于管理。

(3) 便于使用。适当的包装可以起到方便使用和指导消费者的作用。

(4) 美化商品,促进销售。产品采用包装后,消费者先映入眼帘的往往不是产品本身,而是包装。能否引起消费者的兴趣和激发购买动机,在一定程度上取决于产品的包装,因而包装成了"无声推销员"。产品经过包装,尤其加上装潢后,商品更加美化,一个好的包装还可以增加产品的价值,引起或刺激消费者的兴趣,从而促进产品的销售。

(5) 增强竞争力。不同的产品采用不同包装,或同类产品不同厂家、不同品牌,采用不同的包装,可以使消费者易于识别。同时,通过产品包装,企业可以与竞争者的同类产品有所不同,不易被仿制和伪造,有利于维护企业信誉,增强企业竞争力,提高经济效益。

3. 包装的策略

(1) 类似包装策略。类似包装亦称产品线包装,是指企业所生产的各种不同产品,在包装上采用共同或相似的图案、形状或其他共同的特征,使消费者容易认知是同一家企业的产品。类似包装具有和采用统一品牌策略的好处,可以节省包装设计的成本,有利于提高企业的整体声誉,特别是新产品进入市场时,容易进入市场。但如果企业产品品质相差太大,就不宜采用这种策略。

(2) 等级包装策略。等级包装就是按照产品的价值、品质分成若干等级,并实行不同的包装,使包装与产品的价值相称。比如优质包装与普通包装,豪华包装与简易包装等,有利于消费者辨别产品的档次差别和品质的优劣。它适用于产品相关性不大,产品档次、品质比较悬殊的企业,其优点是能体现产品的特点,并与产品质量协调一致;缺点是增加包装设计成本。

（3）组合包装策略。它是指把使用时相互关联的多种商品纳入一个包装容器中，同时出售。比如家用药箱、针线包、工具包等。这种策略不仅有利于充分利用包装容器的空间，而且有利于同时满足同一消费者的多种需要，扩大销售。

（4）再使用包装策略。它是指原包装的产品使用完后，其包装物还可以作其他用途。这样可以利用消费者一物多用的心理，使他们得到额外的使用价值；同时，包装物在使用过程中，也可起到广告宣传的作用，诱发消费者购买或引起重复购买。

（5）赠品包装策略。它是指在商品包装物内附赠给购买者一定的物品或奖券，以刺激消费者的购买欲望。

（6）更换包装策略。它是指对原商品包装进行改进或更换，重新投入市场以吸引消费者；或者原商品声誉不是太好，销售量下降时，通过更换包装，重塑形象，保持市场占有率。采取该策略，可以重塑产品在消费者心中的形象，改变一些不良影响，但对于优质名牌产品，不宜采用这种策略。

（四）产品服务

营销学所说产品是一个大概念。它是指能够为顾客提供某种利益的客体或过程，包括核心产品、形式产品和延伸产品三个层次。这里所说的产品服务是指有形产品的伴随服务，即延伸产品的内容。

1. 做好产品服务是塑造产品整体形象的重要内容和方法

产品整体概念原理告诉我们：产品的伴随服务是整体产品的一个重要层次。如果一个企业只重视产品核心层和形式层的质量，而忽视了产品延伸层的质量，那么，在消费者的眼里，这种产品的形象是不完美的，甚至是不合格的产品。它不仅会影响消费者对产品的评价和选购，更重要的是它会影响消费者的买后感受和重复购买率，甚至会产生巨大的负效应的口碑宣传。这种负效应的口碑宣传，可能给企业带来灭顶之灾！因此，凡是优秀企业无不高度重视产品服务。

例如，海尔集团最了不起的就是它的服务战略与产品实体战略同样出色，甚至前者更出色一些。所以其他企业被迫在服务方面一直处于一个"跟海尔、学海尔"的局面。正是海尔集团的服务战略，支撑了海尔产品的高价位，为海尔集团提供了丰厚的利润。这一服务战略不仅在中国畅通无阻，在欧美市场也是一路势如破竹。海尔冰箱在意大利卖到1 600美元一台，绝非仅仅是实体产品质量好的结果。

2. 做好产品服务是企业进行市场竞争的有效手段

这主要体现在以下两个方面。

第一，随着企业之间竞争的不断深入，不同企业生产的同类产品的同质化程度越来越高。核心产品和形式产品的差异性越来越小。在这样的情况下，企业要创造产品的差异化赢得竞争优势，不得不从产品的延伸层做文章。中国著名的房地产企业万科，正是在服务战略这一点上进行经营突破的。服务对于万科而言不是简单的物业管理，而是事关万科兴衰存亡的大事。万科的一切，从产品构思设计到住宅环境建设、从住户安逸舒适到小区生活方便，都是围绕着客户服务在做文章的。万科最令人佩服的是敢在全国率先开创补贴物业管理的新思路。这就从战略上与其他众多房地产企业拉开了服务品质的差距。

第二,市场竞争的核心是争夺顾客,而争夺顾客的核心在于争夺顾客的"心"。产品服务比产品实体更有利于占领顾客"心"的领域。因为,产品实体是静态的,是冷冰冰的;而产品服务则是动态的,是可以做到热乎乎的。海尔集团对销售人员和售后服务人员规定的那几十条"冷冰冰的"铁的纪律,其实质就是要确保顾客感到"热乎乎的"、感到亲情、受到感动,从而赢得顾客的心,赢得顾客的信任、偏爱和重复购买。

【活动 1】 分析案例,感悟塑造产品整体形象的方法与策略

一、活动内容

在深入理解任务 2[知识准备]的基础上,研读分析[案例 5-3],并交流分享案例分析结果。

二、活动步骤与要求

(1) 各小组成员认真研读[案例 5-3]并填写表 5-3。

表 5-3 对[案例 5-3]的分析结果

问题	分析结果
德芙巧克力的目标人群有哪些	
从案例中找找并简要列出德芙巧克力为塑造产品整体形象采取了哪些策略	
请结合案例内容说说德芙巧克力的市场定位、产品优势、产品类型、包装策略、推广形式对塑造产品整体形象的作用及相互关系	
从整体产品三层次原理看,哪个层次的内容在本案例中没有体现	

(2) 小组成员交流分享对[案例 5-3]的分析结果。
(3) 各小组选派一名代表在全班交流分享对[案例 5-3]的分析结果。
(4) 任课教师对各小组的分析结果作出评价和指导,并组织评选出优胜组。

【案例 5-3】 **德芙巧克力的产品策略**

德芙巧克力是玛氏公司在中国推出的系列产品之一,1989 年进入中国,1995 年成为代表性巧克力品牌,"牛奶香浓,丝般感受"成为经典广告语。在中国消费人群中口口相传,德芙巧克力在消费者中拥有很高的品牌忠诚度。

一、德芙巧克力定位分析

1. 目标人群分析

(1) 女性。女性对巧克力的偏好十分明显。调查显示,女性尤其是年轻的女性购买巧克力的倾向性相当明显。

(2) 年龄低人群。购买巧克力的频率与年龄有较强的关联,年龄低的人群购买的

频率较高,研究表明,35岁以下购买者消费巧克力的比例很高,尤其是15~24岁的人群成为消费的主要群体。

(3) 热恋中的情侣。大家说爱情就像一块巧克力,有研究发现说巧克力里含有一种氨基苯(PEA),这种物质可以引起荷尔蒙的波动。情人节时人们多选择送巧克力。

2. 市场定位点

德芙巧克力的经典广告语——牛奶香浓,丝般感受,将巧克力细腻的特点用丝来展现,意境深远。这种强调口感的定位,不仅避开更早进入中国市场的费列罗品牌巧克力与威化组合的口感优势,还突出了巧克力本质的口感优势,一举两得。而"DOVE"背后的爱情故事,也为德芙披上了一层神秘的面纱,使他成为爱情的象征,满足消费者的情感诉求。

德芙巧克力的价值定位明确为:鼓励人们敢于并及时说出自己的爱。其利益定位为情感定位,与目标消费群体的内心诉求相吻合。

不仅是巧克力行业需要品牌定位,面对当下市场中琳琅满目的商品,买方市场之下,商家何去何从,品牌定位会受到越来越多人的青睐。

二、德芙巧克力产品优势

(1) 巧克力味道醇。

(2) 先进生产技术、设备质量过关,消费者可以放心购买、食用。

(3) 品种丰富,满足各类消费者需求,提高市场占有率。

(4) 采用最优质的纯天然可可液和可可脂精心配置而成,其各项指标都达到欧洲标准。

根据调查,部分消费者对德芙巧克力的评价:好吃、味好、广告好、口感好、巧克力味纯、比较细腻、不腻口。可以发现,德芙巧克力重在追求一种"丝滑"的口感。

三、德芙巧克力产品类型

德芙巧克力拥有多样化、营养化的产品类型:德芙榛子巧克力、德芙奶香白巧克力、德芙巧克力、德芙香浓黑巧克力、德芙丝滑牛奶巧克力、德芙醇香摩卡及烤杏仁巧克力、德芙榛子杏仁及葡萄干巧克力、德芙脆巧心、德芙星彩巧克力、德芙脆香米、德芙麦芽脆心巧克力、德芙倍醇黑巧克力、心语摩卡榛仁巧克力、牛奶夹心巧克力、德芙恋语巧克力。

四、德芙巧克力包装分析

(1) 在包装图形上,德芙巧克力包装主要以写实的产品形象为主,以此给消费者一种信任感和美感。

(2) 在色彩上,德芙巧克力仍然沿用巧克力行业的经典咖啡色,并根据不同的产品辅以不同的系列色彩。在节日的包装中,主要的辅助色彩是粉红,以营造出一种温馨的感觉。普通塑料包装采用了白色和紫色以及咖啡色,这些暖暖的颜色显得亲和、温暖。

(3) 在字体设计上,德芙巧克力采用了以曲线为主的设计方法,以此更接近消费人群。

（4）在包装等级上，分为家庭装、经济装和节日礼品套装，提高消费者购买欲望和商品价值。

品牌策划公司认为品牌包装不仅仅是表面美观吸引顾客，同时也展现了一个品牌的特色。合理的包装还可以保护巧克力应有的光泽、香味、形态并且可延长货架寿命，还可防止微生物和灰尘污染，提高产品卫生安全性。

五、德芙巧克力推广形式

（1）主要以电视广告为主，在黄金时段播出。

（2）网络宣传、在点击频率高的网站投放。

以"外滩""咖啡""珠宝""时尚"这些生活的碎片使观众自行拼贴，形成"小资"和"时尚"的符号。以一贯低沉、感性的旁白，优美的吟唱音乐，巧克力丝般润泽的质感，将视觉与味觉的美好相结合，将产品呈献给观众，使人过目难忘。颇受观众喜爱，年轻一代更是对德芙广告好评如潮。

（资料来源：http://www.163.com/dy/article/E17R14K70518HIOC.html，有删改。）

【活动2】 项目组为模拟公司的产品进行整体形象策划

一、活动内容

各项目小组针对本组建立的模拟公司拟经营的产品，进行产品整体形象塑造策划，并修正完善在项目4中初拟的市场营销方案。

二、活动步骤与要求

（1）各小组成员运用整体产品原理和其他相关原理，为本组模拟公司拟经营的产品进行整体形象策划，同时填写表5-4。

表5-4 产品整体形象策划练习

策划要点	策划结果（要点）
对模拟公司产品的定位分析及结论	
核心产品分析与策划	
形式产品分析与策划	
延伸产品分析与策划	

（2）小组成员在本组交流分享自己填写的表5-4的内容。

（3）各组组长根据本组成员交流讨论的结果，组织本组成员对在项目4中初步拟定的市场营销方案进行修正和完善。

（4）各小组选派一名代表在全班交流分享本组修正完善后的市场营销方案。

（5）任课教师对各小组交流的市场营销方案作出评价和指导，并组织评选出优胜组。

【知识拓展】 如何塑造产品形象

如何塑造产品形象是每个品牌都需要重视的问题。产品形象是品牌在消费者心目中的某种形象,它是一种感性和理性的综合体现。把握塑造产品形象的方法,可以帮助品牌更好地接触和吸引消费者。

首先,塑造品牌形象要有一个清晰的定位,品牌定位必须符合消费者的需求。通过市场调查可以确定品牌的目标消费群体,根据群体的消费行为和心理需求,制定品牌定位的策略,使品牌形象触及消费者内心深处。

其次,塑造产品形象是一个综合性的过程,需要从产品本身、市场营销和消费者反馈三个方面入手。一是产品本身是塑造产品形象的基础。无论是产品的外观、质量还是功能,都是直接影响消费者印象的关键因素。因此,为了塑造良好的产品形象,企业必须注重产品设计和研发,投入足够的资源和精力来打造高品质、高附加值的产品。二是市场营销是塑造产品形象的关键所在。企业必须制定全面的市场营销策略,包括品牌宣传、广告推广、促销活动等。与此同时,企业还应该注重线上、线下的整合营销,把握不同渠道的优势和特点,开展有针对性的营销活动,建立品牌的口碑和形象,吸引更多的消费者和用户。三是消费者反馈是塑造产品形象的重要参考依据。

随着互联网时代的到来,品牌形象塑造也面临着新的挑战和机遇。互联网为品牌塑造提供了更加全面、多样化的传播方式,如品牌官网、社交媒体、电商平台等,可以更加直观、及时地传递品牌形象和信息,引导和影响消费者的购买决策。但是,在互联网时代,品牌形象也更容易受到消费者、媒体和竞争对手的质疑和挑战。因此,企业必须注重社交媒体的管理和相关意见的回应,提高品牌的公信力和形象的稳定性,从而在竞争激烈的市场中保持优势。

塑造产品形象是一个综合性、长期性的过程,需要企业在日常运营中不断完善和调整。只有长期进行产品品质、营销策略、用户反馈和互联网传播等多方面角度的优化,才能塑造出更加鲜明、真实、优秀的产品形象,赢得市场和消费者的青睐和支持。

(资料来源:https://www.163.com/dy/article/I38PPIK90514QFAB.html,有删改。)

任务3 新产品开发

【知识准备】

随着科学技术和社会经济的迅速发展,产品更新换代越来越快,产品市场生命周期越来越短,市场竞争也越来越激烈。这种现实迫使企业不断开发新产品,以创新求发展。

一、新产品的概念

市场营销学中所说的新产品是指在产品结构、功能或形态上发生改变,能为消费者带来新的利益,并推向了市场的产品。它是从"产品整体概念"的角度出发,只要其中任何一部分内容有所创新或改革都可视为新产品。显然,这种定义不是纯科技角度上的新产品概念。根据这种定义,我们可以将新产品分为以下几种主要类型。

(一) 全新产品

全新产品是指运用新的科学技术原理、新材料、新工艺开发出的具有全新功能的产品。例如,电话机、火车、汽车、飞机、电视机、复印机、电子计算机等产品的首次面世就是全新产品。一个完全创新产品的出现,从理论到应用,从实验试制到组织大批量生产,不仅时间过程长,而且投资风险大。

(二) 换代新产品

换代新产品是指在原有产品的基础上,利用现代科学技术制成的具有新的结构和性能的产品。例如,黑白电视机革新为彩色电视机;手机从4G到5G,都属于换代新产品。开发换代新产品较开发全新产品,技术上难度降低,投资风险较小。

(三) 改进型新产品

改进型新产品是指对原有产品在品质、性能、结构、材料、花色、造型或包装等方面作出改进而形成的产品。这种新产品与原有产品差别不大,往往是在原有产品的基础上派生出来的变形产品。例如,自行车由单速改变为多速;牙膏由普通改变为药物。这是企业较容易开发的新产品,因此,发挥余地大,竞争也相对激烈。

(四) 仿制型新产品

仿制型新产品是指市场上已有其他品牌的同类产品,企业只是生产出以自己品牌命名的新产品。这种产品对较大范围的市场而言,已不是新产品,但对本地区或本企业来说,则可能是新产品。我国企业引进先进技术和设备,生产国外市场已经存在,而国内市场还没有出现的产品,或者模仿生产从国外进口的产品和国内其他企业生产的产品,都属于仿制型新产品。企业根据市场需求和自身条件,模仿生产某些有竞争力的新产品,能缩短开发时间,节省研制费用,提高产品质量。但应注意,仿制产品不能完全照搬照抄,应对原有产品尽可能有所改变,突出某些方面的特点,以提高产品的竞争力。另外,要妥善处理好产品专利权和技术转让问题,防止发生违法行为。

以上四种新产品尽管"新"的角度和程度不同,科技含量相差悬殊,但都有一个共同特点:消费者在使用时,认为它与同类产品相比具有特色,能带来新的利益和获得更多的满足。

二、新产品开发的方式

由于新产品的含义比较广泛,企业的能力和条件存在差异,新产品开发的方式也有所不同。常见的新产品开发方式有以下几种。

(一) 独立研制

独立研制是指企业依靠自己的科研技术力量研究开发新产品。这种方式能够结合企业的特点,形成自己的产品系列,使企业在某一方面具有领先地位。由于独立研制要求企业有较强的技术力量和较多的资金投入,所以该方式一般适用于那些拥有科研部门的大中型企业或企业集团。

（二）协作开发

协作开发是指企业与科研机构、高等院校、社会上有关专家或其他单位联合进行新产品开发。这种方式可使科研人员迅速将其科技成果运用到实际中来，企业也可从产品设计和技术等方面得到指导和帮助，既充分发挥其各自特长，又使双方都能受益。

（三）技术引进

技术引进是指企业引进国外或地区外的成熟技术进行新产品开发，或直接引进设备生产新产品。采用这种方式，企业可以节省研发费用，缩短开发时间，能够较快地掌握产品制造技术，及时生产出新产品并投放市场，成功率较高。但也应当注意，企业引进的技术或设备，通常是别人正在使用或已经使用过的，引进前必须认真地进行市场容量和产品发展前景分析，充分重视技术或设备的先进性和适用性，避免盲目引进而造成不良后果。

（四）研制与引进相结合

研制与引进相结合是指企业在引进别人先进技术的基础上，结合自身专长研制新产品。这种方式可以使独立研制和技术引进相互补充，有机结合，加快消化吸收别人的先进技术，又能不断地创新，不仅时间省、投资少、风险小，而且可使产品更具特色和吸引力，有利于促进企业提高技术水平和经济效益。

三、新产品开发的程序

新产品开发是一项艰巨而又复杂的工作，它不仅需要投入大量的资金，而且其最终是否能被消费者所接受，还存在很大的不确定性。因此，新产品开发需要冒一定的风险。为了把失败的风险降到最低程度，新产品开发应按科学的程序进行。一般需要经过以下几个阶段。

（一）构思新产品

构思新产品也称新产品创意，是指为满足一种新的市场需求而提出的新产品设想方案。虽然并不是所有的创意都可变成产品，但寻求尽可能多的创意，却可为开发新产品提供较多的机会。新产品的创意主要来源于消费者、科技人员、竞争对手、销售人员和经销商、企业管理人员、市场研究公司、广告代理商、咨询公司和行业团体等。

（二）筛选新产品构思

筛选新产品构思是指对所有新产品构思方案，按一定评价标准进行审核分析、去粗取精的过程。其目的是要选出那些符合本企业发展目标和长远利益，并与市场和企业自有资源相协调的产品构思，摒弃那些不可行或可行性较低的创意。

（三）形成新产品概念

新产品构思经过筛选，还需进一步形成比较具体、明确的产品概念。产品概念是指已经成型的产品构思。它将产品构思以文字、图案或模型的形式描绘出明确的设计方案之后，再经过设计鉴定对各方面条件作综合分析，并听取顾客对有关方案的意见，最后选定一种最佳的产品设计方案。

（四）设计试制新产品

设计试制新产品是指把选定的产品构思付诸实施,使之转变为物质性产品的过程。经过筛选和可行性分析,具有开发价值的新产品构思方案则进入产品形体的设计试制阶段,包括产品设计、样品试制、产品鉴定等步骤。

（五）拟定新产品营销规划

拟定新产品营销规划是指企业在选定新产品开发方案后,拟定该产品进入市场的营销计划。它一般包括三部分内容:一是描述新产品目标市场的特点和规模、产品定位和预期市场占有率;二是新产品可能的市场价格和利润目标;三是新产品不同生命周期阶段的市场营销组合策略。

（六）新产品的商业分析

新产品的商业分析主要是根据企业的利润目标,对新产品进行财务上的可行性分析。其主要内容:一是预测新产品未来3~5年每年的销售额、经营性费用和经营性利润;二是测算开发新产品的投资总额、投资回收期和投资报酬率;三是分析说明新产品开发与经营的潜在风险及其应对措施。

（七）新产品试销

新产品试销是指新产品基本定型后,投放到经过挑选的有代表性的一定市场范围内进行销售实验。其目的是检验在正式销售条件下,市场对新产品的反应,以便具体了解消费者的接受程度、购买力状况和不同的意见要求,为日后批量生产提供参考依据。通过试销,一方面可以进一步改进产品的品质;另一方面能帮助企业制订出有效的营销方案。根据新产品试销的不同结果,企业可以作出不同的决策:试销结果良好,可全面上市;试销结果一般,则应根据顾客意见修改后再上市;试销结果不佳,应修改后再试销,或停止上市。

（八）新产品正式上市

新产品正式上市是指经过试销获得成功的新产品,进行批量生产和销售。这是新产品开发的最后一个程序。至此,新产品也就进入了商业化阶段。

为了使新产品顺利上市,企业应对其入市时机和地点进行慎重决策。在入市时机上,如果新产品是替代本企业老产品的,应在原有产品库存较少时上市,以避免对原有产品销路产生影响;如果新产品需求具有较强的季节性,应在需求旺季上市,以争取最大销量;如果新产品需要改进,则应等到其进一步完善后再上市,切忌仓促上市。在入市地点上,一般采用"由点到面、由小到大"的原则:先在某一地区市场上集中搞好新产品的促销活动,逐步扩大市场份额,取得消费者的信任,然后再向更广的市场扩展。但实力雄厚并拥有庞大销售网络的大企业,也可将新产品直接推向国内外市场。

四、新产品开发的常用策略

（一）竞争定位策略

在同一目标市场上进行新产品开发的企业,因其营销目标、技术力量、财力物力等的不同,应采取不同的市场竞争定位。新产品的市场竞争定位是新产品开发能否取得预期效果的重要因素。新产品的竞争定位一般有三种：一是低成本新产品定位，是指企业所开发的新产品，以低成本为主与竞争对手进行市场抗衡，力求提高所开发新产品的市场占有率；二是差别化新产品定位，是指企业努力开发同类产品中差异性大的新产品，以"新、异、特"来吸引消费者，以求在该产品领域中的领先地位；三是专业化新产品定位，是指根据企业的实际优势，集中力量在行业中某个细分市场进行专业化的新产品开发。这样的新产品定位，可能是自主创新开发，或者是模仿创新开发。企业在新产品开发项目立项之始，就必须根据市场的竞争势态和企业自身的资源环境（人、财、物），对新产品市场竞争准确定位，这样可以提高企业新产品开发项目的效率和效益。

（二）先发制人策略

先发制人策略是指企业率先推出新产品，利用新产品的独特优势，抢占市场上的有利地位。采用先发制人策略的企业应具备强烈的占据市场"第一"的意识。因为对于广大消费者来说，对企业和产品形象的认知都是先入为主的，他们认为只有第一个上市的产品才是正宗的产品，其他产品都要以"第一"为参照标准。因此，采取先发制人策略，就能够在市场上捷足先登，利用先入为主的优势，最先建立品牌偏好，从而取得丰厚的利润。采用先发制人策略，企业必须具备以下条件：企业实力雄厚，科研实力、经济实力兼备，并具备对市场需求及其变动趋势的超前预判能力。

（三）组合创新策略

组合创新策略是指采用新技术、新工艺把两种以上的原料或功能组合为具有一物多功能或多营养或更方便的组合产品，譬如，把大米、红豆、绿豆等粮食按一定的工艺加工组合起来，就成为一种新产品——"八宝粥"；把花生油、菜籽油、葵花油等按一定的比例组合起来，就成为一种新产品——"调和油"；把大米与红枣、中药通过科学配方，按一定的工艺加工组合为药用枣红米；把红薯、萝卜、豆角等新鲜时令蔬菜和苹果、草莓、菠萝等新鲜时令水果，利用真空状态下的低温油炸技术脱水即成为一种新产品——"蔬果脆片"等。

（四）利用名牌策略

利用名牌策略是指利用名牌在市场上享有的信誉并由此产生的"名牌效应"，开发同类型的多样化的系列产品。这样不仅可以降低成本，增强新产品的知名度，有助于新产品打入市场，而且还可使名牌因有新产品而显示新活力。但采用此策略时，应预先测试顾客对其名牌的观感，看是否适合为新产品所用，以求名牌商标与加进的新产品如影随形，使两者相得益彰。同时，还要严把产品质量关。否则，就有可能因产品质量不过关，或因品牌延伸得不伦不类而砸掉自己的牌子。

（五）填补空隙策略

填补空隙策略是指针对市场空隙推出新产品。所谓市场空隙，是指因消费者具有多层次和多变性消费的特点而存在"未被满足的需求"给市场留下的"空子"。市场空隙是企业开发新产品的良机。谁能不失时机地抓住市场空隙乘虚而入推出新产品，谁就能在强手如林的市场竞争中胜人一筹。例如，抚顺金泰粮油科技开发有限公司瞄准市场空隙，拾遗补阙推出咖啡味糙米粉和柠檬味糙米粉，一面世就受到市场青睐。

（六）系列开发策略

系列开发策略是指在同一产品中进行横向和纵向系列开发，从而派生出由低到高、不同规格、不同档次的同类型的系列产品。如开发款式、容量、包装、尺寸、颜色、功能不同的系列产品，以增加产品的新花色、新式样、新用途，满足消费者不同层次的需求。

【活动1】 分析案例，感悟新产品开发的方法与策略

一、活动内容

在深入理解任务3[知识准备]的基础上，研读分析[案例5-4]，并交流分享案例分析结果。

二、活动步骤与要求

(1) 各小组成员认真研读[案例5-4]并填写表5-5。

表5-5 对[案例5-4]的分析结果

问题	分析结果
宝洁公司开发一次性尿布的灵感是怎样产生的？由此试总结概括出构思新产品出发点的第一个重要规律	
当时美国市场上已经有好几种牌子的一次性尿布了，宝洁公司为什么还要开发这种产品？由此试总结并概括出构思新产品出发点的第二个重要规律	
宝洁公司最初开发的一次性尿布的市场定位是什么？如果宝洁公司让你为他的一次性尿布产品线增加一个产品项目，以满足其他细分市场的需求，你将怎样做	
结合案例说说新产品开发的基本程序	

(2) 小组成员交流分享对[案例5-4]的分析结果。
(3) 各小组选派一名代表在全班交流分享对[案例5-4]的分析结果。
(4) 任课教师对各小组的分析结果作出评价和指导，并组织评选出优胜组。

【案例5-4】 宝洁公司的一次性尿布是怎样开发的

宝洁(P&G)公司以其寻求和明确表达顾客潜在需求的优良传统，被誉为在面向市场方面做得最好的美国公司之一。其婴儿尿布的开发就是一个例子。

1956年，宝洁公司开发部主任维克•米尔斯在照看其出生不久的孙子时，深切感受到一篮篮脏尿布给家庭主妇带来的烦恼。于是，米尔斯就让手下几个最有才华的人研究开发一次性尿布。

一次性尿布的想法并不新鲜。事实上，当时美国市场上已经有好几种牌子的一次性尿布了。但市场调研显示：多年来这种尿布只占美国市场的1%。究其原因：首先是价格太高；其次是父母们认为这种尿布不好用，只适合在旅行或不便于正常换尿布时使用。调研结果还表明，一次性尿布的市场潜力巨大。美国和世界许多国家正

处于"战后"婴儿出生高峰期。将婴儿数量乘以每日平均需换尿布次数,可以得出一个大得惊人的潜在销量。

宝洁公司产品开发人员用了1年的时间,研制一种既好用又对父母们有吸引力的产品。产品的最初样品是在塑料内裤里装上一块打了褶的吸水垫子。但在1958年夏天现场试验结果表明,除了父母们的否定意见和婴儿身上的痱子,一无所获。该产品研发又回到图纸阶段。

1959年3月,宝洁公司重新设计了一次性尿布,并在实验室生产了37 000个相似于现在的产品,并去做现场试验。这一次,有2/3的试用者认为该产品胜过布尿布。接踵而来的问题是:如何降低成本和提高新产品质量。为此要进行的工序革新,比产品本身的开发难度更大。一位工程师说它是"公司遇到的最复杂的工作"。生产方法和设备必须从头搞起。至1961年12月,产品进入了能通过验收的生产工序和试销阶段。

宝洁公司选择地处美国最中部的城市皮奥里亚试销这个后来被定名为"娇娃"(Pampers)的产品。宝洁公司发现,皮奥里亚的妈妈们喜欢用"娇娃",但觉得10美分一片的尿布价格难以负担。因此,价格必须降下来。在6个地方进行的试销进一步表明,定价为6美分一片,就能使这类新产品畅销,并使其销售量达到零售商的要求。此后,宝洁公司的几位制造工程师找到了解决办法,用来进一步降低成本,并把生产能力提高到使公司能以该价格在全国销售娇娃尿布的水平。

娇娃尿布终于成功推出,直至今天仍然是宝洁公司的拳头产品之一。它表明,企业对市场真正需求的把握需要通过直接的市场调研来论证。通过潜在用户的反应来指导和改进新产品开发工作。企业各职能部门必须通力合作,不断进行产品试用和调整定价。就是通过这样的方法,宝洁公司做成了一桩双赢的生意:一种减轻了每个做父母的最头疼的一件家务劳动的产品,一个为宝洁公司带来巨额利润的重要新财源。

(资料来源:根据吴健安主编的《市场营销学》有关资料编写。)

【活动2】 项目组为模拟公司进行新产品开发

一、活动内容

各项目小组针对本组模拟公司的经营范围和经营条件进行新产品开发。

二、活动步骤与要求

(1) 每个小组成员运用新产品开发的有关原理,为本组模拟公司进行新产品开发策划,同时填写表5-6。

表5-6 新产品开发策划练习

策划要点	策划结果(要点)
新产品的构思与筛选	

(续表)

策划要点	策划结果(要点)
确定的新产品概念及其市场调研结果	
新产品的营销规划	
新产品的商业分析	

(2) 小组成员在本组交流分享自己填写的表 5-6 的内容。
(3) 组长组织本组成员讨论后形成本组模拟公司的新产品开发方案。
(4) 组长组织本组成员利用课余时间,对本组确定的新产品概念进行市场调研。
(5) 各小组选派一名代表在全班交流分享本组的新产品开发方案。
(6) 任课教师对各小组交流的新产品开发方案作出评价和指导,并组织评选出优胜组。

【知识拓展】 产品市场生命周期

任何产品从投放市场到被市场淘汰如同人的生命一样,有出生、成长、成熟到衰亡的过程。市场营销学把产品从投放市场到被市场淘汰的过程叫作产品市场生命周期。产品市场生命周期的长短受消费者的需求变化、产品更新换代的速度等多种因素的影响。因此,不同产品有着不同的市场生命周期。

由于受市场因素的影响,产品在其市场生命周期内的销售额和利润额并非均匀变化的,不同时期或阶段,产品有着不同的销售额和利润,从这个角度看,产品的市场生命周期可以以销售额和利润额的变化来衡量。按照销售额的变化衡量,典型的产品市场生命周期可以划分为投入期、成长期、成熟期和衰退期四个阶段,如图 5-4 所示。

典型的产品市场生命周期的四个阶段分别呈现出不同的特点。

1. 投入期

投入期又称试销期,是指新产品投入市场的最初销售阶段。其主要特点是:产品设计尚未定型,花色品种少,生产批量小,单位生产成本高,广告促销费用高;消费者对产品不熟悉;只有少数追求新奇的顾客可能购买,销售量少;销售网络还没有全面、有效地建立

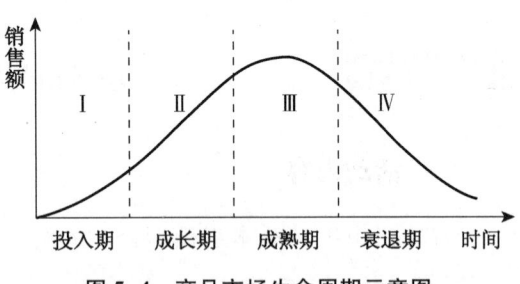

图 5-4 产品市场生命周期示意图

起来,销售渠道不畅,销售增长缓慢;由于销量少、成本高,企业通常获利甚微,甚至发生亏损;同类产品的生产者少,竞争者少。

2. 成长期

成长期又称畅销期,是指产品在市场上迅速为顾客所接受,销售量和利润迅速增长的时期。其主要特点是:产品已定型,花色品种增加,生产批量增大;消费者对新产品已经熟

悉,销售量迅速增长;建立了比较理想的销售渠道;由于销量增长,成本下降,利润迅速上升;同类产品的生产者看到有利可图,进入市场参与竞争,市场竞争开始加剧。

3. 成熟期

成熟期又称饱和期,是指产品销量趋于饱和并开始缓慢下降、市场竞争非常激烈的时期。其主要特点是:产品工艺、性能较完善,质量相对稳定,产品被大多数消费者所接受;市场需求趋于饱和,销售量增长率缓慢,并呈下降趋势;企业利润达到最高点,随着销售量的下降,利润也开始逐渐减少;市场上同类产品和替代品不断出现,消费者的兴趣开始转向其他产品和替代品,市场竞争非常激烈。

4. 衰退期

衰退期又称滞销期,是指产品销量急剧下降,产品开始逐渐被市场淘汰的时期。其主要特点是:产品销售量和利润迅速下降;消费者对该产品的兴趣已完全转移;产品价格已降到最低点,多数企业无利可图,竞争者纷纷退出市场;少数留在市场上的企业减少服务,大幅度削减促销费用,以维持最低水平的经营。

【思考与练习】

一、名词解释

1. 产品定位 2. 避让定位 3. 插入定位 4. 取代定位 5. 属性定位 6. 利益定位 7. 比附定位 8. 使用者定位 9. 整体产品 10. 品牌 11. 商标 12. 新产品

二、判断题(判断下列说法是否正确。正确的在题后的括号内打"√",错误的打"×")

1. 产品定位的实质就是市场定位。(　　)

2. 只要提供的产品既能满足目标市场的需求,又与竞争者的产品相比有自己的特色,就能取得竞争优势。(　　)

3. 当采用实体产品属性定位不易与竞争产品相区别时,竞争制胜的关键往往取决于利益定位。(　　)

4. 产品定位不是做给老板看的东西,而是向目标顾客保证的一种承诺。(　　)

5. 即便是质量符合标准的产品,倘若没有完善的服务,实际上也是不合格的产品。(　　)

6. 如果没有产品整体概念,就不可能有现代市场营销观念。(　　)

7. 产品项目是指产品线中不同的品种、规格、品牌、价格的特定产品,例如,某商店经营的服装、食品、化妆品等。(　　)

8. 一旦新产品在市场试销成功,则意味着新产品能迅速被消费者接受,企业能获得丰厚的利润。(　　)

9. 企业增加产品组合的深度，可以占领更多细分市场。（　　）
10. 企业利用已获成功的品牌名称推出全新产品和改良产品属于家族品牌策略。（　　）

三、选择题（在下列每小题中选择正确的备选答案，并将其序号填入括号内。）

1. "金利来，男人的世界"的这句广告语体现的产品定位属于（　　）。
   A. 属性定位　　B. 利益定位　　C. 使用者定位　　D. 比附定位
2. 产品的品牌和包装属于产品整体概念中的（　　）。
   A. 核心产品　　B. 形式产品　　C. 延伸产品　　D. 期望产品
3. 产品组合的（　　）是指一个产品线中所含产品项目的多少。
   A. 宽度　　　　B. 长度　　　　C. 关联度　　　　D. 深度
4. 把使用时相互关联的多种商品纳入一个包装容器中同时出售的策略属于（　　）包装策略。
   A. 类似　　　　　　　　　　　　B. 等级
   C. 组合　　　　　　　　　　　　D. 赠品
5. 提炼品牌核心价值应把握的主要原则有（　　）。
   A. 高度的差异化原则　　　　　　B. 引导消费理念创新原则
   C. 具有广阔的包容力原则　　　　D. 与企业资源能力相匹配原则

四、问答题

1. 产品定位要解决的主要问题是什么？简要说明产品定位的基本程序。
2. 产品定位应注意的问题有哪些？
3. 整体产品分为哪些层次？简要说明其内容。
4. 从企业经营管理的角度来看，有意义的产品分类主要有哪几种？这种分类有什么意义？
5. 说说你对产品质量评价标准的认识。
6. 简要说明品牌的构成和设计原则。
7. 品牌策略主要有哪些？
8. 简要说明品牌建设的基本内容与要求。
9. 简要说明包装的主要作用及策略。
10. 说说你对产品服务重要性的认识。
11. 简述新产品开发的方式。
12. 简述新产品开发的程序。
13. 简述新产品开发的常用策略。

项目 6　定价策略

 项目说明

定价策略是市场营销组合策略的重要内容,也是企业开拓市场的重要手段。产品价格合适与否,在很大程度上决定了购买者是否接受这个产品,直接影响产品和企业的形象,影响企业在市场竞争中的地位。本项目的主要任务:一是制定产品基本价格;二是制定产品价格策略。

 学习目标

※**知识目标**　理解把握产品营销定价的基本原则和产品营销定价应考虑的主要因素;掌握产品营销定价的基本方法和基本策略。

※**能力目标**　能够根据企业的实际情况制定产品基本价格和价格策略。

 项目成果

完成本项目你应当提交以下成果:
(1) 本项目的案例分析报告。
(2) 模拟公司产品营销价格策划方案。

任务 1　制定产品基本价格

【知识准备】

一、产品营销定价的基本原则

产品营销定价是企业营销组合策略的一个重要内容,也是开拓市场的重要手段。产

品价格确定合适与否,很大程度决定了购买者是否接受这个产品,直接影响产品和企业的形象,影响企业在市场竞争中的地位。因此,从市场营销角度出发,企业在给产品定价时应把握以下基本原则。

(一)符合企业战略目标要求

这是从企业营销战略角度提出的定价原则。企业的营销活动是一个整体。因此,"4P"营销组合中的任何一个"P"都必须符合企业营销战略目标的总体要求。产品营销定价也不例外。例如,企业开发一个新产品首先进入一个细分市场,为了抑制竞争提高市场占有率,通常采用低价策略;而企业为了塑造产品高质量、高档次的形象,则通常采用高价策略,等等。

(二)兼顾企业与消费者利益

产品营销定价必须兼顾企业与消费者两方面的利益。要给自己经营的产品定个价格是很容易的事,难的是怎样给产品定个合适的价格。从企业营销的角度看,衡量价格合适与否的基本标准有两个:一是能给企业带来较多的利润;二是能使消费者乐于接受。这两个标准是一对矛盾。产品营销定价的主要学问就在于解决好这对矛盾。

(三)随环境变化及时调整

在市场经济条件下,企业制定的产品价格不是一成不变的。它会随着内外环境条件的变化而变化。例如,若原材料和劳动力价格上涨则产品价格一般会随之上涨;反之则随之下降。若竞争对手产品大幅度降价竞争,则另一方往往也会随之降价,等等。从经济学观点看,定价是严肃的,是不可随意变动的。但是,从市场营销学的观点看,价格是活泼的,是可以随时随地根据需要而变动的。

二、产品营销定价应考虑的主要因素

(一)产品成本

产品成本是产品营销定价应考虑的基本因素。正常情况下,它决定了商品的最低价格。

产品成本是指产品在生产过程和流通过程中所花费的物质消耗及支付的劳动报酬的总和。一般来说,产品成本是构成价格的主体部分,且同商品价格水平呈同方向变化。产品成本是企业实现再生产的起码条件,因此企业在制定价格时,正常情况下必须保证其生产成本能够收回。随着产量增加以及生产经验的积累,产品的成本不断发生变化,产品价格也应随之发生变化。

产品成本有个别成本和社会成本两种基本形态。个别成本是指单个企业生产商品所耗费的实际生产费用。社会成本是指行业内部不同企业生产同种商品所耗费的平均成本即社会必要劳动时间,又称行业平均成本。它是企业制定商品价格时的主要依据。由于各企业的资源条件和经营管理水平不同,其个别成本与社会成本通常会存在着差异,企业在定价时,应当根据本企业个别成本与社会成本之间的差异程度,分别谋取较高利润、平均利润、较低利润甚至不得不忍受亏损。

(二)市场供求状况

供求规律是商品经济的内在规律,产品价格受供求关系的影响,围绕价值发生变动。

一般来说,商品供不应求,价格可定得高些;商品供过于求,价格要定得低些。但究竟价格定多高,还应考虑商品需求的价格特性和市场竞争情况等因素。

(三) 商品需求的价格特性

一般来说,名牌商品、高度流行的商品、能显示购买者身份地位的商品、缺乏替代品的商品、没有竞争者的商品等,价格可定得高些;反之,价格要定得低些。

(四) 竞争者同种商品的价格水平

市场营销理论认为:商品的最高价格取决于商品的市场需求,最低价格取决于该商品的成本费用。在最高价格和最低价格的幅度内,企业能把这种商品的价格定多高,则取决于竞争者同种商品的价格水平。因此,企业除经营国家规定的实行统一价格的商品外,其他商品的定价,都应考虑竞争对手的价格情况,力求定出既有利于竞争又受消费者欢迎的价格。一般来说,若本企业商品在竞争中处于优势地位,可适当采取高价策略;反之,则应采取低价策略。

(五) 目标市场的购买力水平及心理因素

前面我们讲过,衡量产品定价合适与否的基本标准有两个:一是能给企业带来较多的利润;二是消费者乐于接受。大家知道,商品只有卖出去才能带来利润,要使商品能够卖出去,就必须首先使消费者买得起、乐于买。也就是说,衡量商品定价优劣的两个标准中,前者的实现要以后者的实现为前提。没有后者的实现,前者就成了"无源之水,无本之木"。

(六) 企业的定价目标

制定商品价格,除应考虑前面五个基本因素外,还应考虑企业的定价目标。定价目标,是指企业通过制定商品价格要达到的目的。不同的定价目标决定了不同的定价策略、定价方法和价格水平。

(七) 国家关于价格方面的政策法规

价格是国家进行宏观经济管理的一个重要杠杆。因此,国家在自觉运用价值规律的基础上,要通过制定物价政策、法规,对经济活动进行管理或干预。譬如,《反不正当竞争法》第11条规定:"经营者不得以排挤竞争对手为目的,以低于成本的价格销售商品"。另外,国家对一些特殊商品或服务项目规定了统一的价格或指导价,如粮食收购价、邮政通信和交通运输等服务价格。所以,企业在定价时,除要考虑前面六个方面的基本因素外,还必须考虑国家关于价格方面的有关政策法规。

三、产品营销定价的基本方法

产品营销定价方法很多,根据与定价有关的基本因素,可以概括为三类基本的定价方法,即成本导向定价法、需求导向定价法和竞争导向定价法。不同企业所采用的定价方法是不同的,就是在同一种定价方法中,不同企业选择的价格计算方法也有所不同,企业应根据自身的具体情况灵活选择、综合运用。

(一) 成本导向定价法

成本导向定价法是指以成本为基础制定商品价格的方法。由于产品的成本形态不同以及在成本基础上核算利润的方法不同,成本导向定价法可分为以下几种具体形式。

1. 成本加成定价法

成本加成定价法是根据单位产品总成本和确定的加成率来制定产品价格的方法。由于加成率的确定方法不同,成本加成定价法可分为顺加法和倒扣法两种。其计算公式如下:

(1) 顺加法:

$$单位产品售价 = 单位产品总成本 \times (1 + 加成率)$$
$$加成率 = (销售收入 - 销售成本) \div 销售成本 \times 100\%$$

(2) 倒扣法:

$$单位产品售价 = 单位产品总成本 \div (1 - 毛利率)$$
$$毛利率 = (销售收入 - 销售成本) \div 销售收入 \times 100\%$$

在实际工作中,加成率通常是根据同行业的大致平均数和本企业的实际情况来确定一个数值。生产企业多采用顺加法;零售企业多采用倒扣法。

这种定价方法的优点在于:计算简便易用;计算出来的价格能够保证获得预期利润。缺点是忽视了需求变化和竞争的影响,难以适应复杂多变的竞争情况。这种定价方法在产销量与产品成本相对稳定、竞争不太激烈的情况下可以采用。

【例 6-1】 某工厂生产 A 产品一批共计 1 万件,经核算其总成本为 25 万元。企业确定的加成率为 20%。请用顺加法制定 A 产品的销售单价。

解:

A 产品单位产品总成本 = 250 000 ÷ 10 000 = 25(元/件)

A 产品销售单价 = 25 × (1 + 20%) = 30(元/件)

2. 边际贡献定价法

边际贡献定价法也称变动成本定价法,即按变动成本加上预期的边际贡献来制定产品价格的方法。边际贡献是指产品销售收入与产品变动成本的差额。边际贡献定价法的计算公式如下:

$$单位产品价格 = 单位产品变动成本 + 单位产品边际贡献$$
$$单位产品边际贡献 = 单位产品价格 - 单位产品变动成本$$

边际贡献定价法适用于:企业经营不景气、销售困难、生存比获利更重要;或企业生产能力过剩、只有降低售价才能扩大销售等情况。因为不管企业是否生产、生产多少,在一定时期内固定成本都是要发生的,只要产品单价高于单位变动成本,销售收入弥补变动成本后的余额就可以弥补固定成本,从而减少亏损或实现利润。

【例 6-2】 某企业年生产能力为 70 万件,年固定成本为 50 万元,单位产品变动成本为 1.8 元。本年只接到订单 40 万件,客户每件报价最高为 3 元。问:是否接受这批订单?

解:对这样的问题就要运用边际贡献定价原理,进行计算分析后作出判断。边际贡献计算如下:

边际贡献 = 3 - 1.8 = 1.2(元/件)

因为企业经营不景气、企业生产能力过剩,所以只要边际贡献大于 0,就可以接受。就本例而言,接受这批订单的盈利如下:

盈利＝1.2×40－50＝－2(万元)

也就是说,接受这批订单虽然不能盈利,但可以减少亏损48万元。因此,这批订单是可以接受的。

3. 收支平衡定价法

收支平衡定价法是以盈亏平衡即企业总成本与销售收入保持平衡为原则制定价格的一种方法。其计算公式如下：

销售单价＝总成本÷预期销售量＝单位固定成本＋单位变动成本

【例6-3】 某企业生产某产品的固定成本总额为200 000元,单位变动成本为10元,预期销售量为10 000件。问：如何为该产品定价？

解：

销售单价 ＝ 200 000÷10 000＋10＝ 30(元)

这种定价方法比较简便,单位产品的平均成本即为其价格,且能保证总成本的实现,其侧重于保本经营。在市场不景气的条件下,保本经营总比停业的损失要小得多。企业只有在实际销售量超过预期销售量时,方可盈利。这种方法的关键在于准确预测产品销售量,否则制定出的价格不能保证收支平衡。

(二) 需求导向定价法

由于影响消费者需求的因素很多,如消费习惯、收入水平和产品的价格弹性等,这就形成了不同的需求导向定价方法。

1. 习惯定价法

习惯定价法是企业依据长期被消费者接受和承认的并已成为习惯的价格对产品进行定价的一种方法。某些产品在长期经营过程中,消费者已经接受了其属性和价格水平,符合这种标准价格的产品容易被消费者接受；反之,则会引起消费者的排斥。经营此类产品的企业不能轻易改变价格,减价会引起消费者对产品质量的怀疑,涨价会影响产品的销量。

2. 可销价格倒推法

可销价格倒推法也称反向定价法,是以消费者可以接受的价格对商品定价的方法。一般在两种情况下企业可采用这种定价法：一是为了满足在价格方面与现有类似产品竞争的需要；二是对于新产品推广,先确定可销价格,然后反向推算出各环节的可销价格。

【例6-4】 某电视机厂生产的某型号电视机,经市场调查发现消费者可接受的价格为2 500元,电视机零售商的经营毛利率为20%,批发商的批发毛利率为5%。问：该型号电视机的成本是多少？

解：

零售商可接受价格＝消费者可接受价格×(1－20%)
　　　　　　　　＝2 500×(1－20%)
　　　　　　　　＝2 000(元)

批发商可接受价格＝零售商可接受价格×(1－5%)
　　　　　　　　＝2 000×(1－5%)
　　　　　　　　＝1 900(元)

1 900元即为该电视机的出厂价。如果该厂家欲获取10%的利润,那么该电视机的成本就必须控制在1 710元以内,即:

成本=1 900×(1-10%)=1 710(元)

3. 需求差异定价法

需求差异定价法是根据需求的差异性对同种产品制定不同价格的方法。它主要包括以下几种形式:

(1) 对不同的顾客采取不同的价格。例如,同种产品对购买量大和购买量小的采取不同价格;航空票价对国内、国外乘客分别定价;电影院对老年人、学生和普通观众按不同票价收费等。

(2) 根据产品的式样和外观的差别制定不同的价格。对不同样式的同种产品制定不同价格,价差比例往往大于成本差的比例。例如,一些名著往往有平装本和精装本之分,其内容完全相同,只是包装不同而已,但价格就有较大差别。

(3) 相同的产品在不同的地区销售,其价格可以不同。例如,同样的产品在沿海和内地的价格是有差异的。

(4) 相同的产品在不同时间销售,其价格可以不同。例如,需求旺季的价格要明显高出需求淡季的价格;电视广告在黄金时段收费特别高等。

需求差异定价的前提条件是:①市场可以细分,各细分市场具有不同的需求弹性;②价格歧视不会引起顾客反感;③低价格细分市场的顾客没有机会将商品转卖给高价格细分市场顾客;④竞争者没有可能在企业以较高价格销售产品的市场上以低价竞争。

4. 理解价值定价法

理解价值定价法是企业根据消费者对产品价值的感觉和理解程度来确定价格,而不是根据卖方的成本制定价格的办法。各种商品的价值在消费者心目中都有特定的位置。当消费者选购某一产品时常常会将该商品与其他同类商品进行比较,通过权衡相对价值的高低而决定是否购买。因此,当企业向某一目标市场投放产品时,首先需给这种产品在目标市场上定位,即企业要努力拉开本产品与市场上同类产品的差异,并运用各种营销手段来影响消费者的价值观念,使消费者感到购买该产品能比购买其他产品获得更多的相对利益。然后,企业就可根据消费者所形成的价值观念大体确定产品价格。

运用理解价值定价法的关键,是把自己的产品同竞争者的产品相比较,准确估计消费者对本产品的理解价值。为此,在定价前必须做好市场调查,否则定价过高或过低都会造成损失。

(三) 竞争导向定价法

竞争导向定价法是指以同类产品的市场竞争状态为依据,根据竞争状况确定本企业产品价格的方法。其主要有以下几种方法。

1. 通行价格定价法

通行价格定价法也称现行市价法,即依据本行业通行的价格水平或平均价格水平制定价格的方法。它要求企业制定的产品价格与同类产品的平均价格保持一致。在有许多同行相互竞争的情况下,当企业生产的产品大致相似时(如钢铁、粮食等),如企业产品价格高于别人,会造成产品积压;价格低于别人又会损失应得的利润,并引起同行间竞相降价,两败俱伤。因此,在产品差异很小的行业,往往采取这种定价方法。另外,对于一些难以核算成本的产品,或者打算与同行和平共处,或者企业难以准确把握竞争对手和顾客反应的产品,也往往采取这种定价办法。

2. 竞争价格定价法

与通行价格定价法相反,竞争价格定价法是一种主动竞争的定价方法,一般为实力雄厚或独具特色的企业所采用。定价时,首先将市场上竞争产品价格与本企业估算价格进行比较,分为高于、低于和一致三个层次。其次将产品的性能、质量、成本、式样、产量与竞争企业进行比较,分析造成价格差异的原因。再次根据以上综合指标确定本企业产品的特色、优势及市场定位。在此基础上,按定价所要达到的目标确定产品价格。

3. 投标定价法

投标定价法是指在商品和劳务的交易中,采用招标投标方式,由一个买主对多个卖主的出价择优成交的一种定价方法。在国际上,建筑包工和政府采购,往往采用这种方法。

投标定价法有如下步骤。

1) 招标

招标是由招标者发出公告,征集投标者的活动。在招标阶段,招标者要完成下列工作。

(1) 制定招标书。招标书也称招标文书,包括招标人对招标项目成交所提出的全部约束条件,包括:招标项目名称、数量,质量要求与工期,开标方式与期限,合同条款与格式等。

(2) 确定底标。底标是招标者自行测标的愿意成交的限额,它是评价是否中标的极为重要的依据。底标一般有两种:一为明标,它是招标者事先公布的底标,供投标者报价时参考;二是暗标,它是招标者在公证人监督下密封保存,开标时方可当众启封的底标。

2) 投标

由投标者根据招标书规定提出具有竞争性报价的标书送交招标者,标书一经递送就要承担中标后应尽的职责。在投标中,报价、中标、预期利润三者之间有一定的联系。一般来讲,报价高,利润大,但中标概率低;报价低,预期利润小,但中标概率高。所以,报价既要考虑企业的目标利润,也要结合竞争状况考虑中标概率。

3) 开标

招标者在规定时间内召集所有投标者,将报价信函当场启封,选择其中最有利的一家或几家中标者进行交易,并签订合同。

【活动1】 分析案例,感悟产品定价的影响因素和方法

一、活动内容

在深入理解任务1[知识准备]的基础上,研读分析[案例6-1]至[案例6-3],并交流分享案例分析结果。

二、活动步骤与要求

(1) 各小组成员认真研读[案例6-1]至[案例6-3]并填写表6-1。

表 6-1　对[案例 6-1]至[案例 6-3]的分析结果

问题	分析结果
你为东风鞋厂的登云牌皮鞋制定的市场零售价是多少？说明你制定这个价格考虑了哪些因素？采用了哪种定价方法	
试用成本加成定价法为登云牌皮鞋制定市场零售价，并写出计算过程	
试用可销价格倒推法为登云牌皮鞋制定出厂价，并写出计算过程	
美国卡特彼拉公司销售某型号拖拉机采用的定价方法是什么？你从中得到了哪些启发	
从小天鹅公司的产品定价过程看，它所采用的定价方法属于哪一种？这种定价方法体现了什么样的营销观念	
说说你从小天鹅公司的产品定价过程中得到了哪些启发	

(2) 小组成员交流分享对[案例 6-1]至[案例 6-3]的分析结果。

(3) 各小组选派一名代表在全班交流分享对[案例 6-1]至[案例 6-3]的分析结果。

(4) 任课教师对各小组的分析结果作出评价和指导，并组织评选出优胜组。

【案例 6-1】　登云牌皮鞋的价格方案

东风鞋厂生产了一种登云牌皮鞋，每双生产成本为 80 元。有关市场情况是：①同类皮鞋的生产厂家很多；②目前市场上同类产品的零售价一般为 120 元左右；③消费者可接受的零售价最高为 150 元；④皮鞋市场已成为买方市场；⑤工厂加成率一般为 10%，批发加成率一般为 5%，零售加成率一般为 20%；⑥东风鞋厂是个乡镇企业，登云牌皮鞋是一个新品牌，知名度不高。试根据上述资料为登云牌皮鞋制定一个市场零售价。

【案例 6-2】　卡特彼拉公司的"高价旺销"

美国卡特彼拉公司销售某一型号拖拉机，由于恰当地选用定价方法，其价格比同类产品高 4 000 美元但销量仍很大，因此取得了巨大利润。公司销售人员对本产品价格高的原因作如下解释：

- 与同类产品同价　　　　　　　　20 000 美元
- 比同类产品耐用　　　　　　　　多收 3 000 美元
- 比同类产品可靠、安全　　　　　多收 2 000 美元
- 比同类产品服务优良　　　　　　多收 3 000 美元
- 实际价格　　　　　　　　　　　28 000 美元
- 实行价格折让　　　　　　　　　－4 000 美元
- 最终定价　　　　　　　　　　　24 000 美元

【案例 6-3】　小天鹅公司的价格观

小天鹅公司有一个独特的产品价格观："小天鹅产品定价是由消费者确定的。"

小天鹅公司开发新产品前先做市场调研,从全国各地区、各阶层消费者的实际需求、购买欲望和购买能力等方面看消费者对什么产品能接受什么样的价位,然后再研究决定开发什么样的产品。定下来以后就对设计人员提出要求,不仅包括技术设计、功能设计和工艺设计的要求,也包括成本控制的要求。小天鹅公司认为"小天鹅产品定价是由消费者确定的"不是一个空洞的口号,而是一个实实在在的运作过程。

【活动 2】 项目组为模拟公司的产品制定基本价格

一、活动内容

各项目小组针对本组模拟公司拟经营产品的特点,结合选定的目标市场和产品定位,为自己模拟公司的产品制定基本价格,并修正完善在项目 4 中初拟的市场营销方案。

二、活动步骤与要求

(1) 各小组成员运用在本项目学习的定价原理与方法,为本组模拟公司拟经营的产品制定基本价格,同时填写表 6-2。

(2) 小组成员在本组交流分享自己填写的表 6-2 的内容。

表 6-2 制定产品基本价格

问题	练习结果
你为模拟公司拟经营产品制定的市场零售价是多少?出厂价或批发价是多少	
说明你制定这个价格考虑了哪些因素?采用了哪种定价方法?并写出计算过程	

(3) 各组组长根据本组成员交流讨论的结果,组织本组成员对在项目 4 中初拟的市场营销方案进行修正和完善。

(4) 各小组选派一名代表在全班交流分享本组修正完善后的市场营销方案。

(5) 任课教师对各小组交流的市场营销方案作出评价和指导,并组织评选出优胜组。

【知识拓展】 新价格理论

新价格理论研究了供求与价格的因果作用关系,否定了传统价格理论认为价格可以决定供求的观点,认为供求决定了价格,供求与价格是单向的因果关系,而价格对供求的作用是反馈作用,既有负反馈作用,也有正反馈作用,因此,价格对供求的作用结果是不确定的。而传统价格理论认为价格对供求行为的作用是确定的。新价格理论的核心观点有如下几个观点：

（1）供求对价格的作用：供求决定价格，供给不变，需求增加，价格将会上涨；需求不变，供给增加，价格将会下降。

（2）价格对供求的作用：价格对供求行为的作用是反馈作用，既有负反馈作用，也有正反馈作用，作用结果是不确定的。如在价格上涨的过程中，一些需求者由于价格超出了自己的支出预算（收入效应），或者寻找到其他替代品（替代效应），会减少需求，促使价格降低，这是价格对需求的负反馈作用；同时，还有一些需求者如果预期价格还会上涨，就会增加需求，反而引起价格继续上涨，这种作用是一种正反馈作用。同样，在价格上涨的过程中，一些供给者看到价格上涨，利润增加，就会增加供给，从而使价格降低，这种作用称为负反馈作用；另一些供给者如果预期价格还会上涨，就会出现惜售现象，囤货居奇，从而减少供给，促使价格继续上涨，这种作用称为正反馈作用。

（3）价格形成机制：市场自由竞争形成的价格称为内生价格，非市场因素形成的价格称为外生价格，如政府管制价格、情感因素下的价格。内生价格追求效率和激励，外生价格追求公平和稳定。

从交易的角度来说，由供求双方经过自由交易所形成的价格，称为市场价格，这种价格实质上是一种内生价格，是由交易双方在一个市场内部经过自由竞争后而形成的。外生价格不是由市场竞争而形成的，是由交易双方以外的因素所形成的价格，如管制价格等。

内生价格与外生价格的关系：外生价格以内生价格为基础。当外生价格高于内生价格时，为了维持较高的外生价格，外生因素要对供给方进行管制，限制供给数量，或者直接参与购买，如政府为了稳定较高的粮价，在粮食市场上的收储。当外生价格低于内生价格时，外生因素就需要对供给者予以补贴，如公共交通等。

任务2　制定产品价格策略

【知识准备】

制定产品价格不仅是一门科学，而且需要一些策略和技巧。定价方法主要用于制定产品的基础价格，定价策略和技巧则侧重于根据市场的具体情况，从定价目标出发，运用价格手段，使产品价格适应市场的不同情况，从而实现企业的营销目标。

一、新产品价格策略

一种新产品初次上市，能否在市场上打开销路，并给企业带来预期的收益，价格因素起着重要的作用。常见的新产品定价技巧和策略有三种：撇脂定价策略、渗透定价策略和满意定价策略。

(一)撇脂定价策略

撇脂定价策略即在新产品上市初期,把价格定得高出成本很多,以便在短期内获得最大利润。这种策略如同把牛奶上面的那层奶油撇出一样,故称为撇脂定价策略。

这种定价策略的优点是:新产品上市,需求弹性小,竞争者尚未进入市场,利用高价不仅可以满足消费者求新、求异和求声望的心理,而且可获得丰厚利润;价格高,为今后降价留有空间,为降价策略排斥竞争者或扩大销售提供可能。其缺点是:价格过高不利于开拓市场,甚至会遭受抵制,同时若高价投放形成旺销,容易造成众多竞争者涌入,从而造成价格急降。

从市场营销实践来看,采用这种定价策略应具备的条件是:①市场有足够的购买者,他们的需求缺乏弹性,即使把价格定得很高,市场需求也不会大量减少,高价使需求减少一些,因而产量减少一些,单位成本增加一些,但这不至于抵消高价所带来的利益;②在高价情况下,仍然独家经营,别无竞争者,如受专利保护的产品;③可以树立高档产品形象。

(二)渗透定价策略

渗透定价策略和撇脂定价策略相反,它是以低价为特征的。它把新产品的价格定得较低,使新产品在短期内最大限度地渗入市场,打开销路。就像倒入泥土的水一样,很快地从缝隙里渗透到底。这一定价策略的优点在于:能使产品凭价格优势顺利进入市场,并且能在一定程度上阻止竞争者进入该市场。其缺点是:投资回收期较长,且价格变化余地小。

新产品采用这一渗透定价策略应具备相应的条件:①新产品的价格需求弹性大,目标市场对价格极敏感,一个相对低的价格能刺激更多的市场需求;②产品打开市场后,通过大量生产可以促使制造成本和销售成本大幅度下降,从而进一步做到薄利多销;③低价打开市场后,企业在产品和成本方面形成了优势,能有效排斥竞争者的介入,长期控制市场。

(三)满意定价策略

满意定价策略是介于上面两种策略之间的一种新产品定价策略,即将产品的价格定在一种比较合理的水平,使顾客比较满意,企业又能获得适当利润。这是一种普遍使用、简便易行的定价策略,以其兼顾生产者、中间商、消费者等多方面利益而广受欢迎。但此种策略过于关注多方利益,反而缺乏开拓市场的勇气,仅适用于产销较为稳定的产品,而不适应需求多变、竞争激烈的市场环境。

二、价格变动策略

企业处在一个不断变化的环境中,为了生存和发展,有时需主动削价或者提价,有时又需要对竞争者的价格变动作出适当的反应。

(一)价格变动的原因

1. 企业削价的原因

在现代市场经济条件下,企业削价的主要原因有如下几点:

(1)企业生产能力过剩。当企业生产能力过剩,同时又不能通过产品改进和加强销售工作等来扩大销售时,为了扩大销售企业就必须考虑削价。

(2) 保持或扩大市场份额。在强大竞争者的压力之下,企业的市场占有率有所下降,或有下降的趋势,企业不得不拿起降价的武器。

(3) 企业的成本费用比竞争者低,企图通过削价来提高市场占有率,从而扩大生产和销售量,降低成本费用。

2. 企业提价的原因

在现代市场经济条件下,企业提价的主要原因有以下几点:

(1) 通货膨胀、物价上涨,导致成本费用提高。在通货膨胀条件下,许多企业往往采取种种方法来调整价格,以对付通货膨胀。第一,采取推迟报价定价方法,即企业暂时不规定最后价格,等到产品制成或交货时方规定最后价格。在工业建筑和大型设备制造业等行业中一般采取这种方法。第二,在合同上规定调整条款,即企业在合同上规定在一定时期内(一般到交货时为止)可按某种价格指数来调整价格。第三,采取不包括某些商品和服务的定价方法,即企业决定产品价格不动,但是原来提供的服务要计价。第四,减少价格折扣,即企业决定削减正常的现金和数量折扣,并限制销售人员以低于价目表的价格来拉生意。第五,取消低利产品。第六,降低产品质量,减少产品特色、功能和服务。

(2) 企业的产品供不应求,不能满足其所有顾客的需要。在这种情况下企业就必须提价。提价方式包括:取消价格折扣,在产品大类中增加价格较高的项目或者提价。

(二) 价格变动应考虑的因素

企业无论提价或削价,都会影响购买者、竞争者的利益,并引起他们不同程度的反应。为此,价格变动时必须考虑各方面的反应。

1. 顾客对价格变动的反应

顾客对某种产品的削价可能会这样理解:第一,这种产品的样式过时,将被新型产品所代替;第二,这种产品有些缺点,销售不畅;第三,企业财务困难,难以继续经营下去;第四,价格还要进一步下跌;第五,这种产品的质量下降了。

企业提价通常会影响销售,但是购买者也可能会这样理解:第一,这种产品很畅销,很快会售罄;第二,这种产品很有价值;第三,卖主想取得更多利润。

对于提价,为防止顾客不满,企业也要注意采用以下技巧:

(1) 避免全面涨价。如一个咖啡店具有代表性的商品是咖啡和红茶,其中一个涨价,另一个就要保持原价,以缓解顾客的不满,让顾客慢慢地适应。

(2) 把明涨变为暗涨。如把包装盒里食品的分量减轻,而包装盒的大小保持不变,价格也不变。顾客一般会将注意力集中在价格上,而对包装盒里食品分量的减少不大注意。

(3) 总费用不涨。顾客虽然关心产品价格变动,但是通常更关心取得、使用和维修产品的总费用。因此,如果卖主能使顾客相信某种产品取得、使用和维修的总费用较低,那么,他就可以把这种产品的价格定得比竞争者高。

(4) 把握价格敏感商品。某些商品的价格是不能随意提价的,否则就会给消费者造成一种"这个商店价格比别家贵"的感觉,这类商品就是价格敏感商品。对于非价格敏感商品可以视情况适当提价,而对价格敏感商品提价则需非常谨慎。价格敏感商品,是指消费者经常使用、高频率购买、对价格熟知度高且易比较的商品,如可乐、酱油、肥皂、餐巾纸等商品。非价格敏感商品,则是指非时令商品,或是耐用消费品,如反季节家电、盒装果品等。

2. 竞争者对价格变动的反应

估计竞争者对价格变动的反应,至少有以下两种方法:

(1) 通过内部资料分析。一般是借助顾客、金融机构、供应商、代理商等获取竞争对手的情报,或者成立专门小组,模仿竞争者的立场、观点、方法思考问题。

(2) 通过统计分析方法。从市场营销实践看,一般采用竞争者的价格变动反应对本企业上次价格变动的比率来测定。应该注意的是,如果仅仅对上次反应进行分析,可能会误入歧途,最好将过去若干个期间比值给予不同的权重,近期的比重较大,计算平均值。

三、系列产品定价策略

系列产品是指企业生产或经营的产品不是单一的,而是相关的一组产品。与单一产品销售不同,系列产品定价必须兼顾产品之间的关系,以使整个产品系列获得最大的经济利益。为此,企业在考虑制定或调整某一产品价格的时候,不仅要考虑调价对该产品本身利润和成本的影响,还要考虑由于这种产品的价格或变化对其他相关联产品利润和成本的可能影响。

(一)产品线定价策略

企业通常开发出来的是产品线,而不是单一产品。当企业生产的系列产品存在需求和成本的内在关联性时,为了充分发挥这种内在关联性的积极效应,企业可采取产品线定价策略。

一般来说,产品线的两个终端价格比系列中的其他产品的价格更能引起消费者注意。低端价格一般是最常被人们记住的,所以常常被用来作为打开销路的产品。高端价格意味着整个产品线质量最高,也十分引人注目,这会对需求起指导、刺激作用。这两个终端价格水平能为潜在买主提供某种信息:便宜或高档,并影响整个产品系列中全部产品的价格印象,进而影响销售收入。

对产品线上介于两端价格之间的产品,首先,企业要确立明显的质量差别,以突出价格上的差异;其次,企业用价格的差异来表现质量的差别,使这些产品在相应的市场上受到消费者的认同。

与上述差异价格策略相反,统一定价是另外一种产品线定价策略。为吸引消费者、促进销售,有的企业针对顾客求廉心理,对其经营的同类商品用整齐划一的价格,实行薄利多销。对于统一定价的商品大多是大型商场所忽略的日用小商品,如"二元商品""均价商品""50元专柜"等。企业通过不同商品的有赔有赚,给顾客以便宜、便于交易、好奇等刺激,吸引消费者。

(二)替代产品定价策略

替代品是能使消费者实现相同消费满足的不同产品。它们在功能、用途上可以互相替代。假设 Q1、Q2 是一组替代产品,提高 Q1 的价格,Q1 的需求量就会下降,而对 Q2 的需求却会相应地上升。企业可以利用这种效应来调整产品结构。

（三）互补产品定价策略

互补产品是在功能上互相补充，需要配套使用的产品。互补品广泛存在于日常消费中，如照相机与胶卷、录音机与磁带、钢笔与墨水等。我们把互补品中发挥主要功效、耐用性强的产品称为基础产品或互补产品中的主件，而发挥辅助功效、易耗的产品称为辅助产品或互补产品中的次件。互补产品的价格相关性表现在它们之间需求的同向变动上。假设 Q1 产品与 Q2 产品存在互补关系，那么，降低 Q1 价格引起对 Q1 产品的需求上升后，Q2 产品的需求也会相应提高。企业利用这种互补效应及主次件的关系，可以降低某种产品尤其是基础产品的价格来占领市场，再通过增加其互补产品的价格使总利润增加。例如，东芝公司降低复印机价格吸引消费者，同时提高其配套使用的墨粉价格，从而使总利润增加。需要注意的是，互补品的需求影响是相互的，如果辅助产品价格定得过高，消费者难以承受，也会影响基础产品的销量。

四、折扣定价策略

长期以来，折扣一直被企业作为增加销售的主要方法之一，它是企业常用的定价策略。折扣方式一般有下列几种。

（一）现金折扣

现金折扣是指企业在采用赊销的情况下为鼓励顾客提前付清货款而采取的一种定价策略。采用这一策略，可以促使顾客提前付款，从而加速资金周转。这种折扣的大小一般根据提前付款期间的利息和企业利用资金所能创造的效益来确定。

（二）数量折扣

数量折扣是指企业给那些大量购买产品顾客的一种减价，以鼓励顾客购买更多的货物的一种定价策略。数量折扣有两种：一种是累计数量折扣，即规定在一定时间内，购买总量超过一定数额时，按总量给予一定的价格折扣；另一种是非累计数量折扣，规定当顾客每次购买达到一定数量或金额时给予一定的价格折扣。

（三）业务折扣

业务折扣也称中间商折扣，是指生产者根据各类中间商在市场营销中所担负的不同业务职能和风险的大小，给予不同的价格折扣的一种定价策略。其目的是促使他们愿意经营销售本企业的产品。

（四）季节折扣

季节折扣是指企业给那些购买过季商品或服务的顾客的价格优惠，其目的在于鼓励消费者反季节购买，使企业的生产和销售在一年四季保持相对稳定的一种定价策略。这样有利于减轻企业储存的压力，从而加速商品销售，加速资金周转，使淡季也能均衡生产，旺季不必加班加点，有利于充分发挥生产能力。

五、地理定价策略

地理定价是指由企业承担部分或全部运输费用的一种定价策略。当市场竞争激烈，或企业急于打开新的市场时常采取这种做法。方法通常有以下五种。

(一) 产地定价

产地定价是指卖方只负责将产品运到产地某种运输工具(如卡车、火车等)上交货,买方以产地价格或出厂价格为交货价格,运杂费和运输风险全部由买方承担的一种定价策略。这种做法适用于销路好、市场紧俏的商品,但不利于吸引路途较远的顾客。

(二) 统一定价

统一定价是指卖方对不同地区的顾客实行统一的价格,即工业企业按出厂价加平均运费制定统一交货价;商业企业则按采购成本加上适当利润和平均运费制定统一交货价的一种定价策略。这种方法简便易行,但实际上是由近处的顾客承担了部分远方顾客的运费,对近处的顾客不利,而比较受远方顾客的欢迎。

(三) 分区定价

分区定价介于前两者之间,是指企业把销售市场划分为远近不同的区域,各区域因运距差异而实行不同的价格,同区域内实行统一价格的一种定价策略。对卖方企业来讲,可以较为简便地协调不同地理位置用户的运费负担问题,但对处于分界线两侧的顾客而言,还会存在一定的矛盾。

(四) 基点定价

基点定价是指卖方在产品销售的地理范围内选择某些城市作为定价基点,然后按照出厂价加上基点城市到顾客所在地的运费来定价的一种定价策略。这种方法的运杂费是以各基点城市为界由买卖双方分担的。

(五) 运费津贴定价

运费津贴定价是指由卖方企业承担部分或全部运输费用的一种定价策略。有些企业因为急于与某些地区做生意,负担了全部或部分实际运费。这些卖方企业认为,如果生意做大,其平均成本就会降低,足以抵偿这些运费开支。此种定价方法有利于企业加深市场渗透。当市场竞争激烈,或企业急于打开新的市场时常采取这种做法。

六、心理定价策略

心理定价策略是根据消费者购买商品时的心理来对产品进行定价的策略。它主要有以下几种方式。

(一) 声望定价

声望定价是指企业利用消费者仰慕名牌商品或名牌商店的声望所产生的某种心理来制定商品的价格,即故意把价格定成高价的一种定价策略。

(二) 尾数定价

尾数定价又称奇数定价,即根据消费者习惯上容易接受尾数为非整数的价格的心理定势,而制定尾数为非整数的价格的一种定价策略。如某空调机的价格定为 3 999 元,而非 4 000 元。虽然只是 1 元的差别,但给消费者的心理感受是不同的。

(三) 招徕定价

招徕定价是企业利用顾客的求廉心理,特意将某种或某几种商品的价格定得较低以吸引顾客,制造"人气"进而带动选购其他正常价格商品的一种定价策略。超市等零售商业企业经常采用这种价格策略。

【活动1】 分析案例,感悟产品定价的基本策略

一、活动内容

在深入理解任务2[知识准备]的基础上,研读分析[案例6-4]至[案例6-7],并交流分享案例分析结果。

二、活动步骤与要求

(1) 各小组成员认真研读[案例6-4]至[案例6-7]并填写表6-3。

表6-3 对[案例6-4]至[案例6-7]的分析结果

问题	分析结果
[案例6-4]中采用了哪些定价策略?你从中得到了哪些启发	
[案例6-5]中采用了哪些定价策略?你从中得到了哪些启发	
[案例6-6]中采用了哪些定价策略?你从中得到了哪些启发	
[案例6-7]中采用了哪些定价策略?你从中得到了哪些启发	

(2) 小组成员交流分享对[案例6-4]至[案例6-7]的分析结果。

(3) 各小组选派一名代表在全班交流分享对[案例6-4]至[案例6-7]的分析结果。

(4) 任课教师对各小组的分析结果作出评价和指导,并组织评选出优胜组。

【案例6-4】 圆珠笔的定价策略

1945年美国雷诺公司从阿根廷购进圆珠笔专利,迅速制成大批成品,并对圆珠笔进行广告策划。由于圆珠笔确实使用方便,免去了使用墨水笔的诸多不便和烦恼,短期内无竞争者能模仿,雷诺公司每支笔制造成本才0.5美元,却以20美元的零售价投放市场。半年时间,雷诺公司生产圆珠笔投入2.6万美元,竟获得15.6万美元的丰厚利润。以后竞争者见圆珠笔获利甚厚而蜂拥而至,圆珠笔价格不断下降,雷诺公司把每支笔价格降至0.7美元,给竞争者以有力一击。

【案例6-5】 吉列公司的价格策略

美国吉列公司创立时只是一家小公司,如今,吉列公司已经发展成为一家全球闻名的大公司,其生产的刮胡刀畅销全球,只要有人的地方,几乎就有吉列刮胡刀。1860年前,只有少数贵族才有时间和金钱来修整他们的脸,他们会请理发师来替他们刮胡子。欧洲商业复兴后,很多人开始注意修饰仪容,但是他们很少使用剃刀,因为当时的剃刀笨重且不安全,而他们又不太愿意请一个理发师来替他们刮胡子。到了19世纪后半叶,许多发明家推出自己制造的刮胡刀,然而这些刮胡刀价格太高,最便

宜的需要5元钱,相当于当时人们五天的工资,而理发师刮一次胡子只需10分钱。吉列刮胡刀也在当时面世,吉列公司宣称他们的刮胡刀舒适安全,但这一特点无法与其他刮胡刀品牌作出区分。巧妙的是,吉列公司选择赠送刮胡刀,售卖刀片,每支刀片的成本为一分钱,售价为五分钱。同时,吉列公司将刮胡刀刀座设计成一种特殊的形式,只有他们生产的刀片才能使用。消费者考虑的是:去理发店刮一次胡子10分钱,而一支5分钱的刀片大概能使用6次,也就是说,用吉列的刮胡刀刮一次胡子相当于理发店刮一次胡子费用的十分之一,这样算起来还是很划算的。于是,吉列公司生产的刮胡刀迅速成为市场上最畅销的产品。吉列公司通过"此消彼长"的方式使消费者购买到其心目中的产品。应当注意的是,这种"此消彼长"策略是根据顾客的需要、价值及实际利益来销售产品,而不是根据生产者自己的决定和利益。简而言之,吉列公司价格策略的成功代表了对顾客原有价值观的改变,而非厂商成本价格的改变。

【案例6-6】 大卖场的经营之道

　　大卖场里出售的商品总要比外面普通商店的便宜些,这似乎是不少市民的"思维定式"。事实果真如此吗?其实不然。

　　有记者分别抽取了品牌、规格相同的5种市民经常购买的商品和5种市民不常购买的商品,将它们在大卖场与食品店、百货店中的价格进行比较,结果发现:五种市民经常购买的商品在大卖场中的售价的确较低;而5种市民不常购买的商品,大卖场的价格则都一致地比食品店、百货店的要高,价格差幅最多的竟达30%。

　　为什么会有这种情况呢?其实,这是大卖场的经营之道。商家把握住了市民的购物心理,给商品来个双重定价标准。对于经常购买的商品,市民对价格都心中有数,所以大卖场定低价,吸引你去购买;相反,对于那些不太经常购买的商品,市民对价格不甚清楚,即使有大幅变化也不太敏感,所以,大卖场"高开高走"。这样,很多消费者在买到便宜货的同时,不知不觉中也买了一些高价货。如果你在大卖场购买的都是些可乐、酱油之类的东西,肯定有利可图,但在不少情况下,你不但无利可图,反而会比在其他地方购买要"赔"上不少。

【案例6-7】 松下的价格差异策略

　　日本松下公司设计出五种不同的彩色立体声摄影机。从简单摄影机到带有自动定焦距、有感光控制器和两种速度的变焦镜头的复杂摄影机,每一种后继机都比前一种多了附加新功能,为价格差异提供了质量差异的依据。松下公司详细考虑了包括计算各产品成本之间、顾客对产品不同特点的评价之间、与竞争者的价格之间的差异,制定出相应的价格等级。另外,他们发现,如果两种等级摄影机之间的价格差异较小,购买者会选择质量较高级的那种,而且此时两种产品的成本差异小于价格差异,将提高企业的总利润;如果价格差异较大,购买者会选择较低档的那种产品。

【活动2】 项目组为模拟公司的产品制定价格策略

一、活动内容

各项目小组针对本组模拟公司拟经营产品的特点,结合选定的目标市场和产品定位,为自己模拟公司的产品制定价格策略,并修正完善在项目4中初拟的市场营销方案。

二、活动步骤与要求

(1) 各小组成员运用在本项目中学习的定价策略,为本组模拟公司拟经营的产品制定价格策略,同时填写表6-4。

(2) 小组成员在本组交流分享自己填写的表6-4的内容。

(3) 各组组长根据本组成员交流讨论的结果,组织本组成员对在项目4中初拟的市场营销方案进行修正和完善。

(4) 各小组选派一名代表在全班交流分享本组修正完善后的市场营销方案。

(5) 任课教师对各小组交流的市场营销方案作出评价和指导,并组织评选出优胜组。

表6-4 制定产品价格策略练习

问题	练习结果
写出你为模拟公司拟经营产品制定的价格策略	
说明你制定这些价格策略的理由	

【知识拓展】 数字化产品的定价策略

数字化产品是指能够进行数字化处理并能通过互联网或通信网络传输的产品。数字化产品主要是信息产品,包括计算机软件、股票行情和金融信息、新闻、书籍、杂志、音乐影像、电视节目、搜索和在线服务等。

数字化产品的特征主要表现为:无磨损性、易改变性、可复制性。

无磨损性:数字化产品一旦生产出来,就能永久保持其存在形式。因为数字产品不像传统的有形产品,会随着使用时间和频率增加不断磨损,而是永不变质。因此,数字化产品无磨损性的有利之处在于其质量的稳定性,其不利之处在于数字产品成了"耐用品",因为用户不会像购买消费品一样经常购买,从而导致该产品的销售量难以增加。为了解决这一矛盾,数字化产品生产厂商只有通过不断提高产品性能和扩充产品信息量来将产品升级换代,以吸引更多的新顾客,并使购买了旧版本的老顾客再购买新版本的数字产品。

易改变性:数字化产品的内容能很快捷地被改变,因为数字化产品中的信息就是无数的 0 和 1。该特征使得厂商可以对数字化产品进行定制化和个性化。例如,一些管理系统的供应商可以根据用户要求,基于系统的基础功能,通过增加部分特殊功能来适应不同用户的具体业务需要。

可复制性:数字化产品的优点集中在它们能轻易地复制、储存或传输,从而达到共享的目的。该特征使得厂商生产第一个产品的固定成本很大,但以后的产品边际成本为趋于 0。

数字化产品特殊的成本结构和其不同于传统产品的特征,使得数字化产品在定价方式和定价策略上与传统产品存在着较大的差异。常见的数字化产品定价策略主要有以下几种。

(一) 免费定价策略

免费定价策略利用了数字化产品复制成本很低这一特性,一般应用于数字化产品中工具类的软件产品。这里所指的免费并不是完全意义上的免费,而是有所限制的。免费定价的数字化产品一般是在其使用时间、次数或使用功能上有所限制。比如我们经常免费下载使用的 WinRAR 解压缩软件,使用期限往往只有 1 个月,过了这个期限就会提醒你购买。供应商通过提供这类免费产品,一方面扩大了产品的知名度,让消费者有先入为主的感觉;另一方面也利用这种形式为产品作了广告。我们仔细观察免费产品的背后,就可以发现大多数供应商提供免费产品的目的是最终锁定消费者,使消费者对企业的产品和服务产生依赖感,当这种对消费者的锁定变为普遍现实后,消费者再转移到其他类似产品的可能性就很小了,就有可能产生垄断,为厂商带来高额的垄断利润。但是,对一些先前实行了免费的数字产品,再实行收费,也有可能激发消费者的反感心理,从而转移到具有替代性的产品或服务中。

(二) 差别定价策略

数字化产品的差别定价策略可以通过消费者差别和产品自身的差别来实现。

在数字产品市场中,通常存在性能理性型消费者和价格理性型消费者。当市场存在性能高、价格高的产品和性能低、价格低的产品时,性能理性型消费者倾向于选择前者,而价格理性型消费者倾向于选择后者。也就是说,性能理性型消费者对于数字产品性能的偏好高于价格理性型消费者,而价格理性型消费者对于数字产品价格的敏感程度高于性能理性型消费者。在这种情况下,可以采取差别定价策略。例如,网上免费的股票报价信息通常都是滞后的报价,如果消费者期望获得实时报价信息,就必须向服务商交纳费用。这种差别定价是基于不同的消费者获取报价的愿望不同而实现的。在数字产品差别化方面,由于数字产品具有易改变性,使得厂商可以进行数字产品个性化和定制化。即厂商在不同时间,推出不同版本的数字产品,对不同版本的数字产品,制定不同的价格。这一策略对固定成本极高、边际成本很低的数字产品更加有效。例如,软件生产厂商首先发行低版本软件,一段时间后再发行较高的版本,对于软件需求不太高的消费者就可以购买较低的版本,支付较低的价格。这种策略其实是给了消费者一个在时间和价格之间选择的机会,使消费者根据自己的需要自由选择。同时对企业而言,也照顾了各个层次消费者的需求。

(三) 捆绑定价策略

捆绑定价策略是指厂商把两种或两种以上数字化产品或者服务组合在一起制定价格的策略。采用这种定价策略，消费者在购买某数字化产品或者服务时，也必须同时购买其他产品和服务。对一些数字化产品捆绑进行销售的目的是推广新产品或扩大市场份额。例如，微软的 Office 软件由 Word、Excel、Access 和 PowerPoint 等捆绑而成，成功的捆绑销售使其取得了全球办公软件市场 90% 的份额。

(四) 许可使用定价策略

许可使用定价策略通常用于机构购买者，即一家公司或机构支付一定合理的费用后，可以使公司（或机构）里的每一个人都能使用某一程序或都具有进入某一数据库的权限。这种定价策略的好处：一是可以将执行许可证和检查盗版的责任从软件制造商转嫁到机构头上；二是可以减少销售谈判时间和费用；三是可以减少维护成本。

【思考与练习】

一、名词解释

1. 成本导向定价法　2. 需求导向定价法　3. 竞争导向定价法　4. 边际贡献定价法　5. 理解价值定价法　6. 现金折扣　7. 数量折扣　8. 互补产品　9. 替代产品　10. 招徕定价

二、判断题（判断下列说法是否正确。正确的在题后括号内打"√"，错误的打"×"）

1. 只要价格下降，潜在需求就会转变为现实需求。　　　　　　　　　　　（　　）
2. 商品价格与其需求量成反比；与其供应量成正比。　　　　　　　　　　（　　）
3. 消费者总希望花最少的钱买到最好的产品，所以企业对产品定价时尽量定最低的价格。　　　　　　　　　　　　　　　　　　　　　　　　　　　　　（　　）
4. 当一个工厂停产，产量等于零时，该厂也就没有成本发生了。　　　　　（　　）
5. 尾数定价通常适用于高级、豪华的商品。　　　　　　　　　　　　　　（　　）
6. 数量折扣作为一种定价策略，不仅为了鼓励顾客大量购买，而且为了争取顾客再次购买。　　　　　　　　　　　　　　　　　　　　　　　　　　　　　（　　）

三、选择题（在下列每小题中选择正确的备选答案，并将其序号填入括号内）

1. 影响价格的因素有（　　）等。
   A. 商品成本　　　　　　　　　　　B. 市场供求状况
   C. 消费者心理　　　　　　　　　　D. 市场竞争的特点
2. 吉列公司赠送刮胡刀而售卖刀片，这种定价策略属于（　　）。
   A. 选购产品定价策略　　　　　　　B. 产品线定价策略
   C. 互补产品定价策略　　　　　　　D. 心理定价策略

3. 华联超市在国庆期间对馒头、面包等食品降价亏本出售,以带动其他产品的销售,这种定价方法属于(　　)。
    A. 分档定价法　　B. 整数定价法　　C. 声望定价法　　D. 尾数定价法
    E. 招徕定价法　　F. 习惯定价法
4. 下列定价方法中,允许将价格定在单位产品总成本以下的是(　　)。
    A. 成本加成定价法　　　　　　B. 目标收益定价法
    C. 边际贡献定价法　　　　　　D. 声望定价法
5. 以下形式中,属于需求差异定价的是(　　)。
    A. 对大量购买的顾客所给予的优惠
    B. 在节假日或换季时机举行的"大甩卖""酬宾大减价"等活动
    C. 对不同花色、不同款式的同种商品所定的价格不同
    D. 剧院里不同位置的座位的票价不同

四、问答题

1. 简要说明产品营销定价的基本原则及理由。
2. 简要说明产品营销定价应考虑的主要因素及理由。
3. 简要说明投标定价法的做法。
4. 简要说明新产品定价策略。
5. 简要说明价格变动应考虑的主要因素及对策。
6. 简要说明系列产品定价策略。
7. 简要说明地理定价策略。
8. 简要说明心理定价策略。

项目 7　分销渠道策略

 **项目说明**

分销渠道作为经典"4P"营销组合中的重要一环,做好分销渠道的设计与管理,对进行整体营销策划有重要意义。本项目需要完成的主要任务:一是设计产品分销渠道;二是制定分销渠道方案。通过理解分销渠道的概念,领悟其存在的必要性,掌握分销渠道的基本模式,识别分销渠道的不同结构类型,把握分销渠道管理的要点,最终达到能够根据企业的实际情况进行分销渠道设计,并能够较好制订分销渠道管理方案之目的。

 **学习目标**

※**知识目标**　理解分销渠道的概念及作用;掌握分销渠道的基本模式;识别分销渠道的不同结构类型;掌握设计分销渠道的方法步骤;掌握制订分销渠道管理方案的内容及措施要点。

※**能力目标**　能够根据企业的实际情况设计产品分销渠道;能够根据企业的实际情况制订分销渠道管理方案。

 **项目成果**

完成本项目你应当提交以下成果:
(1) 模拟公司产品分销渠道设计方案。
(2) 模拟公司产品分销渠道管理方案。

项目 7　分销渠道策略

任务 1　设计产品分销渠道

【知识准备】

一、分销渠道的概念

分销渠道是指产品或服务从生产者向消费者转移的过程中，所经过的由各个中间环节所连接而成的路径。分销渠道的主体是企业和个人，主要包括批发商、零售商、代理商以及用户等。

分销渠道的起点是生产者，终点是消费者。从现代大生产来看，生产者的供给往往比较集中，而消费者的需求则比较分散。随着生产的集中性与消费的分散性这一矛盾的日益凸显，分销渠道的重要性就越发彰显。良好的分销渠道可以减少交易次数，降低交易成本，提高企业的竞争力。

二、分销渠道的基本模式

每一种商品的分销渠道都不是完全相同的，不同类型的企业和商品会根据需要利用不同的分销渠道销售自己的商品。例如，工业品与消费品因具有不同的特性，所以它们的分销途径理应有所不同，但在分销渠道的整体设计上，又具有相似的思路。下面将以最为常见和熟悉的消费品为例，介绍分销渠道的五种基本模式。

（一）消费品分销渠道的五种模式

综观形形色色消费品市场的分销渠道设计，总结起来大致有以下五种模式。

模式一：生产者—消费者。

生产者利用自己的销售部门或者由销售人员直接把商品送达消费者。不经由任何中间环节，是一种直接销售模式，也称为零层销售渠道。

模式二：生产者—零售商—消费者。

生产者通过零售商将产品送达消费者，零售商赚取中间的差额。中间经由一个环节，这种形式叫作一层销售渠道。

模式三：生产者—批发商—零售商—消费者。

生产者先把商品卖给批发商，由批发商卖给零售商，最后送达消费者，两个中间商分别赚取买卖的差额。该转移过程中，经过了两个中间环节，这种形式的分销模式称为二层销售渠道。

模式四：生产者—代理商—零售商—消费者。

代理商受生产者委托把商品卖给零售商，赚取佣金，再由零售商最终送达消费者。显然，它也是二层销售渠道。

模式五：生产者—代理商—批发商—零售商—消费者。

代理商受生产者委托把商品卖给批发商，赚取佣金，再由批发商卖给零售商，最终送达消费者。该过程历经三个中间环节，因此，这种模式是典型的三层销售渠道。

在这五种基本的分销渠道模式中，总体比较而言，最为常见的是二层销售渠道模式，尤其是生产者—批发商—零售商—消费者这种模式最为普遍。随着电子商务的迅猛发展，零层渠道模式应用将会越来越广泛。超过三层的渠道模式设计比较少见。

（二）中间商的概念及类型

1. 中间商的概念

中间商是指处于生产者和消费者之间、参与商品交换、促进买卖行为发生和实现的企业和个人。按照产品所有权是否发生转移为标准，可以分为商人中间商和代理中间商。商人中间商取得了产品的所有权，主要代表是批发商、零售商；代理中间商不取得产品的所有权，主要代表为代理商。商人中间商和代理中间商的主要区别，如表7-1所示。

表7-1 商人中间商和代理中间商的主要区别

项目	商人中间商	代理中间商
是否取得所有权	是	否
法律关系	买卖	代理
获利方式	赚取进销差价	佣金、提成
有无定价自主权	有	无
风险大小	较大	几乎没有
主要代表	批发商、零售商	代理商

2. 中间商常见三大类型

1）批发商

批发商是指不直接服务于最终消费者和用户，而是为了转卖或实现商业用途而购买产品的机构和个人。批发商从生产者手中购买产品，取得商品的所有权，再将商品出售给零售商或其他批发商，从中赚取差价，有专门经营某一类产品的批发商，也有综合性的批发商。

2）零售商

零售商是指把商品直接销售给最终消费者，以供应消费者个人或家庭消费的中间商。零售商从生产者或批发商那里购得商品，拥有商品的所有权，最终把商品出卖给消费者，从中赚取差价，如专卖店、综合商店、百货商店、超市、便利店等。

3）代理商

代理商不拥有商品的所有权，只是接受生产者的委托，为生产者推销产品，从中赚取佣金，是买卖的中介。

三、分销渠道的结构类型

（一）直接渠道和间接渠道

根据分销活动是否有中间商参与，分销渠道可以分为直接渠道与间接渠道。直接渠道没有经过任何中间商即"生产者—消费者",例如,生产商直接销售产品、邮寄、电话销售、网上销售等都属于直接渠道。间接渠道要经过一个或一个以上的中间商。如前文所述,零层渠道模式就是直接渠道,一层、二层、三层渠道模式均属于间接渠道。

(二)长渠道和短渠道

按照分销渠道流通环节或层次的多少,分销渠道可以分为长渠道和短渠道。一般而言,长渠道是指生产商经过两个或者两个以上的中间商把产品销售给消费者或用户。短渠道是指生产商利用一个中间商或者自己直接销售产品。历经的环节、层次越多,分销渠道就越长;反之,历经的层次、环节越少,分销渠道就越短。

(三)宽渠道和窄渠道

按照渠道中每个层次同类中间商的多少,分销渠道可以分为宽渠道和窄渠道。所谓宽渠道,就是生产商在某一特定区域目标市场内同时选择两个以上的同类中间商销售自己的产品。所谓窄渠道,就是生产商在某一特定区域目标市场内只选择一个中间商销售自己的产品。

(四)单渠道与多渠道

按照所采用的渠道类型的多少,分销渠道可以分为单渠道和多渠道。单渠道是指生产商在进行产品分销时,只采用一种类型的分销渠道,渠道比较单一。多渠道是指生产商根据自身和消费者的实际,灵活选用不同类型的分销渠道,渠道比较多样。

四、分销渠道设计的方法步骤

(一)分析影响分销渠道设计的因素

面对不同类型的分销渠道,生产企业会在经营目标指导下,根据实际情况设计一种有利于企业发展的渠道模式。在设计渠道的过程中主要应该考虑以下几方面的因素。

1. 企业特性

不同的企业在规模、声誉、经济实力、产品特点等方面存在差异,即企业特性不一,这对中间商具有不同的吸引力和凝聚力,因而企业在设计分销渠道时,应结合企业特性选择中间商的类型和数量,决策企业分销渠道模式,一般来说,实力较强的企业中间商愿意与之合作,选择余地会大一些。

2. 产品特性

不同的产品由于品种、重量、特性、价值、运输、储运费用、技术服务等原因,对中间商的设施条件、技术服务能力和管理水平要求不一,要求不高的产品可以考虑稍长的渠道模式,如果要求较高,则应选择较短的分销渠道,以方便销售,因此各企业在设计分销渠道系统时应充分考虑本企业的产品特性。

3. 市场特性

不同企业的产品,其市场特性也是不一样的。不同的市场生命周期阶段、不同的市场发展趋势决定了不同的分销渠道模式的选择,生命周期较短的产品选择渠道应短一些,否则就会失去占领市场的机会。

4. 生产特性

每一种商品的生产在时间和空间上集中程度不同,其分销渠道对中间环节的依赖程度也是不同的,要根据需要采用直接渠道或者间接渠道,集中程度高、对中间环节依赖性强的产品一般选择间接分销渠道。

5. 消费者特性

任何商品都有自己的目标消费者和用户,他们的集中程度、购买习惯不是完全一致的,企业必须根据消费者的特征选择分销渠道。

6. 竞争特性

企业设计分销渠道时,应充分研究竞争对手的渠道状况,分析本企业的分销渠道是否比竞争者更具活力,同时避免在分销渠道上产生不必要的冲突。

7. 政策特性

企业在选择中间商或建立自销网点时,应充分考虑国家和当地的政策特点,选择合法的、有诚意并能够分担风险的中间商,从而有利于企业长期的发展。

(二)设计分销渠道长度

分销渠道长度设计的问题,其实质就是利用几个中间商、形成几层销售渠道的问题。长渠道可以更好地整合利用中间商的资源,发挥中间商的功能,但是流通费用增加;短渠道可以使产品更快捷地到达消费者的手中,有利于节约费用,有利于开展售后服务,但是生产商承担的职能太多,不能很好地关注于生产。长渠道与短渠道各有利弊,企业在具体决策时要综合考量产品特性、中间商特点、竞争者特性等诸多因素后方可科学决策。

(三)设计分销渠道宽度

设计分销渠道的宽度,就是解决利用几个同类中间商的问题。宽渠道有利于产品更好地销售,而且可形成中间商之间的竞争,让生产商有较大的选择余地,缺点是较多中间商的存在会使其推销产品不专一、不尽力,两者关系比较松散,不利于协作。窄渠道的优点是生产商与中间商关系相对稳定,容易合作,缺点是中间商要求折扣比较高,增加了市场开拓成本。

由此可见,渠道的长与短各有利弊。生产商在选择时要通盘考虑,具体而言,渠道的宽度有三种常见类型:密集型分销渠道、选择型分销渠道和独家分销渠道。企业可以从实际出发,灵活进行选择。

(1)密集型分销渠道也称为广泛分销渠道,是指生产商在同一渠道层级上选用尽可能多的渠道中间商来经销自己产品的一种渠道类型。密集型分销渠道有利于市场渗透和扩大销售,多见于消费品领域中的便利品,如牙膏、牙刷、饮料等。

(2)选择型分销渠道,是指在某一渠道层级上选择少量的渠道中间商来进行商品分销的一种渠道类型。选择型分销渠道能够集中销售,加强销售力度,增加商品购买率。它主要适用于选择性较强的日用消费品、专业性较强的零配件等。

(3)独家分销渠道,是指在某一渠道层级上选用唯一一家渠道中间商的一种渠道类型。独家分销渠道有利于生产者控制商场和价格,激发中间商的积极性。但如果中间商选择不当,会给销售活动带来一定风险。它一般适用于新产品、名牌产品等。

(四)合理布局销售网点

销售网点布局就是科学地规划商品销售的各种零售点,以提高市场覆盖面来扩大销售。销售网点布局的总体原则是尽可能地贴近顾客。销售网点布局的一般方法有如下四步。

第一步,细分市场区域,规划区域内网点数量。网点数量的多少与区域位置、经济发展水平、人口数量和消费能力等关键指标密切相关。网点布局即是实现市场与渠道的区域匹配,需要对渠道数量进行总量控制。

第二步,企业要选择周密的布局模式。常见的布局模式是在市场依次建立中心店、旗舰店,并在四周建立卫星店,初步形成对区域市场的覆盖,辅之以零星网点补充盲点区域,从而最终实现对市场区域的无缝辐射和覆盖。

第三步,进行网点选址。网点位置要贴近客户,更为重要的是要贴近顾客购买心理。如果顾客注重品牌,网点的位置要处于高端商业或商务区;如果客户注重便利,网点的位置则要设立在顾客方便到达的位置,如商业区、住宅区等。

第四步,检验网点实际的运营效果并调整。网点的运营效果是否达到设计预期,需要通过实践的检验来证明。对于运营效果不佳的网点,公司要对其进行二次评估或果断退出;对盲点区域要重新检索,新设网点补足。

(五)评估选择渠道方案

评估选择渠道方案要有科学的标准。具体而言,常见的标准有以下三种:经济性、可控性、适应性,其中经济性标准最为重要。

经济性是指利用各种渠道销售产品能够获得的经济利益。获得的经济利益越大,渠道的可用性就越大。经济性标准是最重要的标准,是企业经营的基本出发点。

可控性是指生产者对渠道成员的控制能力。如果生产者直接与批发商、零售商进行接触,那么对他们的控制能力就较强;反之,则较弱。

适应性是指生产者确定的分销渠道对生产者将来各方面情况变化所表现出来的适应能力。生产者在发展的过程中,产品特性、企业特性包括市场状况、政府法律、法规等都会发生各种各样的变化,渠道成员必须能够适应这些变化,并针对变化及时作出渠道方案的调整优化。

【活动1】　　　　分析案例,感悟设计分销渠道的基本方法

一、活动内容

(1)在深入理解设计分销渠道有关知识的基础上,研读[案例7-1]至[案例7-3],交流分析案例中分销渠道的设计特点。

(2)根据分析结果,讨论自己的模拟公司应该怎样设计产品分销渠道。

二、活动步骤与要求

(1)各小组成员认真复习[知识准备]中设计产品分销渠道的基本知识,研读案例并填

写表 7-2。

表 7-2 对[案例 7-1]至[案例 7-3]的分析结果

问题	分析结果
娃哈哈选用的销售渠道模式是什么？这种模式的优势是什么	
格力在设计分销渠道时主要考虑了什么因素	
加多宝为什么采取"配送式"渠道模式	
你认为案例中哪个销售渠道模式更好？为什么	

(2) 小组成员交流分享讨论结果。
(3) 各小组选派一至两名代表在全班交流分享讨论结果。
(4) 任课教师对各小组的分析结果作出评价和指导，并组织评选出优胜组。

【案例 7-1】 娃哈哈的渠道模式

娃哈哈是采用"分销联合体"模式的典型代表。

在这种模式下，娃哈哈将传统的二级批发商改造为分销商，并给予了相应的权利和支持，分销商必将全力进行市场的开拓和维护，并承担起区域市场内的分销和送货服务，既能够显著提高渠道的覆盖密度，又能够大大降低或者根除原有的窜货和乱价现象。

另一个方面，娃哈哈又将经销商从单纯的物流配送商角色改造成为渠道服务商，充分利用经销商原有的分销、团队、服务平台，让经销商从以前的那种随机型的无服务的送货模式调整为巡访送货服务模式，经销商的业务员按照固定行程计划开展巡访配送，承担起渠道专业化的维护工作和销量提升职能。娃哈哈则派出业务员对经销商进行培训和指导，输出统一的工作标准和规范。

在中国企业深度分销的红利已经达到极限的当下，在人力成本快速上升的当下，这种分销联合体模式，比之"经销商承担物流配送，厂家负责全部市场工作"的模式，成本更低、风险更小，更加适合于绝大多数的中国企业。

(资料来源：http://zgj.china.com.cn/，有删改。)

【案例 7-2】 格力的渠道模式

1997 年以来，格力独创了"以经销商大户为中心"的核心销售体制，在此基础上提出了"股份制区域销售公司"模式。

在这种模式下，格力在每个省选定几家实力较强的经销商，通过参股的形式合资组建销售公司，共同开发和维护市场。其中，格力以品牌等无形资产入股，占少许股份（格力后期通过增资控股以加强对销售公司的控制），销售公司有充分的自主经营权。

实际上，销售公司相当于格力在每个省的总代理，实行独家经销制。而在各省的二级市场，格力采用选择性分销模式，即在地级区域范围内选择几家实力较强的家电经销商作为批发商（格力称为代售商），再由若干家分销商（格力称为指定经销商）作为零售终端。

在具体的渠道分工方面,格力负责制定和实施全国范围内的品牌传播和促销活动,各省的品牌传播和促销活动由各省的省级销售公司制定并实施。省级销售公司在品牌传播和促销活动中产生的费用,可以折算为成本从货款中扣除,也可以向格力申请报销。因此,分销工作全部由省级销售公司实施并完成,它们拥有制定价格和渠道管理的权力,物流、现金流、信息流的管理则全部由格力销售公司负责。

(资料来源:http://zgj.china.com.cn/,有删改。)

【案例 7-3】 加多宝的渠道模式

加多宝采用营销网络通路整合方案来优化销售渠道,将经销商变为配送商,实行"一级调控、二级配送、服务终端"的科学分销模式。

加多宝在全国实行的是总经销商制,把全国市场划分为六大区,每个区设立一名总经销商,然后由总经销商去开发具有专业配送能力的经销商或分销商(加多宝称之为邮差商)负责物流运输。其他终端维护工作,包括终端网点的开发、维护以及终端POP 等工作则由加多宝来完成。

由此可以看出,加多宝的渠道模式中,经销商和分销商只承担物流和资金流的使命。加多宝一方面实施"高空轰炸",投放大量广告,另一方面实施"人海战术",深入渗透全国每一个区域、每一个终端网点。这种地空一体化的作战策略,正是加多宝成功的关键。

【活动 2】 **项目组为模拟公司的产品设计分销渠道**

一、活动内容

以项目组为单位分别为自己的模拟公司经营的产品设计分销渠道。

二、活动步骤与要求

(1) 以项目组为单位,结合本组模拟公司的情况,完成表 7-3 的填写。

表 7-3 分销渠道设计练习记录

企业的规模与声誉如何	
产品价值高低	
产品对中间商的要求高低	
产品所处市场生命周期阶段	
生产的集中程度如何	
消费者的集中程度	
消费者购买习惯如何	

(续表)

竞争对手采取何种分销渠道	
国家政策对分销渠道有何影响	

(2) 列出两种以上可供选择的分销渠道。
(3) 根据经济性、适应性、可控性的原则为你的公司选择最佳的分销渠道。
(4) 每组选派代表在班级内交流分享本组的分销渠道设计方案。
(5) 教师对各组的分销渠道设计方案作出点评指导,并组织评出优胜组。

【知识拓展】　　　　　　　　　佣金代理与买断代理

按照代理商是否承担货物买卖风险,以及其与原厂的业务关系来划分,可以分为佣金代理和买断代理。

佣金代理又称一般代理,是指在同一代理地区、时间及期限内,同时有几个代理人代表委托人行为的代理方式。佣金代理情况下,代理商的主要收入是佣金收入。与买断代理方式相比较,佣金代理具有如下特点:①厂家更容易控制代理商;②产品价格更为统一,竞争力更强,因为在佣金代理方式下,产品价格决定权基本上掌握在厂家手中,便于制定统一的价格体系;③对代理商而言,进行佣金代理需要的资金较少。

买断代理是指代理商先购得厂家产品后再售给客户,买断代理商获得买卖收入差价,同时买断代理商还得承担广告宣传义务的一种代理方式,它与厂家是一种完全的"买断"关系。其实买断代理商不是真正意义上的代理,介于代理与经销之间。买断代理的主要特点是:①买断代理商资金雄厚,销售能力一般来说更强;②产品价格无法统一,因为买断代理商取得产品的所有权后,就可以自主定价了;③买断代理商所承担的风险较大,但经营收入一般要高于佣金代理商的收入。

鉴于佣金代理和买断代理各有特点,企业在选择时应综合考虑产品特征、代理商的实力、价格策略等因素。如厂家十分重视统一的市场价格策略,最好还是选择佣金代理方式;对于名牌产品、高档品和奢侈消费品则可以考虑采用买断代理的方式。

任务2　制订分销渠道管理方案

【知识准备】

一、选择渠道成员

当生产者确定了分销渠道模式以后,就要选择渠道的成员,即构成渠道的中间商。对渠道成员的选择主要考虑以下几个方面的因素。

1. 中间商的地理位置

企业应该选择那些地理位置便利,接近目标市场的中间商作为渠道成员。

2. 中间商的形象

形象是一笔无形资产,中间商良好的形象能够给产品提供质量可靠的保证,同时在政府、职能机构以及消费者心目当中也是信誉良好的代表。

3. 中间商的经济实力

经济实力强的中间商有足够的能力购进货物并能及时返款,加速生产者资金的流转,同时,只有经济实力强的中间商才可能采用先进的商业技术和营销方式。

4. 中间商的合作意愿

只有愿意合作的中间商才会尽心尽力推销我们的产品,否则勉强合作,只会延误时机影响销售。

5. 中间商的经营管理水平

经营管理水平的高低决定了中间商的人员素质、服务能力以及仓储、运输条件,最终决定其市场覆盖率,这些因素直接影响到对生产者产品的推销能力。

6. 促销能力

中间商的重要功能就是加速商品的销售,所以中间商有无强大的促销功能至关重要。

7. 产品组合

中间商的产品组合最好要与企业自身的产品比较相似或接近,产品组合太杂、关联度太低则不利于商品的销售。

8. 市场覆盖

一般而言,中间商的市场覆盖要与企业产品的目标市场群体相吻合,在这种情况下,市场覆盖的范围越大,越有利于产品的销售。

二、确定渠道成员的权利和义务

选择好渠道成员后,为了避免不必要的纠纷和保护双方的利益,就必须明确渠道成员各自的权利与义务,这一般是以合同的形式来呈现,以加强对双方的约束。合同主要涉及价格政策、销售条件、地区权利以及每一方为对方提供的服务及应尽的责任义务。

价格政策通常要求生产商制定价目表,对不同地区、不同类型的中间商和不同的购买数量给予不同的价格折扣比率。价格政策的原则及主要内容应得到中间商的理解和认可。

销售条件主要是中间商的付款条件及生产者的担保。生产商除规定中间商付款条件和必须完成的销售量外,还应向中间商提供有关产品质量保证和跌价保证,以解除中间商的后顾之忧,激励中间商大量购货。

渠道成员之间合同的订立,需经过平等协商,考虑周全,加强彼此互信,共同履行好协议。

三、激励渠道成员

1. 了解中间商的需求

了解中间商的需求是做好激励的重要前提。一般而言,中间商的主要需求表现为以下方面:①畅销的产品、优惠的价格、丰厚的利润回报;②一定量的前期铺货、广告及通路费用的支持;③市场业务工作指导、销售技巧方面的培训等;④及时准确的供货、优厚的付款条件、特殊的补贴和返利等。只有清楚了其真正的需求,才能做到有的放矢,激励的效果才会更好。

2. 具体激励措施

渠道成员一旦确定,生产者应该采取一定的激励措施,鼓励他们销售自己的产品并且建立长期稳定的合作,具体措施表现在以下几个方面。

1) 为渠道成员提供价格合理、适销对路的商品

只有价格合理、适销对路的商品才能够给中间商带来良好的经济效益,中间商也能够积极地进行销售,进一步与生产者合作。

2) 为渠道成员提供销售服务

生产者应该在广告宣传、商品陈列、技术指导、人员培训、维修安装等方面为渠道成员提供周到的服务,协助中间商销售产品。

3) 积极协助中间商

这一点包括帮助中间商改善经营管理水平,给中间商优惠的价格及付款方式,对产品有一定的退换货制度等,以此扶持中间商,降低其经营风险。

4) 建立长期合作的关系

渠道一旦建立,稳定发展对双方都是有利的,生产者应该注意与中间商之间的长期合作,考虑彼此的利益,互惠互利,共同发展。

四、评估渠道成员

渠道成员的表现直接影响生产者经营的效果,因此分销渠道确定下来以后,生产者应该每隔一段时间对渠道成员进行评估,按照一定的标准对中间商的销售业绩进行衡量,对经营业绩好的予以奖励,对经营业绩不好的进行调整直至替换。对中间商主要从以下几个方面进行评估:一是销售指标完成情况。常用的销售指标有:销售量、销售额等,厂家可以在一定的时间段对以上指标进行统计测量。二是平均库存水平、装运能力。三是为顾客提供服务的质量,包括交货速度、售后服务水平、对受损货物处理能力等方面。四是对产品促销的能力,包括促销费用支出情况,促销效果等。五是顾客对经销商的反映等。

五、渠道冲突与管理

渠道冲突是指渠道成员之间产生的各种矛盾和不协调。渠道冲突的实质可以归纳为三个方面:利益冲突、观念冲突和目标冲突。其中利益冲突是最根本、最敏感和最难以调和的冲突。渠道冲突主要表现为冷战、拖欠、讲条件、窜货、乱价、控制与反控制等。

对于渠道冲突,要辩证地对待,不可全盘否定,要容忍良性冲突的存在,应重点控制和化解恶性冲突,以免造成渠道危机影响销售。对于渠道冲突,常见的解决方法主要有以下四种。

(1) 沟通。通过渠道成员之间进行坦诚的沟通,消除误会,化解冲突。

(2) 谈判。谈判的目的是终止成员间的冲突,谈判是渠道成员之间讨价还价的一种方式。

(3) 诉讼。渠道成员之间的冲突如果通过劝说、沟通、谈判等方式均无法解决的话,诉诸法律通过法院来解决,这也是现代经济社会很常见的一种方式。

(4) 退出。渠道冲突继续加剧,以致达到了无法有效解决的地步,退出该分销渠道就是必然。企业退出分销渠道,就意味着终止了与其他成员的合同关系,这将在一定程度上影响整条分销渠道的运作效率。

因此,要进行科学的渠道冲突管理,就必须加强彼此间的沟通与合作,构建多赢的营销价值链。按照经济性、适应性和可控性的原则选择渠道成员,并根据它们的业绩不断优化管理,努力提高渠道成员的满意程度,促使渠道成员服从企业管理。加强调控,建立协调机制,严肃合同和游戏规则,及时了解和反馈渠道成员之间的动态和信息,灵活调整应对策略。

【活动1】 分析案例,感悟制订分销渠道管理方案的基本方法

一、活动内容

(1) 在深入了解[知识准备]中分销渠道管理有关知识的基础上,研读[案例7-4],交流分析制订分销渠道管理方案的内容与方法。

(2) 根据分析结果,讨论自己的模拟公司应该如何制订分销渠道管理方案。

二、活动步骤与要求

(1) 各小组成员认真复习[知识准备]中制订分销渠道管理方案的知识,研读[案例7-4],并填写表7-4。

表7-4 对[案例7-4]的分析结果

问题	分析结果
百事可乐有哪些激励渠道成员的具体措施?请分条列出	
对于渠道内部发生的冲突,百事可乐是通过什么办法管理的	
请为你的模拟公司策划一份分销渠道管理方案,请写出初步提纲	

(2) 小组成员交流分享讨论结果。

(3) 各小组选派一至两名代表在全班交流分享讨论结果。

(4) 任课教师对各小组的分析结果作出评价和指导,并组织评选出优胜组。

【案例7-4】 百事可乐的渠道分析

百事可乐在配方、色泽、味道都与可口可乐相似,绝大多数消费者根本喝不出两者的区别,因此百事可乐在消费者定位上实施差异化策略。百事可乐摒弃了可口可乐"全面覆盖"的无差异化策略,而是从年轻人入手,对可口可乐实施了侧翼攻击,并且通过广告,树立其"年轻、活泼、时代"的形象,而暗示可口可乐的"老迈、落伍、过时"。

一、百事可乐的现有分销渠道

百事可乐打破了原有的渠道格局,将大卖场、超市、便利店等现代通路独立出来,作为现代渠道的重要客户,由百事可乐直接负责供货。其他分销渠道全部归类为传统通路,作为传统渠道由经销商负责供货。

经过多年渠道整合,百事可乐在中国的目标分销渠道已经细分为22个,如传统食品零售渠道、超级市场渠道;平价商场渠道、百货商店渠道、购物及服务渠道、餐馆酒楼渠道、办公机构渠道、大专院校渠道、娱乐场所渠道、旅游景点渠道等。所有分销渠道不外乎是直接销售或者间接销售,而间接销售的渠道有长渠道和短渠道之分。百事可乐在多年的渠道整合之后,已形成自己的独特分销渠道。

二、百事可乐与渠道成员关系管理

1. 经销商

在与经销商关系处理方面,百事可乐主要采取以下措施:

(1) 作出必要的让步。百事可乐对经销商作出让步,同时利用百事可乐现有的渠道协助经销商。

(2) 提供优质的产品。百事可乐在产品的数量、质量、品种、价格和交货时间等方面尽可能地满足经销商的要求,为经销商创造良好的营销条件。百事可乐还根据市场需要以及经销商的要求,经常性地合理调节生产计划,改进生产技术,改善经营管理,生产物美价廉、适销对路的产品。

(3) 提供进货折扣和奖金支持。百事可乐对大批量、批次多的经销商给予价格折扣或数量折扣等。

(4) 积极开展促销活动。百事可乐的促销活动是经常性的,且根据不同的情况以及不同的渠道作出相应的调整,促销所产生的费用由经销商代垫,以折扣的方式返还给经销商。

(5) 提供资金援助。百事可乐对资金不足的经销商,采取资金融通等措施,帮助经销商扩大经营,如给予经销商较长的付款期限或给予一定的折扣。

(6) 给予经销商应有的收益。百事可乐本着公平合理、利益均沾的原则,从双方的长期利益出发处理经营收益的分配问题,使产销双方都能得到合理的利润分配。

2. 协作批发系统

协作批发系统在消耗经销商库存方面起着举足轻重的作用,且协作批发系统在进行市场的渗透方面起着重要作用。百事可乐在与协作批发系统的关系处理方面主要采取了以下措施:

(1) 协作批发系统成员在进货方面享受与其他非协作批发系统批发商同样的优惠,在利益分配方面,百事可乐以进货折扣的方式给予协作批发系统与其百事产品销量对等的返利。

(2) 百事可乐对每一个协作批发系统成员进行进货及出货管理,从而保证货物的顺利流通,同时协作批发系统成员利用百事可乐的终端通路拓展业务。

3. 重要客户

（1）百事可乐在与重要客户的关系处理中，主要倚靠其强有力的品牌竞争力，以及各种优惠来维护双方的合作。

（2）百事可乐与每一位重要客户都签订了长期合作的协议，双方根据协议的具体要求来开展阶段性的合作。

三、渠道管理中存在的问题

（1）百事可乐为新增一条渠道，会以优惠的条件来吸引中间商，供应商之间的冲突为中间商获得最大利益提供了空间，使中间商处于更为有利的谈判地位，增加了百事可乐的渠道成本。

（2）当百事可乐对渠道模式进行调整或改进时，新旧渠道模式之间也会产生冲突。

（3）同一地区不同的渠道模式会产生冲突，冲突的原因大多是百事可乐没有对目标市场的中间商数量做合理规划，产生互相倾轧现象，窜货与低价出货是百事可乐渠道管理最常见的问题。

（4）许多百事可乐经销商从自身利益出发，采取直销与分销相结合的方式，不可避免地产生渠道上下游之间的冲突。

四、改善百事可乐分销渠道的可行办法

第一，百事可乐在制定销售策略时，应全面考虑产品、价格、渠道、促销和消费者等各项因素，尽量避免渠道成员窜货，以稳定市场价格体系。

第二，提升百事可乐市场服务能力及渠道成员服务消费者的能力。渠道成员的服务是产品满足消费者需求的一个方面，应提升渠道成员更好、更快服务消费者的能力。

第三，百事可乐在战略上应革新渠道管理模式，如加强管理，进行人员培训和区域合理性调整，否则有必要重建渠道或重新培植渠道成员。

第四，在不同的市场区域，百事可乐可以把更多的权利下放到协作批发系统，让协作批发系统帮助百事可乐拓展市场，同时也可以帮助协作批发系统壮大自身实力，互利互惠。

第五，百事可乐充分利用网络销售平台，把实体店和网上销售结合起来，即在网上发布促销打折信息并利用积分吸引顾客购买，收集顾客反馈信息，实体店则应努力提高服务质量、创造良好的客户体验环境，可以根据消费者需要进行新产品的开发与定制服务。

【活动2】 项目组为模拟公司的产品制订分销渠道管理方案

一、活动内容

在深入了解[知识准备]中分销渠道管理有关知识的基础上，为自己的模拟公司制订一份分销渠道管理方案。

二、活动步骤与要求

（1）各小组成员认真复习[知识准备]中分销渠道管理的基本知识，再次研读[案例7-4]。

（2）根据表7-4的讨论结果，针对自己的模拟公司，小组成员研究商定具体分销渠道管理方案。

（3）各小组做好分工，制订一份分销渠道管理方案。

（4）各小组上交最终分销渠道管理方案，每个小组选派一至两名代表在全班进行汇报、交流。

（5）各小组成员认真讨论，对方案的汇报、交流情况进行互评和自评，各小组选派一至两名代表在全班发言、点评。

（6）任课教师对各小组的讨论结果作出评价和指导，并组织评选出优胜组。

【知识拓展】　　　　　　　　　　窜 货 管 理

窜货也称倒货或冲货，是指产品超越规定区域进行销售，是渠道冲突的一种典型表现形式。对窜货现象进行管理，对于企业稳定市场秩序，调动中间商的积极性，扩大市场占有率均具有重要意义。根据窜货的表现形式及其影响程度，可以将其分为三类：自然性窜货、良性窜货以及恶性窜货。

自然性窜货是指中间商在正常经营过程中，无意中向自己辖区以外的市场销售产品的行为。它主要表现为相邻辖区的边界附近互相窜货，或是在流通型市场上，产品随物流走向而销售到其他地区。

良性窜货是指推销员在市场开发初期，有意或无意地选中了流通性较强的中间商，使其产品流向非重点经营区域或空白市场的现象。此类窜货对企业的市场开发是有好处的，推销方无需投入，就扩大了市场区域，增加了产品的销量，并提高了企业产品的知名度。

恶性窜货是指为获取非正常利润，中间商蓄意向自己辖区以外的市场倾销产品的行为。由于受厂商返利、折扣等激励因素的影响，中间商为了提高自己的销售额，可能以低价向非辖区冲货。恶性窜货给企业造成的危害是巨大的，它破坏了企业整个经销网络的价格体系，造成价格的恶性竞争，使经销商的总体利润水平大幅度下降，对继续经营产品失去信心，最终导致经销商放弃经销本企业的产品。

由此可见，不是所有的窜货都有危害，适度的窜货还有助于形成一种热烈的销售局面，有利于提高产品的知名度和市场占有率，需要严加控制和打击的主要是恶性窜货。

形成窜货现象的原因很多，既有厂家的原因，也有经销商的原因，但主要还是厂家的原因，正是由于厂家的销售政策有误或对销售过程的各个环节缺乏有效控制，才导致市场上秩序混乱、窜货流行，从而使中间商有空可钻。具体而言，成因主要有：销售政策有误、管理制度有漏洞、激励措施不当、销售服务工作不到位等。

窜货并非不治之症，企业可从以下几方面着手，对恶性窜货进行治理：第一，设计合理的销售政策和管理制度，这是治理窜货乱价现象的根本措施；第二，签订不窜货乱价协议；第三，实施产品外包装区域差异化策略；第四，加强销售队伍的管理，建立推销员综合评价体系，严格奖罚措施。

【思考与练习】

一、名词解释

1. 分销渠道　2. 中间商　3. 批发商　4. 零售商　5. 单渠道与多渠道　6. 长渠道与短渠道　7. 直接渠道与间接渠道　8. 宽渠道与窄渠道　9. 渠道冲突　10. 密集分销　11. 选择分销　12. 独家分销

二、判断题（判断下列说法是否正确。正确的在题后括号内打"√"，错误的打"×"）

1. 分销渠道是指产品在其所有权转移过程中从生产领域进入消费领域所经过的各个环节及经营机构。（　　）
2. 单价较高的商品应采用较长、较宽的渠道。（　　）
3. 通过渠道成员的自身努力，就可以提高渠道的分销效率。（　　）
4. 经过四个以上中间环节的分销渠道才叫长渠道。（　　）
5. 随着科学技术的发展，几乎所有的商品都可以采用直接渠道销售。（　　）
6. 生产者只要提高对中间商的激励水平，销售量就会上升。（　　）
7. 分销渠道的环节和层次越多越难控制，所以分销渠道越短越好。（　　）
8. 销售渠道并非越短越好。（　　）
9. 中间商的出现是商品发展的必然产物。（　　）
10. 间接渠道是指产品从生产流向最终消费者的过程中不经过任何中间商转手的分销渠道。（　　）

三、选择题（在下列各小题中选择正确的备选答案，并将其序号填入括号内）

1. 分销渠道不包括（　　）。
   A. 生产者和用户　B. 代理中间商　C. 储运商　D. 商人中间商
2. 当消费者从（　　）购买商品时，是通过直接渠道。
   A. 便利店　B. 超市　C. 面包店　D. 百货商场
3. 商人中间商包括（　　）。
   A. 批发商　B. 代理商　C. 经纪人　D. 采购商
4. 对保存期短，易于腐烂变质和易碎的商品，应尽可能采用（　　）。
   A. 长渠道　B. 短渠道　C. 宽渠道　D. 窄渠道
5. 经销商和代理商的根本区别在于（　　）。

A. 前者拥有商品所有权　　　　　　B. 后者拥有商品所有权
C. 与委托人关系的持久性不同　　　D. 拥有的实力不同

6. 以下对直接渠道的描述中,不正确的是(　　)。
   A. 对于用途单一、技术复杂的产品,可以有针对性地安排生产
   B. 生产者直接向消费者介绍产品,便于消费者更好地掌握产品性能、特点及使用方法
   C. 生产者在产品销售上需要花费一定的人力、物力、财力,使销售范围受到较大限制,从而会影响销售量
   D. 生产者和消费者不能直接沟通信息,生产者不易准确地掌握消费者的需求,消费者也不易掌握生产者的产品供应情况和产品的性能特点,生产者难以为消费者提供完善的服务

7. 在评估渠道交替方案时,最重要的标准是(　　)。
   A. 控制性　　　B. 经济性　　　C. 适应性　　　D. 可控性

8. 当目标顾客人数众多时,生产者倾向于利用(　　)。
   A. 长而宽的渠道　　B. 短渠道　　C. 窄渠道　　D. 直接渠道

9. 含有一个销售中介组织的销售渠道称为(　　)。
   A. 二层渠道　　B. 零层渠道　　C. 一层渠道　　D. 三层渠道

10. 分销渠道的每个层次使用同种类型中间商数目的多少,被称为分销渠道的(　　)。
    A. 宽度　　　B. 长度　　　C. 深度　　　D. 关联度

四、问答题

1. 简述影响分销渠道选择的因素。
2. 选择中间商应考虑哪些因素?
3. 简述商人中间商和代理中间商的区别。
4. 简述分销渠道的结构类型。
5. 营销专家对管理冲突方案的意见是:"如何管理冲突而不是消除冲突"。请联系理论与实际谈谈你的看法。
6. 如何激励分销渠道的成员?

项目 8　促销策略

 **项目说明**

促销策略是市场营销组合策略的重要内容。本项目的主要任务：一是掌握制订人员推销方案；二是制订广告宣传方案；三是制订营业推广方案；四是制订公关活动方案。在营销实践中，促销策略是企业经常而且广泛运用的重要营销策略，其应用价值非常大。

 **学习目标**

※**知识目标**　理解促销与促销组合的概念，掌握人员推销的职责、一般步骤和制订推销计划的基本方法；理解商业广告的概念和类型，掌握制订广告宣传方案的方法步骤；理解营业推广的概念，了解营业推广的主要方式，掌握制订营业推广方案的方法步骤；理解公共关系的要素及特征，掌握公共关系促销策略和实施公共关系的基本方法步骤。

※**能力目标**　能够根据企业产品的实际情况制订人员推销方案；能够根据企业产品的实际情况制订广告宣传方案；能够根据企业产品的实际情况制订营业推广方案；能够根据企业产品的实际情况制订公关活动方案。

 **项目成果**

完成本项目你应当提交以下成果：
（1）模拟公司产品人员推销方案。
（2）模拟公司产品广告促销方案。
（3）模拟公司产品营业推广方案。
（4）模拟公司的公关活动方案。

任务1 制订人员推销方案

【知识准备】

一、促销与促销组合

(一)促销

促销就是促进销售的简称,是企业将有关本企业及商品的信息通过各种方式和途径传达给消费者,使消费者更好地了解企业和产品,进一步对产品产生信赖,最终作出购买决定,以此达到刺激需求、扩大销售的目的。

在现代社会中,商品极大丰富,企业坐等顾客上门的时代已经一去不返,生产者和商家必须把有关企业和商品的信息通过各种有效的途径及时地传递给消费者,使消费者产生信任与好感,这样才能使他们在购买的时候选择本企业的商品。

促销不等于销售,它是销售的辅助手段,是企业与消费者间的信息沟通,沟通的方式和内容决定了促销的效果。从与消费者接触的程度上来分,企业的促销可以分为直接方式和间接方式。其中,促销的直接方式主要是指由企业的推销员和消费者进行直接沟通的人员推销。促销的间接方式有三种:一是通过各种媒体与消费者进行沟通的各种商业广告;二是对短期内提高销售额非常有效在商品买卖现场采取的营业推广;三是通过塑造良好形象,协调与公众关系最终达到提高销售的公共关系。

(二)促销组合

为了更好地达到提高销售的目的,企业往往在同一时间综合运用多种方式进行促销。这种为了达到一定的目标,以多种促销方式进行结合共同促进某一类产品销售的方式称为促销组合,其一般包括人员推销、商业广告、营业推广和公共关系。

企业促销的目标不同,采用的促销组合就会有所不同,总的来说,不同的促销组合能够达到两种不同的效果,即"推动"作用和"吸引"作用。

促销的"推动"作用指的是企业通过一定的促销方式把商品推向消费者。例如,推销员向消费者介绍产品,生产者把产品推销给批发商,批发商把产品推销给零售商;促销的"吸引"作用指的是企业通过一定的促销方式把消费者的注意力和好感吸引到本企业的产品上来。例如,企业通过商业广告、营业推广以及公共关系塑造良好的企业和产品形象,刺激消费者的购买欲望,吸引消费者购买本企业的产品。

企业在经营的过程中具体如何对各种促销方式进行有效组合,要根据产品的特点、消费者的购买习惯、竞争对手的状况以及促销费用等方面的因素进行选择。

二、人员促销的特点与职责

人员推销是企业采取的一种直接促销方式,由企业派出自己的推销员直接和消费者进行接触,向消费者介绍产品、推销产品并提供一定的服务。人员推销是一种古老而又传统的促销方式,在最初的商品交换活动中,主要的销售方式就是通过买卖双方直接接触进行交易的,交易的成功与否和卖方的说服能力很有关系。人员推销的过程实际上就是推销员利用各种方式和方法说服消费者的过程。

(一) 人员推销的特点

与间接促销方式相比,人员推销最显著的特点就是直接性。推销员通过面谈、电话等方式直接与消费者进行沟通,能够随机应变说服消费者。具体地说,人员推销有以下几个特点。

1. 反馈及时

人员推销是两个或更多的人之间的一种活跃的、直接的接触。沟通的方式可以根据时间、地点及当事人的特点灵活掌握,正因为是这样一种直接的接触,推销员能就近观察消费者的特点和反应,并立即作出调整,如发现消费者对某一种交流的方式有反感,就可及时地调整交流的方式,同样,如果发现消费者有购买的意愿也可及时抓住机会,促成交易。

2. 针对性强

人员推销采取的是面对面的销售方式,那么有利于推销员根据不同消费者的特点,区别对待,采用最合适的方式有针对性地进行推销,这种针对性是其他促销方式所没有的。

3. 服务全面

推销工作注重为消费者提供全面周到的服务,推销员在进行商品推销的过程中,很多时候甚至深入消费者的生活、工作中去,能够及时发现消费者遇到的各种困难,有些时候可能会超出有关推销工作的范围,遇到这种情况,一个优秀的推销员会竭力为消费者排忧解难,即使一时不能取得交易的成功,也会以全面贴心的服务赢得消费者的信任与好感。

4. 有利合作

推销员在和消费者接触的过程中,往往是从与之建立良好的个人关系入手的,这样一来从推销商品或服务到建立起个人的友谊,就能和消费者保持长期稳定的关系,有利于今后长期稳定的合作。

(二) 推销员的职责

要成为一名优秀的推销员,必须明确推销员的职责。一般地说,现代推销员的基本职责包括以下几个方面。

1. 完成商品推销任务

作为一名推销员,最基本的职责就是承接企业分配的商品推销业务,积极开展推销活动,努力完成推销任务,实现企业的营销目标。在实际工作中,企业分配的商品推销任务,一般包括商品销售额和货款回收两项基本内容。

2. 收集和反馈市场信息

推销员在开展商品推销活动中,不仅要及时准确地向消费者传递企业商品和劳务信息,同时,还要注意及时收集和反馈市场信息,包括消费者对本企业产品的质量、花色品种、包装、价格等方面的意见、建议和要求,以及竞争产品的相关信息和经营策略等,从而使企业不断改进和完善生产经营措施,最大限度地使产品与消费者的需求相适应,不断提高企业的竞争力。

3. 开拓市场,建立销售网络

任何企业要做大做强,就必须不断开拓市场,建立自己的销售网络。推销员是企业通向客户的桥梁,因此,必然要承担开拓市场、建立销售网络的职责。开拓市场主要包括三个方面:一是增加客户数量;二是开发客户新的需求;三是扩大客户的地域范围。建立销售网络主要包括两个方面:一是建立长期稳定的中间商队伍;二是建立长期稳定的用户队伍。

4. 做好公关活动,树立良好形象

推销员是企业的外交官,广泛地接触着外部社会,频繁地与各类公众打交道,因此,必须做好公关工作,与社会各阶层搞好关系,建立感情,创造发展条件,从而扩大企业及其产品的影响,树立自己与企业的信誉,创建良好的社会形象,为扩大销售、占领市场打下坚实的基础。

5. 提供优质的销售服务

在市场竞争日益激烈的情况下,没有服务就没有产品销售。因此,提供周到的服务是推销工作的重要内容,是推销员的重要职责。推销服务包括售前、售中和售后三方面的服务。

售前服务是指在实施销售之前向客户提供的一系列服务。其主要内容包括:调查客户的需求特征,了解客户需要什么、需要多少、何时需要;向客户宣传企业和产品;提供咨询;进行人员培训等。通过这一系列服务提高客户对企业和产品的认知度。消除其疑虑,坚定其购买信心。

售中服务是指销售活动中为顾客提供的一系列服务。其主要内容包括:热情接待顾客;讲解产品知识;回答各种疑问;为顾客当好参谋;提供购买方便;协助顾客办理有关手续等。只有切实做好售中服务,才能促进交易顺利实现。

售后服务是指在实现交易之后为顾客提供的一系列服务。其主要内容包括:送货上门;帮助顾客安装、调试、操作;指导顾客正确使用产品;负责接受顾客投诉、退换与维修商品;建立客户档案,搞好售后跟踪服务等。切实做好售后服务,减少顾客的购后风险,不仅可以提高顾客的满意度和忠诚度,而且可以提高推销员及其企业的知名度和美誉度。

三、人员推销的一般步骤

人员推销工作不是一蹴而就的,它需要推销员的精心策划,一步一步地去实现。人员推销一般包括以下步骤。

(一)推销准备

推销准备是推销成败的基础。在这个阶段,推销员要做好以下四项工作:一是研究产品,通过了解把握推销品的功能、特点及企业对产品的销售政策,分析确定推销品的目标市场和营销特点;二是研究客户,通过分析推销品潜在的客户类型,确定目标客户,然后通过调查掌握目标客户的具体情况,为研究分销渠道与策略提供资料;三是研究分销渠道,其主要任务是结合产品特点和客户特点确定具体的分销渠道和推销策略;四是制订推销计划,就是将产品研究、客户研究和渠道研究的结果条理化,用书面计划的形式表达出来作为推销行动的蓝图。

(二) 寻找和访问客户

任何一种商品都有其目标顾客,寻找顾客是一个推销员销售活动的开端。推销员必须首先寻找到自己所推销商品的目标顾客才能进行有效的推销,如果目标顾客没有找准,只是进行盲目的推销,那么,无论是多么优秀的推销员,也只能是事倍功半。

锁定目标顾客后,接下来就要按照推销计划对目标客户进行实地访问。在这个阶段,推销员要做的主要工作有:一是访问前的准备,包括自我心理准备、访问对象背景材料准备和物品准备等;二是约见客户,推销员需要提前对客户进行约见,以诚恳的态度、巧妙的技巧打动对方,为自己争取机会,推销员应该准确、及时地到达约定的地点,这是一个基本的素质;三是推销洽谈,其主要任务是介绍商品、处理异议、促成交易。

(三) 推销洽谈

推销是一个说服的过程,洽谈阶段是整个推销过程的中心,在这个阶段,推销员根据掌握的资料,针对顾客的需求,介绍推销产品。推销洽谈可以有两种方式:一种是通过直接或间接、积极或消极的提示,将顾客的需求和产品的某些特性联系起来,以此刺激顾客的购买欲望,促成购买;另一种是通过展示产品、图像、说明书等资料以及他们如何优于竞争者的产品,让顾客切实地感受产品能够带来的利益,甚至可以指出产品的不足之处或可能出现的问题,以及该如何减免或防范。通过这些方式说服顾客促成购买。

(四) 处理异议

有经验的推销员都相信一句话"挑剔的才是买货人"。一般来说,当顾客有了购买的打算时,他就会对产品格外的关注,提出各种异议和问题,如果顾客对产品没有任何异议,那就说明他对产品毫不关心,最终很难产生购买的行为。所以顾客的异议其实是一次机会,顾客异议一般可分为两种:一种是在交易前能够解决的;另一种是需要进一步沟通的。推销员应该及时把握,消除那些可能影响销售的反对意见,进一步指出产品的优势,提示企业可以提供的特别服务,消除顾客的顾虑,促成交易的成功。

(五) 促成交易

一般来说,当顾客的异议和问题得到了解决,得到了满意的答复,他们就会作出购买的行为。但也有些顾客是要等推销员主动提出成交的,那么在这个阶段,推销员必须注意观察,捕捉各种成交信号,抓住机会,促成交易的成功。顾客发出的成交信号有许多,需要推销员审时度势进行观察。一旦顾客决定购买推销品,即推销成功。在这个阶段,推销员要做的主要工作:一是签订和履行合同;二是结算货款。

需要我们注意的是,成交并不是推销工作的结束,为顾客提供优质的服务、与顾客建立友好合作的关系将是推销员长期努力的方向。

（六）售后跟踪

在现代推销观念下,推销成交后推销工作并没有结束。为了获得客户的忠诚,推销员还要做好售后跟踪工作。在这个阶段,推销员要做的主要工作有:一是建立客户档案;二是做好售后回访;三是搞好售后服务;四是积极处理客户投诉;五是做好销售活动分析。其目的是树立良好的企业形象,提高客户的忠诚度,与客户建立长期的伙伴关系。

四、制订推销计划的方法步骤

（一）确定推销对象

推销员根据企业分配确定的推销品的特点和推销的地域范围,首先要采取适当的方法确定推销对象。所谓推销对象,即是推销员所要销售出去的主要产品。这是制订推销计划最重要的一步,切不可轻率了事。如果推销对象确定得不准确,即使推销工作再努力也不会收到好的推销效果。

（二）分解推销目标

分解推销目标,就是推销员将企业为自己规定的在某个区域应完成的推销任务总目标,分解落实到自己确定的各个推销对象上。分解的依据是调查预测的各个推销对象对推销品的需求量。分解的方法是,对各个推销对象先分解年度指标,再将年度指标分解到各个月份。分解的技巧是对A类客户和B类客户,在调查预测的需求量的基础上再增加5%~10%,以确保任务总目标的实现,在实际工作中,推销员通常还要与大客户签订协议,以确保推销目标的实现。

例如,推销员小张在W地区分配的推销任务是年销售额30万元。经调查,W地区有准顾客50户,其中A、B、C、D、E五户对推销品的年需求量分别为5万元、4万元、4万元、3万元、3万元,共计19万元,约占年推销任务的64%,属于A类客户。因此,在分解推销目标时,可对他们在调查需求量的基础上每户再增加5%的推销额。

（三）拟定推销措施

拟定推销措施,就是推销员根据具体推销对象或推销目标的特点,制订具体的推销方法、策略、措施。推销措施要简明扼要,具体可行,富有创造性,绝不能写不切实际的空话、套话。推销措施一般要明确实施的起止时间。

（四）表达与审批推销计划

1. 表达推销计划

推销计划的表达形式通常有叙述式和表格式两种。

叙述式推销计划,就是按照思维的基本逻辑,以叙述的方式将销售计划的基本内容有条理地表达出来。叙述式推销计划的参考格式如下所示。

×××商品2024年度推销计划

一、推销范围

××地区。

二、任务目标与分解

(1) 年度任务总目标:销售额××万元,销售利润率×‰,市场占有率×‰。

(2) 目标分解:甲客户年销售额××万元,乙客户年销售额××万元,丙客户年销售额××万元……

三、方法措施

1. 对A类客户方法措施与实施时间安排

(1) 总体措施。

(2) 对具体客户措施:

甲客户:

乙客户:

……

2. 对B类客户方法措施与实施时间安排

(1) 总体措施。

(2) 对具体客户措施:

甲客户:

乙客户:

……

3. 对C类客户方法措施与实施时间安排

(1) 总体措施。

(2) 对具体客户措施:

甲客户:

乙客户:

……

四、推销费用预算

(1) 差旅费。

(2) 赠品费。

(3) 公关活动费。

……

推销费用合计:

计划制订人:　　　　　　　　　　计划制订时间:

计划审批意见:

　　　　　　　　　　　　　　　　审批人签名:

　　　　　　　　　　　　　　　　审批时间:

表格式推销计划,就是按照思维的基本逻辑,以表格的方式将推销计划的基本内容有条理地表达出来。表格式推销计划的参考格式,如表8-1所示。

表 8-1 ×××商品 2024 年度推销计划

推销区域：　　　　　　　　　年度任务目标：

推销对象	分解指标	推销措施	访问次数及实施时间	费用预算
甲				
乙				
丙				
……				
合计				

审批意见：

　　　　　　　　　　　　　　　　　　　　　　　　　　审 批 人：
　　　　　　　　　　　　　　　　　　　　　　　　　　审批时间：

计划制订人：　　　　　　　　　　　　　　　　　　　　计划制订时间：

2. 审批推销计划

在实际工作中，推销计划的审批有两种情况：一是没有确定推销费用定额的企业，推销员制订的个人推销计划需要经过审批后方能付诸实施，审批的关键是判断推销费用预算是否合理，企业是否能承受；二是确定有推销费用定额的企业，只要推销费用预算总额没有超过定额，一般不需要审批，如果推销费用预算总额超过定额就必须经过审批后方能实施。

【活动 1】　　分析案例，感悟制订人员推销方案的基本方法

一、活动内容

在深入理解本项目任务 1[知识准备]的基础上，研读分析[案例 8-1]，并交流分享案例分析结果。

二、活动步骤与要求

（一）分组讨论

艾丽公司的人员推销共分几个步骤？每一步都做了哪些工作？完成表 8-2。

表 8-2　艾丽公司推销员工作步骤

第一步	
第二步	
第三步	
第四步	

(二) 进一步分析案例回答以下问题

（1）艾丽公司是如何确定推销员的？
（2）艾丽公司的推销员是否从进入公司开始就进行推销工作？
（3）艾丽公司的推销员是怎样寻找目标顾客的？
（4）艾丽公司的推销员在找到目标顾客后用什么方式和她们进行接洽？
（5）顾客为什么会购买艾丽公司的产品？
（6）艾丽公司的推销员每一次都是通过讲座或展示秀的形式找到目标顾客的吗？除此之外还有什么方法？

【案例 8-1】 艾丽公司的人员推销方式

艾丽公司是一家长期从事化妆品直销业务的跨国公司，艾丽公司每到一个国家，都能在很短的时间内迅速地占领市场，这主要得益于艾丽公司推销员的努力工作。

艾丽公司经过市场调查首先选择每个国家的一线城市作为市场开发的切入点，接着选派一名市场主管在当地通过媒体公开招聘推销员并进行业务培训，包括推销技巧及产品知识的培训，培训结束后，推销员被分配至各社区进行推销活动。

艾丽公司的推销员刚刚进入社区一般不是直接推销化妆品，他们会在社区举办几场活动，请资深美容师做一些护肤讲座或者做展示秀，中间插入有关艾丽公司及其产品的宣传。一段时间之后，社区的女性朋友已经对艾丽公司及其产品相当熟悉了，这时候推销员会邀请她们参加有关美容化妆知识的讲座，中间免不了让听讲的女性朋友们使用、体验艾丽公司的产品，这样一来，艾丽公司的产品逐渐被接受。在以后的时间里，推销员会鼓励已经购买的顾客介绍亲友加入知识讲座中来，慢慢地艾丽公司的产品就深入了整个社区。

（资料来源：根据孙乐增主编的《市场营销基础教程》有关资料编写。）

【活动2】 项目组为模拟公司的产品制订人员推销方案

一、活动内容

各项目小组针对自己模拟公司和产品的特点,制订一份较为完整的人员推销方案。

二、活动步骤与要求

(1) 完成人员推销方案草表,如表8-3所示。

表8-3 人员推销方案草表

推销员的选拔方式	
对推销员的管理措施	
寻找顾客的方法	
接近顾客的措施	
顾客可能对产品有异议的对策	
销售服务的内容与方式	
推销员的组织方式	

(2) 以组为单位进行讨论,进一步完善本组模拟公司人员推销方案。
(3) 每组选派代表在班级内部对本组的方案进行交流分享。
(4) 教师对各组方案进行点评并评出优胜组。

【知识拓展】 人员推销的三种模式

推销模式是关于顾客在接受推销过程中心理活动规律和推销员采取的推销策略的理论概括。它为推销员的工作提供了科学的理论基础。这里介绍三种具有代表性的推销模式,即埃达模式、迪伯达模式和吉姆模式。

1. 埃达模式(AIDA)

著名推销专家海因兹·姆·戈德曼于1980年在《推销技巧——怎样赢得顾客》一书中,把成功的推销归纳为四个步骤,即引起顾客注意→唤起顾客兴趣→激发购物欲望→促成购物行为。因为其中的注意(attention)、兴趣(interest)、欲望(desire)、购物(action)的首个字母组合起来为AIDA,我国学者按译音为"埃达"模式。

埃达模式包括四个方面:①吸引顾客的注意力;②唤起顾客的兴趣;③激发顾客的购买欲;④促成顾客的购买行动。它被公认为是成功的推销模式之一,一般适用于店堂推销,适用于携带方便的生活用品与办公用品的推销,也适用于推销员向陌生顾客的推销。

2. 迪伯达模式（DIPADA）

迪伯达模式是海因兹·姆·戈德曼根据自身推销经验总结出来的新模式。它是以需求为核心的现代营销学在实践应用中的理论概括，被誉为现代推销的重要法则。"迪伯达"是准确（definition）、结合（identification）、证实（proof）、接受（acceptance）、欲望（desire）、购买（action）的首字母组合而成的。迪伯达模式有六个推销步骤：①准确地发现顾客的需求与愿望；②把要推销的产品与顾客的需求结合起来；③证实所推销的产品符合顾客的需求；④促进顾客接受所推销的产品；⑤刺激顾客的购买欲望；⑥促使顾客作出购买成交的决定。迪伯达模式主要适用于：生产资料市场产品的推销；对老顾客及熟悉顾客的推销；对无形产品的推销及开展保险、技术服务、咨询服务、信息情报、劳务市场等无形交易；顾客属于组织购买，即团体购买的推销等。

3. 吉姆模式（GEM）

推销活动是推销员以公司名义向顾客推销产品的过程。因此，推销品（goods）、公司（establishment）和推销员（man）三个因素构成了支撑推销活动的三个支柱。这一理论被叫作GEM模式，译成汉语为吉姆模式。也就是说，在推销活动中，推销员必须相信自己的推销品，相信自己所代表的公司，相信自己的推销能力，这是推销成功的重要基础。吉姆模式说明信心、爱心和勇气是推销成功的基础，要说服顾客，必须首先说服自己。

（资料来源：根据张汉林、孙乐增主编的《现代推销实务》有关资料编写。）

任务2　制订广告促销方案

【知识准备】

一、商业广告的概念

简单地说，广告就是广而告之，是指组织或个人为了达到某种目的，利用各种媒体和手段传递有关信息的活动。按照是否以盈利为目的可以把广告分为商业广告和非商业广告。商业广告是指企业或者个人为了获取利润，通过各种媒体将有关商品、劳务的信息传递给消费者，以刺激其购买的广告。它是企业进行促销的有效手段之一。非商业广告是指不以盈利为目的的广告，如公益广告等。

二、商业广告的类型

（一）产品广告

产品广告，即对某公司出产的某个商品进行广告，它是目前最常见的广告类型。它包括了关于衣、食、住、行各个方面的产品广告，以消费性产品占绝大部分。当今社会，商品极大丰富，市场竞争日趋激烈，消费者挑选的余地很大，数以千计的产品为求能在消费者脑海中占有一席之地，期望借广告的传播力量，让广大的消费大众认识它、记得它、喜爱它,因而购买它。我们一般在电视、报纸、杂志、宣传栏、户外板报等任何媒体上所看到或听到的以产品为主的宣传,都属产品广告。

(二)形象广告

所谓形象广告,就是以传播品牌形象及企业形象为主要内容的广告。形象广告所宣传的不是一个有形的东西,而是一个团体、公司或者品牌的名称。在商品日趋同质化、价格竞争日益激烈、促销活动充斥在消费者周围的消费时代里,购物不再只是满足一时的需求,消费者越来越讲求品位,品牌形象及企业形象日益受到他们的重视,所以,形象广告也就应运而生。

(三)服务广告

服务广告是一种专属服务业的广告,宣传的是服务或该服务所带来的好处,并没有实质的商品。例如,金融保险业,提供个人投资理财、产业、人寿保险的服务;运输通信业,提供个人旅行、通信、物流的服务;工商服务业,提供个人或企业的个性服务。一般来说,工商业越发达的社会,服务业越发达,从服务广告的多寡可以看出一个社会的经济能力。

(四)促销广告

所谓促销广告,就是广告的一个促销活动。在竞争激烈,产品差异愈来愈小的状况下,只要是商品,就免不了要进行促销,当消费者的面前出现众多的促销活动时,为了吸引消费者的参与,促销广告就成为一种必要的方式了。所以,促销广告和产品广告一样重要,它是企业促销是否能够成功的有力保障。

三、制订广告宣传方案的方法步骤

企业在选择将商业广告作为促销手段之后,必须经过周密的策划,制订切实有效的宣传方案才能够达到促进销售的目的。一般来说,广告宣传方案的制订需要经过以下步骤。

(一)确定广告目标

广告目标是指企业提供广告宣传所要达到的目的。商业广告总的目标是促进商品销售。这个目标的实现并不是某一次广告宣传能够达到的,在企业的促销计划中,每一次广告宣传都会有一个具体的目标,如以告知某商品相关的信息为目标,以突出商品的优势诱导消费者购买为目标,以提醒消费者记住本企业的产品为目标,以提高企业知名度和美誉度为目标等。

(二)确定广告对象

广告对象是指广告信息传播的目标市场。在广告计划中,要确定广告的诉求对象,即广告能引起哪些人的注意、兴趣,激发哪些人的购买行为。确定了广告对象,才能有针对性地制作吸引这些人注意力、激发他们购买欲的广告。要找准广告对象并不容易,广告对象要经过周密布置和细致划分才能确定。找准广告对象的指标有多种,如性别、年龄、文化、收入、兴趣、职业等。

需要注意的是,商品的需求对象和商品的广告对象有时候并不是同一类人群。例如,婴幼儿的奶粉广告,奶粉的需求对象是婴幼儿,广告对象则是婴幼儿的父母。

(三)确定广告主题

广告主题是指广告宣传的重点和所要表达的中心思想。广告主题必须为实现广告目标服务,要依照广告目标的要求来体现广告目标。确立广告主题的方法主要有以下几种。

1. 以企业、品牌形象作为广告主题

不管企业是否自觉地去树立某种形象,消费者对他们所认识的企业和产品总有一个综合评价。企业形象说到底是企业的经营思想、企业文化,特别是职工素质等内在因素的外在表现。这类广告通过塑造良好的企业形象来促进产品的销售。

2. 以商品差异作为广告主题

从商品的差异角度出发,广告主题确定的方法就是分析企业商品与同类商品或替代品之间的差异,确定商品的优点和特点;并以其中最主要的、最能吸引消费者的方面作为广告主题,即为消费者确定一个购买理由或"卖点"。

3. 以品牌定位作为广告主题

20世纪70年代,艾·里斯(AL Rise)和杰克·特劳特(Jack Trout)提出定位(positioning)概念,该概念在国外被认为是进行广告策划的最基本的方法之一。所谓定位,就是这个位置一旦建立起来,就会使消费者在需要解决某一特定消费问题时首先会考虑某一品牌的产品。定位并不改变产品本身,而是要在顾客心中占领一个有利的地位。运用这种方法能够有效地将本企业的产品与其他企业的产品区分开来。

(四)确定广告表现策略

广告表现策略也称广告诉求策略,是指表现或诉求广告内容时所采用的技巧和方法。它是决定广告信息能否有效地传达给消费者,能否影响其对产品的印象和态度并采取实际的购买行动,进而决定广告效果的重要因素。常见的广告策略有以下几种。

1. 理性诉求广告策略

理性诉求广告策略也称"生活情报型"广告策略,是针对理智型的消费者而采取的广告策略。由于现代社会的发展,人们文化修养的提高,市场为买方市场,以用户为中心提供产品或服务,人们了解产品知识的能力和需要增强了,有关各种商品和服务的知识已经成为人们的一种"生活情报"。人们了解它们,并不一定都是为了即时购买,而是在相当程度上把这些知识作为一种"储存",以备将来需要时使用。理性诉求广告策略正是适应这种情况的。它要求在广告中向消费者介绍各种商品的专门知识,当好消费者的"生活情报顾问",让消费者能够获得其本身所需要的知识,促进他们进行理智的分析,而后产生购买行动。从市场和产品的角度看,理智诉求策略主要是针对进入市场、开发市场、导入期和成长期的产品、更新产品、高价耐用产品等情况而采用的。例如,当前网络上非常常见的各类测评报告,测评人员通过对同类型商品的对比,凸显其中一种商品的优点,达到宣传的效果。

2. 情感诉求广告策略

情感诉求广告策略也称情感激发广告策略。这种广告策略把商品的特性、用途结合人们的心理感受,以喜怒哀乐的情感方式在广告中表达出来,营造消费者在使用该产品后的欢乐气氛,给消费者以心理上、情绪上的满足。这种策略易于引发消费者的丰富想象力,易于引发消费者对产品产生情感联系,可以使消费者对该产品保持较长时期的好感。人的行动往往可能受到感情的支配,广告一旦激发起人们的产品情感,消费者很可能接着会产生购买行动。

3. 塑造形象广告策略

塑造形象广告策略主要是尽力突出企业名称、标志、产品商标、企业给社会提供的各种优良服务以及企业对社会的贡献等,从而为企业塑造一个美好的形象,并由此增强社会对企业及其产品的信任感。这种策略的主要作用是提高企业和产品的知名度,扩大市场占有率。采用这种策略需要做好充分的准备,产品要过硬,广告投入要大,企业的实力要强。企业有把握创造出过硬的产品,或企业认定某一产品具有极大的发展前途时方可采用此种策略。另外,有优良传统的老企业、有实力的大型企业,或者发展潜力很大的优质产品,需要在原来的良好基础上进一步巩固其形象,进一步提高其知名度的,也可采取这种策略。

4. 推荐式广告策略

推荐式广告策略是采用名人推荐、用户推荐、消费者证言、有关部门的鉴定结论或历史资料的引证、科学原理的论证等方式来强调和推荐商品的优点、特点及企业的优势和长处,借以获得消费者的信任。因其是用第三者的口吻来介绍,可以避免产生自夸的嫌疑,容易为消费者接受并产生较好的信任效果。

5. 保证广告策略

保证广告策略也称承诺式广告策略,要点是在广告中以明确的表述或巧妙的暗示对消费者作出承诺,向消费者保证在其购买本产品后将获得什么好处,从而使用户对企业或产品产生信任感并乐于试买试用。需要注意的是,广告代表企业所作的承诺和保证,其内容必须明确,使消费者没有疑问,同时这种保证又必须是企业确实能够做到的。不是切实可行的事项不能采取这个策略,否则一旦办不到,失信于人,其广告效果就会呈负效应,事与愿违,企业和产品的声誉将遭受极大损害。

6. 悬念广告策略

悬念广告策略是充分利用人的好奇心理有意制造出悬念,让人们去猜测、去想象,并在猜测和想象中积极行动。悬念广告策略一般适用于某一产品向市场推出之前的宣传,它能使消费者逐步了解商品和企业;也可用于加强广告中商品形象或商品信息的冲击力。通过悬念广告的出奇性吸引潜在顾客的注意力,然后让人们在恍然大悟中留下对商品的深刻印象。

7. 警示广告策略

警示广告策略是一种带有"自我检查"意味的广告策略,把自己产品的实际不足之处或缺点直接提出来,坦诚相告,并向消费者发出警示,要其注意这种缺点或不足。这种方法一反广告总是自吹自擂的常态,本就可以引起人们的特别注意,加之态度恳切,把广告主完全放在消费者一边,跟消费者站在同一立场,为消费者着想,无形之中大大增加了消费者的亲切感,而且其对缺点直言不讳的坦诚态度反而从心理上增加了消费者的信任感,使消费者的态度变为了给予理解和原谅"有点小毛病也不要紧,可以买来试试"。这是一种很高明的表现策略,运用恰当,可以强化商品和企业形象,真正赢得消费者的信任。

广告策略并不局限于上述诸种,在运用时要特别注意它的针对性、实用性和准确性。在广告策略策划时,应充分结合消费者、市场和产品的特点选择某种策略,或者将两种或数种策略综合使用,注重广告策略的创造性、机动灵活性,争取达到最佳广告效果。

(五)选择广告媒体

广告媒体是广告信息传递的载体,是广告效果得以实现的必要工具和手段。任何广告信息都是经过一定的媒体传递给消费者的。各种媒体的收费标准不同,传播效果也有所不同。因此,媒体的选择对广告效果以及最终促销效果的影响是举足轻重的。选择广告媒体,必须首先了解各种常用媒体的特点。

现代社会,信息传递的媒体很多,可以说只要是人们能够接触并能够对感官产生影响的物体都可以作为广告的媒体,大到广播、电视、报纸、杂志以及网络,小到汽车、墙壁、票据、护栏甚至树干等。一般来说,比较常用的大众传播媒体主要有报纸、杂志、广播、电视和网络。下面就这几种媒体的特点作一简要说明。

1. 报纸

报纸作为信息传递的传统媒体,具有反应快、制作简单、费用低廉和易于保存等优点。但是,报纸的传播面相对受限,通常只限于本地或有限的地区,难以覆盖更大的范围。

2. 杂志

杂志的优点是专业性、权威性较高,印刷精美,图文并茂,可读性强。它的缺点也是受文化水平的限制,同时因为杂志一般都是期刊,发行时间固定,所以时效性较差,适合不容易受到外界影响的奢侈品、贵重品的宣传。

3. 广播

作为电子类的媒体,广播的覆盖面广、信息传递速度快,并且制作灵活、费用低廉,它的缺点是时间固定,除声音效果外其表现手段单调。现阶段来说,广播这一媒体一般在汽车上应用较为广泛。

4. 电视

电视可以说是综合了各种媒体的优势,结合了视、听、读的广告效果,表现手段丰富多样,艺术性、感染性强,信息传递迅速及时,适合各种消费者接受,它的最大缺点是费用较高,如一则央视黄金时段的广告费用可以高达上亿元人民币。

5. 网络

网络是近几年随着电脑传播技术的发展而产生的新型的传播媒体,目前来看,网络广告越来越受到广泛的重视,一方面,企业越来越多地在网上发布自己的广告;另一方面,消费者越来越多地通过网络获取更多的信息。网络作为媒体的优点主要是传播速度快,制作费用低,不受时空限制,反馈的可测性高,与消费者互动效果好。缺点是由于网络覆盖率有一定的局限性,目标消费群体有限,网络安全存在隐患,信服度较低。

了解了各种传播媒体的特点,企业应该结合产品的特性、广告信息传播的频率及效果要求、目标消费者接收信息的习惯以及财力状况等选择适合自己的媒体进行广告宣传。

（六）确定广告发布时机策略

广告发布时机策略是指对广告发布的时间、频率所作的具体安排。广告发布时机策略运用是否恰当,对广告的效果有很大影响。因此,确定广告发布时机策略要视广告产品的生命周期阶段、广告的竞争状况、企业的公关营销策略等多种因素的变化而灵活运用。常见的广告发布时机策略有:广告发布时序策略和广告发布时间策略。

1. 广告发布时序策略

广告发布时序策略是指广告发布和企业的其他相关活动在时间上的配合的策略,有提前策略、同步策略、延迟策略三种主要类型。

提前策略是指广告在相关活动开始之前就开始发布的策略,如产品尚未正式上市就开始发布上市广告、广告对促销活动进行提前预告,等等。这种策略有助于进行市场预热,比较适合新产品上市的广告。

同步策略是指广告的发布与相关活动同步开始的策略,如在产品上市的同时发布广告、在促销活动开始的同时发布广告,等等。这种策略可以使广告与其他活动密切配合,收到直接促使消费者采取行动的效果,比较适用于已经有一定的知名度和市场占有率的产品。

延迟策略是指广告在相关活动开始之后再通过媒体发布的策略,如在产品正式上市之后发布广告,这种策略有助于消费者按照广告诉求指名购买产品。

2. 广告发布时间策略

广告发布时间策略可以分为集中时间策略、均衡时间策略、季节时间策略、节假日时间策略四种。

集中时间策略是指集中力量在短时期内对目标市场进行突击性的广告攻势的策略,其目的在于集中优势,在短时间内迅速造成广告声势,扩大广告的影响,迅速提高产品或企业的声誉。这种策略适用于新产品投入市场前后、新企业开张前后、流行性商品上市前后,或在广告竞争激烈时刻以及商品销售量急剧下降的时刻。运用此策略时,一般运用媒介组合方式,掀起广告高潮。

均衡时间策略是指有计划地反复对目标市场进行广告的策略,其目的是持续地加深消费者对商品或企业的印象,保持在消费者的记忆中,挖掘市场潜力,扩大商品的知名度。在运用均衡广告策略时一定要注意广告表现的变化,不断给人以新鲜感,而不要长期地重复同一广告内容,广告的频度也要疏密有致,不要给人以单调感。

季节时间策略主要用于季节性强的商品,一般在销售旺季到来之前就要开展广告活动,为销售旺季的到来做好信息准备和心理准备。在销售旺季,广告活动达到高峰,而旺季一过,广告便可停止。这类广告策略要求掌握好季节性商品的变化规律。过早开展广告活动,会造成广告费的浪费,而过迟,则会延误时机,直接影响商品销售。

节假日时间策略是零售企业和服务行业常用的广告时间策略。一般在节假日之前数天便开展广告活动,而节假日一到,广告即告停止。这类广告要求具有特色,把品种、价格、服务时间以及异乎寻常之处的信息突出地、迅速地和及时地告诉消费者。

（七）确定广告预算

企业进行广告促销需要支付一定的费用，包括广告的设计、制作费用和媒体使用的费用等。这些费用都将构成产品的销售成本，因此，为了取得良好的经济效益，企业选择广告促销的方式以后，必须经过周密的策划，对未来一段时期内的广告活动所需要的费用进行预算。

广告预算的方法通常有以下几种。

1. 量入为出法

量入为出法是指根据企业的财力估计在促销方面可以投入资金的多少，一般是以企业财务部门当年能够为促销提供的费用多少为依据来确定广告的费用的方法。这种方法有一定的局限性，不利于平衡经营费用，突出经营重点。

2. 目标任务法

目标任务法是指计算完成广告目标所必须进行的工作费用，把费用总和作为企业广告费用的总预算的方法。它需要三个步骤：第一步，明确地确定广告目标；第二步，确定为达到这种目标而必须执行的工作任务；第三步，估算执行这种工作任务所需的各种费用，这些费用的总和就是广告预算。

3. 销售百分比法

销售百分比法是指依据目标销售额（当期或预测数）的百分比，或售价的一定比率决定企业的广告预算的方法。一般来说，百分比的确定是以上一年度的广告费用占销售额的比率为依据的。

除此之外，制订广告预算还要考虑以下几个方面的影响。

1. 产品已占市场份额的大小

如果所促销的产品已经占据较大的市场份额，那么在广告投入上应该较多，因为市场份额大，广告的覆盖面相应也要大一些，这样才能保证消费者能够完全接收到信息；如果产品占领的市场份额较小，那么广告投入少一些也能使消费者接收到信息。但是，如果是新产品或者处在争夺市场的阶段，那么为了扩大市场份额则要比维持市场份额投入较多的广告费用。

2. 产品所处市场生命周期的阶段

任何产品都要经过其市场生命周期的不同阶段，处在不同的阶段所需的广告费用的投入策略也是不同的。一般来说，在产品刚刚进入市场的投入期，为了迅速提高消费者对产品的认知程度，赢得消费者对产品的信赖，应该加大广告费用的投入；在产品成长期内，因为消费者已经对产品有所了解，广告的频率可以适当降低，能够维持消费者对产品的印象即可，广告费用的投入也可随之减少；当产品进入成熟期以后，应该加大广告的投入，大力进行广告促销，增强产品的竞争力，抓住成熟期的时机提高销售额；当产品进入衰退期的时候，应该减少广告费的投入，把精力和财力转移到新产品的促销中去。

3. 市场竞争的情况

一般来说，竞争越激烈，企业越要在广告上加大投入，以吸引消费者的眼球；如果市场上竞争产品不多，或者本企业的产品已经占据绝对优势，那么广告费用可以相应减少一些。

(八）评估广告效果

企业为了及时地改进广告策略、降低广告成本、提高广告效益，需要对广告的效果进行评估。对广告效果的评估应该包括以下两个方面的内容。

1. 沟通效果评估

与消费者进行有效的沟通是企业广告的目标之一，也是商品促销必须达到的效果。对沟通效果的评估主要是测定消费者在广告发布前后对产品的记忆、兴趣等注意的程度，它包括事前测定和事后测定。

1）事前测定

事前测定可以采用的方法有评分测定法、判断测定法和试验测定法。

评分测定法是指通过比较同一产品的若干表示不同主题的广告，从中测定哪一个广告作品更能吸引人们的注意力，以便选用其中最好的一个。例如，企业为某种产品设计了几个不同的广告，随机选出一组消费者或邀请一些广告专家分别就某些项目进行打分，然后采用累积评分的办法选取得分最高的广告作品作为最终实施的方案。

判断测定法是选择具有代表性的消费者，由消费者对广告形式的喜好来作出判断。例如，将一组广告样本提供给消费者征求意见，消费者要凭记忆叙述各广告稿的内容和特色，并采用"非常赞成""赞成""不知道""反对""竭力反对"五个类目的测定方法对不同广告形式给予分类取分。企业根据消费者的反馈意见投放最理想的广告设计，这种方法具有简易实用的特点。

试验测定法是用专门的仪器测量消费者对某一广告作品的心理反应，了解广告对消费者的吸引程度的方法。

2）事后测定

事后测定可以采用的方法有回忆测量法和识别测量法两种。

回忆测量法就是调查能够接触到广告媒体的消费者，了解他们对广告内容的记忆程度，如企业和产品的名称、产品的特性等，以此测定广告传播的效果。

识别测量法是在广告播出后，利用一定的指标测定消费者对广告的识别程度，如不知道、粗略知道、知道、详细了解等。

2. 促销效果评估

商业广告的最终目的是要达到促销的效果。广告促销效果一般来说是通过对比广告前后销售量的变化来测定的，但是影响销售量变化的因素很多，除广告促销之外还有产品质量、市场价格、竞争状况等。因此，测定广告的促销效果是一项比较困难的工作，理解了这一点，有利于企业客观地评估广告的促销效果。

目前来看，测定广告促销效果的方法有历史资料分析方法和实验设计分析法。其中历史资料分析法是指通过对产品销售量和广告费用的历史统计资料进行回归分析，得出两者间的因果关系，进而评价广告的促销效果；实验设计分析法是指通过在不同的细分市场上采用不同的广告投入量，然后观察各细分市场销售量变化的不同情况，提供对比分析，评价广告的促销效果。

【活动1】 分析案例,感悟制订广告宣传方案的基本方法

一、活动内容

在深入理解本项目任务2[知识准备]的基础上,研读分析[案例8-2],并交流分享案例分析结果。

二、活动步骤与要求

(1) 各项目组认真阅读[案例8-2],分析[案例8-2]中提到的产品与广告,根据蜜雪冰城的广告宣传策划情况完成表8-4。

表8-4 对[案例8-2]的分析结果

问题	分析结果
蜜雪冰城的广告对象是谁	
蜜雪冰城主题曲所使用的广告策略有哪些	
蜜雪冰城主题曲所使用的媒体平台是网络平台,谈谈它这么做的好处	
从宣传、过程、结果这三方面简单评估一下蜜雪冰城这支广告的效果	

(2) 参照知识准备中关于广告效果评估的方法,各组针对蜜雪冰城广告的效果设计一份调查问卷,要求问题不少于5个。

(3) 各组选派代表在班级内部交流分享本组对[案例8-2]的分析结果。

(4) 教师对各组的分析结果作出评价与指导并评出优胜组。

【案例8-2】 蜜雪冰城广告营销分析

2021年6月3日,蜜雪冰城官方号在B站上传了主题曲MV《你爱我,我爱你,蜜雪冰城甜蜜蜜》,随后又上传了中英双语版,魔性的旋律和简单的歌词,让这首主题曲收获了超过1 282万次的播放、65万次的点赞。在抖音平台,"蜜雪冰城主题曲"话题也迅速登上热榜,抖音博主纷纷跟风使用这首主题曲作为视频的BGM。在微信平台,基于MV中"雪王"IP形象创作的表情包和段子迅速流行。这种用户的自发创作快速产出,使品牌声量不断扩大。

同时,蜜雪冰城结合主题曲的热度,开展活动为各大门店营销赋能。例如,在父亲节当天,拍摄给父亲唱蜜雪冰城主题曲,有惊喜大礼;又如,在蜜雪冰城线下门店唱主题曲,可以免单。可以说,蜜雪冰城既结合了自身的热度,也传递了品牌的温度,博得了不少人的好感。

蜜雪冰城成立于2008年,注册资本3.6亿元,是以冰激凌茶饮为主的饮品连锁品牌。这首魔性上脑的主题曲改编自由斯蒂芬·福斯特于1847年创作的乡村民谣《Oh, Susanna》,虽然有些人认为这首歌过于直白平实,但这种风格恰好是和蜜雪冰城的品牌调性契合的。蜜雪冰城的主打特点就是低价亲民,在一二线城市开店也尽

量避开地租高昂的商业中心。薄利多销的特点让其一路扩张,在 2020 年 6 月已突破了一万家门店。

蜜雪冰城在其他品牌还在努力破圈的时候,就已经成为茶饮行业首个突破万家门店的品牌,并且品牌营销拓展到了海外市场,开启了全球化之路。走在大众消费品赛道上,以规模求利润,用平价征服世界。当其他茶饮品牌都在争用高档原材料,不停"内卷"的时候,蜜雪冰城却从不否认自己的材料低廉,更是直言我们有自己的供货渠道,没有中间商赚差价。

蜜雪冰城主打"下沉市场",其主要用户群体以学生、年轻人为主。这个群体虽然消费能力有限,但却是抖音、B 站、微博等平台的主力军,他们喜欢个性化的娱乐方式。蜜雪冰城恰好抓住了这个特点,再加上 B 站独一无二的造梗能力和弹幕文化,选择率先在 B 站上发布主题曲。简短的歌词、强烈的节奏感,可复刻性大,又为 B 站的 UP 主们提供了有利的二次创作条件。最后加上官方的持续互动,使得蜜雪冰城的影响力不断扩大,引起了一波全网狂欢。可见,蜜雪冰城一直牢记着抓住自己的用户群体,通过这种在年轻人间热度和黏性极高的活动,把娱乐与品牌营销结合起来,从而吸引更多年轻人来了解品牌。

(资料来源:https://www.thepaper.cn/newsDetail_foward_13232955,有删改。)

【活动 2】 项目组为模拟公司的产品制订广告宣传方案

一、活动内容

各项目小组针对自己模拟公司的产品特点,结合本项目任务 2 中商业广告宣传方案的制订方法,制订本组模拟公司产品的广告宣传方案。

二、活动步骤与要求

(1) 各项目组结合[知识准备]中有关商业广告宣传方案的知识,认真分析自己的公司及产品,填写表 8-5。

表 8-5 制订广告宣传方案记录一

产品名称	
产品类别	
目标消费者类型	
目标消费者分布	
目标消费者习惯于从何种媒体接收信息	
购买决策者类型	
购买决策者习惯于从何种媒体接收信息	
广告预算情况	

(2) 各项目组根据表 8-5 的内容,完成表 8-6,并对广告创意的内容进行详尽描述,进一步确定广告宣传方案。

表 8-6　制订广告宣传方案记录二

广告针对的对象	
适合媒体	
广告形式	
广告表现策略	
广告效果的评估措施	

(3) 各组组长带领本组成员对广告宣传方案进行修改完善。
(4) 各组选派代表在班级内部交流分享本组完善后的广告宣传方案。
(5) 教师对各组交流的广告宣传方案作出评价与指导并评出优胜组。

【知识拓展】如何利用 USP 理论、品牌形象理论、共鸣理论进行广告创意

一、USP 理论

独特的销售主张(unique selling proposition,USP)理论是美国著名广告人罗瑟·瑞夫斯(Rosser Reeves)于 20 世纪 50 年代初提出的。该理论的核心主要囊括了三个方面:明确的概念、独特性的主张、强劲的销售力。

其中,明确的概念是指在广告创意中提炼产品的利益点,即商品的功能或效用,给予消费者十分明确的利益承诺(如牙膏的防蛀功效,能够让消费者拥有健康的牙齿);独特性的主张是指广告所主张的产品利益点是唯一的、独特的,是其他竞争对手无法提供的或者尚未提出的(如"农夫山泉有点甜"的广告主张,让它显得与众不同);强劲的销售力是指该独特的主张必须能够促进销售,可以吸引并打动消费者,激发并刺激消费者的消费欲望并最终促成购买。

例如,玛氏 M&M's 的经典广告"Melts in your mouth,not in your hand(只溶在口,不溶在手)"就采用了 USP 理论。广告的制作者罗瑟·瑞夫斯注意到,M&M's 是当时唯一一种使用糖衣包裹的巧克力豆,具有耐高温而不易溶化的特性,是任何其他品牌巧克力豆不具备的(独特性的主张),由此切入广告创意,构思出"只溶在口,不溶在手"的广告语(明确的概念),通过电视进行反复的广告投放,使 M&M's 迅速成为家喻户晓的巧克力品牌。

在 USP 理论指导下,广告创意的思路主要有以下两种:
(1) 找到产品在功能或效用上的核心诉求点,然后通过创意把这个核心功能点延展为有价值的产品概念,明确地告诉消费者"我的产品有怎样的功能,能够带来什么好处"。其展现方式,可以是简单的一句话,也可以是一个完整的意境,能够让消费者对产品和品牌产生认知以及相关联想。
(2) 无论是创作多少不同版本的广告,在广告中必须始终强调同一个销售主张,并且

要持续并反复地进行广告曝光,让这个主张深入消费者的内心。比如,海飞丝始终强调它的去屑功能,霸王的"防脱发"主张深入人心,它们的广告播放了无数版本,广告所传递的诉求点一直没有变。

二、品牌形象理论

品牌形象(brand image,BI)理论是由广告大师大卫·奥格威在20世纪60年代中期提出的,该理论主要有四大核心要点:

(1) 为品牌塑造形象是广告最主要的目的。

(2) 任何一个广告都是对品牌的长远投资。

(3) 塑造品牌形象比强调产品的具体功能特性重要。

(4) 广告尤其应该重视运用形象来满足消费者心理的需求。

许多产品同质化越来越严重,同类型的产品已经很难在具体功能上进行区分,与此同时,消费者在选择产品时,也越来越倾向于感性。这就需要从更深层次制造品牌间的差异化。

1. 塑造品牌形象

通过科学的实验、调查、分析,在明确品牌定位、消费者属性、消费者对品牌的印象等基础上,运用广告去描述品牌的特有气质,并在其中加入民族性格、社会性格等精神要素,把品牌塑造成卡通或者真实人物的形象,赋予品牌独一无二的个性。比如,万宝路香烟在改变"女士烟"的定位之后,通过在广告中强调万宝路香烟的男子汉气概,成功打造出了粗犷豪迈、英雄气概的美国西部牛仔品牌形象。

2. 传递品牌形象

邀请与品牌气质、理念相匹配的明星、名人等拍摄品牌形象广告,通过电视、网络、报纸等途径进行大量的宣传,让品牌想象深入人心。

3. 维护品牌形象

在设计广告的过程中,一定要考虑广告的创意是否与品牌的形象相符、是否对品牌的形象有利,不能制作与形象不符甚至是有损形象的广告。

三、共鸣理论

共鸣(resonance)理论于20世纪80年代被提出,是如今我们在进行广告制作过程中,最常使用的创意方法之一。共鸣理论的核心主张表现为:在广告中极力展示目标消费者珍贵的、难以忘怀的生活经历、人生体验和感受,以此来唤醒并激发消费者的回忆,同时赋予品牌特定的内涵和象征意义,建立目标消费者的移情联想。

USP理论主张以产品的具体功能点作为广告诉求,更多的是要促成消费者的理性购买,而共鸣理论则更偏向于消费者的感性消费。通过广告诉求与人们的情感、经历共振而带来的效果和震撼,是深刻而持久的,能够真正触碰到消费者的内心。目前,能够引发消费者共鸣的广告诉求有两大方面。

1. 以亲情、爱情、友情为主的温馨情感

人们对于美好的东西总是充满向往的,这些积极、温和、喜悦的情感能够让人直接体验到爱与家庭的美好。亲情主要体现家庭成员之间的血缘感情,包括父母子女之情、兄弟姐妹之情、祖孙之情等;爱情则包括恋人、夫妻之间的感情;友情体现为除爱人或亲属外彼

此有交情的人,可以包括同学之情、同事之情、青梅竹马之情等。在广告的表现形式上,可以选取其中的生活片段进行展示,也可以是特写某个细节,或者描述某个局部,以营造或烘托出其中的氛围、感情。

2. 以追忆过去为主的怀旧情结

怀旧是一种常见的情绪,它是对旧物、故人、老家和逝去岁月的缅怀,怀旧通常与经典联系在一起。人们经常通过有年代感的歌曲、影视剧、照片、诗歌散文、建筑、服装等来抒发自己的怀旧情结。在广告创作加入怀旧元素,能够唤醒并激发消费者内心深处的怀旧情绪,勾起他们集体拥有的共同记忆符号,产生精神上的共鸣,从而促成消费者的购买。

(资料来源:https://www.yunyingpai.com/brand/457093.html,有删改。)

任务3 制订营业推广方案

【知识准备】

一、营业推广的概念

营业推广是指除人员推销、广告宣传、公共关系促销方式之外的各种促销方式的总称。常见的营业推广方式主要有:现场促销、有奖销售、以旧换新、折扣销售等,因为它能直接促进营业额的提高,所以被称为营业推广。

二、营业推广的特点

与其他促销方式相比,营业推广具有以下特点。

(一)辅助性和非经常性

营业推广不同于广告、人员推销和公共关系等经常性的促销活动,它具有辅助性和非经常性的特点。它多用于为新产品打开市场制造"人气"或企业开业烘托"人气"以及处理积压产品等事项。

(二)针对性强、效果明显

营业推广是针对特定的商品和特定的顾客而开展的促销活动,形式灵活多样。它一般都有特殊的激励措施,具有强烈的刺激性和吸引力,可获得消费者的快速反应,产生立竿见影的效果。

(三)攻势过强、不易把握

营业推广讲求的是短期效果,一般都采取很强的攻势,如果运用不当容易引起顾客的反感和误会,以为产品在质量价格或者使用寿命等方面存在问题,进而影响企业和产品的整体形象,因此,选择某种方式推广时应当慎重。

(四)费用较高

企业在进行营业推广的时候,在提供商品的同时,还需要附加一些有使用价值的东西以吸引消费者购买。这样一来势必增加促销的费用,因此这种办法不能长期采用。

三、营业推广的主要方式

营业推广不论对最终消费者、中间商还是企业推销员来说都是一种有效的促进销售的手段,企业可以采取多种形式来进行。这些方式总的来说可以分为对消费者的营业推广方式、对中间商的营业推广方式和对推销员的营业推广方式。

(一)对消费者的营业推广方式

企业对消费者的营业推广有很多不同的形式,常用的营业推广方式主要有以下几种:

(1)现场促销。在营业场所,根据消费者的购买心理对卖场的装饰与布置以及商品的摆放、样品的陈列进行设计,使消费者赏心悦目、心情舒畅,以吸引其购买。

(2)以旧换新。将同品牌的老产品或者其他同类产品折价,再加上一定数量的现金就可换购新的产品。

(3)试用品尝。免费让顾客试用样品,使顾客亲身感受到商品能够带来的实惠和利益,如对一些水果或者食品可以让消费者进行品尝,以此刺激其购买。

(4)价格折扣。顾客在购物时可以享受到一定数量上或价格上的优惠,让其感到企业是实实在在让利于消费者,及时购买可以获得一定的利益。

(5)有奖销售。购买一定数量或者金额的商品即可获赠一定的奖品、有价货券,或是赠送抽奖券,在指定地点和时间按规则抽取奖品。

(6)组合销售。将一定数量或者功能相关的产品组合在一起进行销售,价格低于分开销售的价格。

(7)附加包装。在原来包装的基础上加大容量,注明"赠送""加大"的字样,或者额外赠送小包装产品进行销售。

(二)对中间商的营业推广方式

中间商是企业产品销售的重要对象。中间商对产品的购进和销售的热情直接影响企业的销售成果。针对中间商的营业推广方式主要有以下几种:

(1)促销支持。它包括企业广告宣传、公共关系以及为中间商培训人员等方面的投入。

(2)产品支持。即企业在产品方面给予中间商一定的支持,如免费提供陈列样品、免费调换过季、过期产品等。

(3)进货量折扣。如果中间商一次性进货或者累计进货达到一定数量的话,就可以享受相应的折扣,或是以赠送的形式进行折扣,如赠送产品、赠送促销费、装修费等。

(三)对推销员的营业推广方式

在采取人员推销的企业中,为了提高销售额会对推销员采取营业推广的方式,激励其推销的热情。具体方式主要有以下两种:

(1)推销竞赛。即在企业的推销员中展开推销竞赛活动,对完成任务好的推销员给予一定的物质与精神奖励,以提高全体推销员的积极性。

(2)推销津贴。按照推销员完成推销量的多少发放数量不等的奖励津贴,以鼓励先进、鞭策后进,提高推销员的推销热情。

四、制订营业推广方案的方法步骤

(一)确定推广目标

营业推广的目标包括两个方面:一是指营业推广针对的目标,即推广活动是针对消费者、中间商还是推销员;二是指营业推广所要达到的促销目标,即通过营业推广达到的销售额提高的目标。只有目标明确才可能制订有效的方案。

(二)确定诱因大小

诱因即诱导购买的原因,也就是在营业推广中采取何种刺激。诱因过小,不足以刺激购买。诱因过大,一方面会增加促销的成本费用;另一方面会引起消费者误会。一旦消费者产生反感反而不利于促销,因此诱因的大小必须恰到好处。

(三)确定推广途径

前面已经讲过,营业推广的方式和途径很多,在实施时应该采取哪种途径传递推广信息、送出刺激物,是采取价格折扣还是赠送物品?是采取现场抽奖还是集中抽奖?途径的选择要根据具体情况而定。

(四)确定推广时间

推广的时间包括两层含义:一是指营业推广开始的时间与时机;二是指活动持续的时间长短。营业推广是一种短暂性的促销方式,并不是经常开展的,它的实施要选择一定的时间和时机。对企业的需要来说,当进行新产品的推广或者产品积压过多时,从有利于促销的角度来说,可以利用节日喜庆的气氛开展营业推广活动。既然是一种临时性的促销手段,那么过程不宜持续过久,否则一旦失去新意,让消费者以为是市场价格下降反而不好;如果时间过短,有些消费者来不及购买,也不利于促销。因此,营业推广应该把握最佳的市场机会,持续恰当的时间,这样既保持了欲购从速的吸引力,又避免了草率从事的尴尬局面。

(五)确定推广预算

在各种促销方式中,营业推广的费用成本是比较高的,因此,在制订实施方案时必须有一个比较精密的预算。推广预算的确定一般有三种方法:一是根据上期的费用情况确定本期的预算,这是一种简便易行的方法,但是一旦情况发生变化则不易把握;二是比例法,确定全部促销费用的某个比例作为营业推广的费用,再把这些费用分摊在每一次的推广活动中去,这种方法的缺点是促销费用的比例不好确定;三是综合法,即先计算推广活动中每一项的费用,如宣传费、赠品费、人工费等,最后把各种费用加总得出本次活动需要的总的费用。

【活动1】 **分析案例,感悟制订营业推广方案的基本方法**

一、活动内容

在深入理解本项目任务3[知识准备]的基础上,研读分析[案例8-3],并交流分享案例分析结果。

二、活动步骤与要求

(1) 各小组认真阅读[案例8-3],对比分析"丽人美"化妆品公司三次营业推广的具体内容,完成表8-7。

(2) 通过填写表8-7,各组成员在组内交流对"丽人美"化妆品公司三次营业推广的感想。

(3) 组长带领组员对"丽人美"化妆品公司三次营业推广的感想进行总结,并且试着为"丽人美"化妆品公司设计一次秋季的营业推广方案。

(4) 每组选派代表在班级内部对本组讨论的结果进行交流与分享。

表8-7 对[案例8-3]分析的记录

项目	母亲节活动	6～8月第一次活动	6～8月第二次活动
推广对象			
活动诱因			
推广时机			
推广时间			
活动费用(元)			
销售量(瓶)			

(5) 教师对各组的分析结果作出评价与指导并组织评出优胜组。

【案例8-3】 "丽人美"化妆品公司三次营业推广

"丽人美"化妆品公司是一家经营女性护肤产品的化妆品生产经营企业,进入A市3年来,其生产销售的"丽人美"系列化妆品很受当地女性朋友的喜爱,并且已经拥有了一定的市场占有率。

自从5月份化妆品销售进入淡季以来,公司市场部进行了一系列的促销活动,除加大广告宣传的力度外,公司同时决定在各商场和化妆品专营店开展一些营业推广活动。在母亲节来临之际,在节日当天和前后三天购买任意一"丽人美"系列的化妆品可以获赠两枝康乃馨,以表示对母亲的节日祝贺。这项活动迎合了母亲节温馨的气氛,符合人们向母亲敬送代表母爱的鲜花——康乃馨的习俗,因此效果非常明显。活动进行的7天当中,销量达到656瓶,甚至超过了销售旺季的最高纪录,从促销的成本来看,康乃馨的价格是营销人员经过广泛对比找到的最低价(每支0.3元),远远低于其他促销活动的费用支出,此次营业推广活动可以说是相当成功的。

初战告捷,营销人员信心倍增,决定趁热打铁推出新一轮的营业推广活动。此次活动的目标仍然是针对终端消费者,考虑到母亲节一周的时间太短,这一次举行的是自6月的第一周至8月的最后一周的"消夏有奖电影晚会",为期3个月。营销人员联系到了位于市中心的一家电影院,协商以原票价一折3元的价格购买6、7、8三个月每周六的晚场电影票,顾客购买任意两瓶"丽人美"系列的化妆品可以获赠一张电影票,并可以参加当晚的抽奖,抽出的六名幸运观众分别获赠不同档次的"丽人美"系列化妆品。活动开始以后,营销人员对销售量进行了统计,6月的第一周为638瓶,略低于母亲节期间的销售水平,第二周为587瓶,销量有所下降,营销人员开始有些紧张,到了第三周销量锐减到395瓶,这一结果显然令人吃惊。按照这样的销量水平,活动所支出的费用远远超出了销售量提高所带来的利润,这到底是为什么呢?经过详细的调查和分析,问题的症结很快被找到,这次活动效果不好的原因可以归结为三个方面:一是观众对看电影这种形式没有太大的兴趣,如果抽不到奖,感觉就是一无所获;二是每周都是相同的形式,顾客失去了参与的热情;三是夏季化妆品的消费减少,这次活动购买两瓶才有赠送,门槛有些过高。找到了原因,营销人员决定立即采取补救措施,改变营业推广的形式,重新调动顾客的参与热情。

新的营业推广方案很快被确定下来,这一次活动的主题是联合××影楼评选"仲夏丽人"。参与的办法是:凡购买两瓶"丽人美"系列化妆品的顾客可以在一张周末电影票和免费拍摄一套四张的艺术照片中任选其一,选择拍照的顾客可以把自己的照片拿出来摆放在市内几家大型超市显眼的位置供人们评选,截至活动结束也就是8月的最后一周为止,按照得票多少评选出10名"仲夏丽人"。这10名"仲夏丽人"将分别获赠一张放大的艺术照片和一份价值128元的"丽人美"系列化妆品礼品盒。新的方案在6月的最后一周公布出去,除26名顾客选择看电影外,几乎所有的顾客都选择了拍摄艺术照,对选择看电影的顾客,公司决定同时给予他们拍摄艺术照的机会,但是他们不再参与电影晚会的抽奖和"仲夏丽人"的评选。没过几天,各大超市的门前就摆上了"丽人美"化妆品公司评选"仲夏丽人"的展板,走过的人们热情地评论着,积极地进行投票,有很多顾客纷纷来到"丽人美"专柜前向促销小姐询问。看到直线上升的销售量,营销人员在松了一口气的同时暗自窃喜。新的"仲夏丽人"活动中,他们选择了一家实力雄厚但是刚刚开业的影楼作为合作伙伴。该影楼正在策划自己的宣传方案,他们很高兴和"丽人美"这样有一定知名度的企业合作,并对活动中所有的拍摄费用全部免去。"丽人美"系列化妆品,6~8月的销售量达到了5 872瓶,高于以往任何1年的同期销售量,而影楼也同样以最小的付出做了一次覆盖全市的宣传,可谓各得其所。

"丽人美"化妆品公司的夏季营业推广活动经过一波三折终于取得了令人满意的成果。

(资料来源:根据孙乐增主编的《市场营销基础教程》有关资料编写。)

【活动2】 项目组为模拟公司的产品制订营业推广方案

一、活动内容

各项目小组针对模拟公司和产品特点,为自己模拟公司的产品制订营业推广方案。

二、活动步骤与要求

（1）各项目小组结合自己模拟公司的产品，讨论分析营业推广的内容。

（2）根据上面的讨论结果，完成表8-8。

表8-8 营业推广方案设计草表

推广对象	
推广目标	
活动诱因	
推广时机	
推广时间	
费用预算（元）	

（3）组长带领本组成员对营业推广的方案进行详细论证，并对方案进行进一步完善。

（4）各组选派代表在班级内部对本组最后确定的方案进行交流分享。

（5）教师对各组交流的方案作出评价与指导并组织评出优胜组。

【知识拓展】 零售企业如何选择营业推广方式

零售企业开展营业推广的方式多种多样，常见的方式主要有免费样品、优惠券、折扣销售、集点销售、有奖销售、赠品销售、竞赛、包装促销、示范展销、退费优待、分期付款销售、产品保证、咨询等。在实际的销售活动中，上述多种方式都可以达到同一目的，但由于每一种具体方式均有各自的优点和不足，适应不同的条件和预算，因此必须通过调查研究，分析推广对象的现状，并预测市场状况来选择相对最佳的营业推广方式开展促销活动。

选择营业推广方式的总的要求是：综合考虑，以消费者、购买者的感受来取舍，而不是凭企业的好恶、习惯和费用节省为依据，在实际运用中要根据市场的变动作适时的调整。具体选择时，通常需考虑以下几个问题。

1. 商品的性质

不同性质的商品应选择不同的营业推广方式。对于包装性的消费品（如食品、营养保健品、日用品等）可采用加量不加价的方式吸引消费者；对于新上市的大众化消费品，当产品的差异性或特点凌驾于竞争品牌且值得披露时，采用免费样品效果最佳；而当一种产品已具知名度，深受消费者欢迎时，可利用优惠券鼓励目前使用者尝试该产品的新口味、新规格和新形式。

2. 营业推广的目标

营业推广的目标不同，所采用的推广方式也不同。当营业推广是以刺激顾客购买欲望、促使顾客大量购买为目标时，折扣销售、有奖销售、分期付款销售、赠品销售等方式有较强的冲击力；若以在消费者心目中建立好感和信任为目标，则举办展销、咨询服务、赠品销售、发放优惠券等效果较好;若以解决销售难题(如商品积压、销售不畅等)为目标,可采用降价销售、销售竞赛等。

3. 推广对象的特点

首先,推广对象的类型不同影响着营业推广方式的选择。如欲吸引尚未使用者试用某产品,可选择优惠券、免费样品、试用、包装促销等方式;若使试用者再次购买该产品则可选择加量不加价、折扣销售、退费优待等;若使已使用者变为产品的爱好者和忠实用户,可选择加量不加价、退费优待、回邮赠送、集点销售、优惠券等。其次,推广对象的心理特征不同也影响着营业推广方式的选择。如针对消费者的求实求利心理,可采用因量作价、赠品销售、加量不加价、优惠券、有奖销售等吸引购买;针对消费者的求知心理可采用讲座服务、咨询等引导消费需求,刺激购买;针对消费者的求安全心理可采用产品保证等解除消费者后顾之忧;针对消费者追求高品位心理采取诸如购买西服赠送领带夹的赠品销售,对消费者实施产品高级化,提高消费者的消费档次。

4. 竞争动向

营业推广不少是由竞争引起的,在一个垄断的市场上几乎找不到营业推广。这就要求零售企业在选择具体的营业推广方式时要密切注意市场动向,掌握竞争者在促销手法、规模及影响等方面的有关信息,做好充分的准备。在一般情况下,零售企业可采用免费样品、优惠销售、分期付款销售、展销、产品保证、讲座服务、咨询等开展促销。而当市场竞争比较激烈,或针对竞争者的促销活动时,常采用影响力更大的赠品销售、折扣销售、有奖销售、竞赛、优惠销售、集点销售等吸引众多消费者。

5. 费用预算

由于营业推广大多是以让利为代价开展活动的,费用开支较高,选择具体的营业推广方式还需考虑企业的费用预算,考点费用与效果的关系。营业推广费用预算包括管理费用、销售费用(如印刷费、邮寄费等)、诱因费用(如赠品、降价费、兑奖费用等)。零售企业应在认真分析所要选择的各种推广方式的费用支出情况,计算出各自的交易成本的基础上,进行慎重的选择,做到既考虑企业的负担能力,又使营业推广活动达到理想的效果。相比而言,集点销售、付费赠送、退费优待等方式费用开支较小,可起到花小钱立大功的效用。

(资料来源:https://www.kdun.com/ask/47703.html,有删改。)

任务4 制订公关活动方案

【知识准备】

一、公共关系的要素及特征

从营销的角度讲,公共关系是企业利用各种传播手段,沟通内外部关系,塑造良好形象,为企业的生存和发展创造良好环境的经营管理艺术。

(一) 公共关系的要素

公共关系的构成要素分别是社会组织、公众和传播,它们分别作为公共关系的主体、客体和中介相互依存。

社会组织是公共关系的主体,它是指执行一定社会职能、实现特定的社会目标,构成一个独立单位的社会群体。在营销中,公共关系的主体就是企业。

公众是公共关系的客体。公众是面临相同问题并对组织的生存和发展有着现实或潜在利益关系和影响力的个体、群体和社会组织的总和。企业在经营和管理中必须注意处理好与员工、顾客、媒体、社区、政府、金融等各类公众的关系,为自己创造良好和谐的内外环境。

社会组织与公众之间需要传播和沟通。传播是社会组织利用各种媒体,将信息或观点有计划地对公众进行交流的沟通过程。社会组织开展公关活动的过程实际上就是传播沟通的过程。

(二) 公共关系的特征

作为一种促销手段,公共关系与前述其他手段相比,具有以下几个方面的特点:

(1) 对象的广泛性。公共关系的对象是社会公众,它不但包括企业现有的顾客和潜在的顾客,而且包括金融公众、媒介公众、政府公众、群众公众、社区公众、一般公众、企业内部公众和市场营销渠道企业、竞争者等,公共关系就是要处理企业和各种社会公众之间的关系,建立有助于企业生存和发展的社会关系网络。

(2) 活动的长期性。这一方面是指企业公共关系工作的长期性,公共关系是企业通过公关活动树立良好的社会形象,从而创造良好的社会生存环境,这是一个长期的过程。另一方面是指企业目标建立的长期性。与广告等促销方式相比,公共关系追求的是长远目标,力图在公众心目中树立良好的企业形象,创造最佳的营销环境。

(3) 沟通的双向性。在公关活动中,企业一方面要把本身的信息向公众进行传播和解释,同时也要把公众的信息向企业进行传播和解释,使企业和公众在双向传播中形成和谐的关系。

(4) 内容的可信性。相对而言,大多数人认为公关报道比较客观,比企业的广告更加可信。

(5) 富有戏剧性。经过特别策划的公关事件,容易成为公众关注的焦点,可使企业和产品戏剧化,引人入胜。

二、公共关系促销的基本原则

公共关系是企业促销组合中的一个重要组成部分。企业运用公共关系促销,应主要把握以下基本原则。

(一) 与相关社会公众建立良好的相互关系

企业营销活动中涉及的社会公众主要包括:供应商、中间商、消费者、竞争者、金融保险机构、政府部门、科技界、新闻界等。企业营销活动中存在着广泛的社会关系,不仅限于与顾客的关系,更不能局限于只有买卖关系。良好的社会公众关系是企业成功的重要保障。

(二) 在社会公众中树立和保持良好的企业形象

公共关系首要的任务是:争取广大消费者和社会公众的信任和支持。一个企业除了生产优质产品和搞好经营管理,还必须采取一切措施树立企业良好形象,赢得社会公众的赞誉。在现代社会经济生活中,企业拥有良好的形象和声誉,就等于拥有了宝贵的资源,就能获得社会广泛的支持与合作。否则,就会产生不良后果,使企业面临困境。

(三) 充分利用新闻媒介进行宣传报道

由新闻媒介进行的宣传报道对企业来说是一种免费广告。它能给企业带来许多好处。首先,它能比广告创造更大的新闻价值,有时甚至是一种轰动效应,而且能鼓舞企业内部职工的士气。一个企业或者产品能作为新闻报道而受到赞扬,无疑是一种有力的激励。其次,宣传报道比广告更具有可信性,使消费者在心理上感到客观和真实。

(四) 积极参与社会活动和公益活动

企业在从事生产经营活动的同时,还应积极参与社会活动和公益活动,如扶困、济贫、助学、救灾等。在参与社会活动和公益活动中体现自己的社会责任,赢得社会公众的理解、信任和赞誉。

(五) 有计划地组织开展对企业的宣传展览

在公共关系活动中,企业可以印发各种宣传材料,如介绍企业的小册子、业务能力、图片画册、音像资料等,还可以举办形式多样的展览会、报告会、纪念会及有奖竞赛等,通过这些活动使社会公众了解企业的历史、业绩、名优产品、优秀人物、发展前景等,从而达到树立企业形象的目的。

(六) 诚恳征求公众意见,及时处理顾客投诉

向社会公众诚恳征求意见和建议,以彰显企业为社会提供满意产品和服务诚意。企业对顾客投诉如果处理及时并且处理得好,不仅可以化解顾客的不满情绪,降低负面效应,有时甚至可以将负面因素转化为正面效应。许多这方面的成功案例已经充分地证明了这个结论。

三、实施公共关系的基本方法步骤

(一) 确定公关目标

公共关系目标是指经过公关人员的专业策划,开展各类公关活动所要追求和渴望达到的一种目的或状态。进行公共关系活动要有明确的目标。企业的公关目标因企业面临的环境和任务的不同而不同。一般来说,企业的公关目标主要有以下几类:

(1) 新产品、新技术在开发之中,要让公众有足够的了解。
(2) 开辟新市场之前,要在新市场所在地的公众中宣传组织的声誉。
(3) 转产其他产品时,要组织树立新形象,使之与新产品相适应。
(4) 参加社会公益活动,增加公众对组织的了解和好感。
(5) 开展社区公关,与组织所在地的公众沟通。

（6）本组织的产品或服务在社会上造成不良影响后,进行公共关系活动以挽回影响。

（7）创造一个良好的消费环境,在公众中普及与本组织有关的产品或服务的消费方式,等等。

（二）确定公关对象

一个企业面向的公众往往是多方面的,但一次公关活动则要有所侧重,面面俱到是不现实的。企业需要根据宣传的主题选择公众。这样,公关活动才能重点突出,顺利达到预期的目的。由于不同的公众有不同的经济条件、文化修养、生活习惯、价值观念、利益要求,对组织所持的态度也不尽一样。如果公关目标是提高消费者对本企业的信任度,毫无疑问,公关活动应该重点根据消费者的权利和利益要求进行。如果企业与社区关系出现摩擦,公关活动就应该主要针对社区公众进行。选择公关对象要注意两点：一是侧重点是相对的,企业在针对某类对象进行公关活动时不能忽视了与其他公众沟通;二是在某些时候（如企业出现重大危机等）,企业必须加强与各类公关对象的沟通,以赢得各方面的理解和支持。

（三）选择公关策略

在选择运用公共关系策略时,企业要准确分析自身发展和所处环境的特点,在不同的公关状态和公关目标下,企业必须选择不同的公关策略,以便有效地实现公共关系目标。一般来说,供企业选择的公关策略主要有以下两类。

1. 突出公关功能的公关策略

（1）宣传性公关策略。这种策略主要是运用各种传播沟通媒介,将相关信息迅速、广泛地传达到公众中去,形成对企业有利的公众舆论和社会环境。这种策略具有较强的主导性、时效性、传播面广、容易操作等特点。选择这种策略时,需要坚持双向沟通和真实客观的原则。应用这种策略的常见做法是：制作公关广告、开展新闻宣传和专题公关活动等。

（2）交际性公关策略。这种策略就是运用人际交往开展公共关系,通过人与人的直接接触,深化交往层次,巩固传播效果,实际上就是运用感情投资的方式,与公众互利互惠,为企业建立广泛的社会关系网络。这种策略的特点是直接、灵活、富于人情味。应用这一策略时一定要注意不能把一切私人交际活动都作为公共关系活动。常见的做法有举行招待会、座谈会、茶话会、宴会以及交谈、拜访、信函、馈赠礼物等。

（3）服务性公关策略。这种策略就是以向公众提供优质服务为主要手段,通过实际行动获得公众的了解和好评。它的突出特点是用实际行动说话,因而极具说服力。应用这一策略时要注意：言必信,行必果,承诺一定要兑现。常见的做法有：增加服务种类、扩大服务范围、完善服务态度、扩展服务深度、提高服务效率等。

（4）社会性公关策略。这种策略是以举办各种社会性、文化性、公益性、赞助性的活动开展公关,其目的是塑造组织良好的社会形象,提高企业知名度和美誉度。这一策略的特点是：文化性强、影响力大,活动成本较高。因此,运用这一策略时要注意量力而行。常见做法有：为灾区捐款;赞助文化、体育活动;利用重要机会组织一些大型活动,邀请嘉宾,渲染气氛等。

(5) 征询性公关策略。该策略就是围绕搜集信息、征求意见来开展公共关系活动的。目的是通过掌握公众信息和舆论,为企业的经营决策提供依据。其特点是长期、复杂,因此,运用这一策略需要耐力、诚意和持之以恒。常见做法有回访电话、有奖征询、问卷调查、民意测验等。

2. 针对企业不同发展阶段采用的公关策略

(1) 建设性公关策略。这一策略主要适用于企业初创阶段或有新产品或新服务首次推出时。其目的在于在公众中形成良好且深刻的第一印象,提高知名度,扩大影响力,为日后发展奠定基础。主要做法是高姿态、高频率地宣传和交际,向公众作自我介绍。

(2) 维系性公关策略。这一策略适用于企业的稳定发展阶段。其目的是对已经形成的良好的公关状态进行加固。具体做法是通过各种传播媒介,以较低的姿态持续不断地向公众传达各种信息,使企业的有关形象潜移默化在公众的长期记忆当中。

(3) 防御性公关策略。这一策略适用于企业与外部环境出现了不协调或者与公众的关系发生摩擦时。其目的是防患于未然,防止公共关系失调。具体做法是发挥内部职能,及时向决策层和各业务部门提供外部信息,特别是反映批评的信息,并提出改进的参考意见,进行全员公关教育,使全体员工从思想到行动自觉维护组织形象,避免出现漏洞。

(4) 矫正性公关策略。这一策略适用于公共关系严重失调,企业形象受损时。其目的是尽快平息风波,恢复公众对企业的信任,挽回声誉,改善被损坏的形象。具体做法是迅速与相关公众取得联系,如上级机关、媒体机构等,采取一系列有效措施做好传播沟通与善后工作。

(5) 进攻性公关策略。这一策略适用于企业与周围环境发生不协调甚至形成某种冲突时。其目的在于摆脱被动局面,开创新局面。具体做法是采取以攻为守的方式,抓住有利时机和条件,主动调整企业政策和相应措施,以改变对原有环境的过分依赖。

(四) 实施公关方案

实施公关方案的过程,就是把公关方案确定的内容变为现实的过程,是企业利用各种方式与各类公众进行沟通的过程。实施公关方案是企业公关活动的关键环节。再好的公关方案,如果没有实施,都只能是镜花水月,没有任何价值。实施公关方案,需要做好以下几方面工作。

(1) 做好实施前的准备。任何公共关系活动实施之前,都要做好充分的准备,这是保证公共关系实施成功的关键。公关准备工作主要包括公关实施人员的培训、公关实施的资源配备等方面。

(2) 消除沟通障碍,提高沟通的有效性。公关传播中存在着方案本身的目标障碍,实施过程中语言、风俗习惯、观念和信仰的差异以及传播时机不当、组织机构臃肿等多方面形成的沟通障碍和突发事件的干扰等影响因素。消除不良影响因素,是提高沟通效果的重要条件。

(3) 加强公关实施的控制。企业的公关实施如果没有有效的控制,就会产生偏差,从而影响公关目标的实现。公关实施中的控制主要包括对人力、物力、财力、时机、进程、质量、阶段性目标以及突发性事件等方面的控制。公关实施中的控制一般包括制订控制标准、衡量实际绩效、将实际绩效与既定标准进行比较和采取纠偏措施这四个环节组成。

（五）评估公关效果

公共关系评估就是根据特定的标准，对公关计划、实施及效果进行检查、评价，以判断其优劣的过程。需要说明的是，公共关系评估并不是在公关实施后才评估公关效果，而是贯穿于整个公关活动之中。

公共关系评估的内容包括以下几个方面：

（1）公共关系程序的评估。即对公共关系的调研过程、公关计划的制订过程和公关实施过程的合理性和效益性作出客观的评价。

（2）专项公共关系活动的评估。它主要包括对企业日常公共关系活动效果的评估、企业单项公共关系活动（如联谊活动、庆典活动等）效果的评估、企业年度公共关系活动效果的评估等方面。

（3）公共关系状态的评估。企业的公共关系状态包括舆论状态和关系状态两个方面。企业需要从企业内部和企业外部两个角度对企业的舆论状态和关系状态两个方面进行评估。

【活动1】 分析案例，感悟制订公关活动方案的策略和方法

一、活动内容

在深入理解本项目任务4[知识准备]的基础上，研读分析[案例8-4]至[案例8-7]，并交流分享案例分析结果。

二、活动步骤与要求

（1）各小组成员认真研读[案例8-4]至[案例8-7]并填写表8-9。

表8-9 对[案例8-4]至[案例8-7]的分析结果

问题	分析结果
[案例8-4]中采用了什么公关策略？你从中得到了哪些启发	
[案例8-5]中采用了什么公关策略？你从中得到了哪些启发	
[案例8-6]中采用了什么公关策略？你从中得到了哪些启发	
[案例8-7]中采用了什么公关策略？你从中得到了哪些启发	

（2）小组成员交流分享对[案例8-4]至[案例8-7]的分析结果。

（3）各小组选派一名代表在全班交流分享对[案例8-4]至[案例8-7]的分析结果。

（4）任课教师对各小组的分析结果作出评价和指导，并组织评选出优胜组。

【案例 8-4】 海尔集团的公关策略

2020年5月21日上午9时40分左右，四川自贡市富顺县钟秀街锦绣花乡小区发生惊险一幕：一名5岁女孩翻到6楼窗户外侧，随时有掉落危险。海尔集团员工胡云川驾车途经事发现场，立即靠边停车与其他好心群众一同参与救援。凭借个人多年的高空作业经验，胡云川从5楼窗户翻出，顺着雨棚攀爬到6楼，把女孩抱进了屋内，女孩平安无事。很快，胡云川救人的事情在网上热传，有群众拍下了他救人的全过程，受到全国网友的关注和点赞。

2020年5月21日，海尔集团总部作出决定，奖励胡云川一套价值60万元的房产。海尔集团官方微博在嘉奖消息中称："海尔服务工程师胡云川徒手爬楼救下悬在六楼窗户外的女童。为弘扬其见义勇为精神、传递正能量，海尔集团作出嘉奖决定：授予胡云川'人单合一见义勇为奖'，奖励胡云川价值60万元的房产一套。"这一举措，不仅带来了极强的传播效果，也提升了海尔集团品牌形象。胡云川徒手爬楼救女童的视频在各大社交媒体平台刷屏，仅1天全网1.2亿次播放。其中，央视新闻官微阅读量超163万次，海尔智慧家庭微信公众号阅读量超过10万次，环球网抖音也获得16万次点赞。这次大面积的全网曝光，增加了广大消费者对品牌的好感度，网上的评论几乎全部是正面的评价，凸显了企业文化利于公司人才机制的完善。海尔集团总裁周云杰在回应员工爬楼救人时表示：奖励物资不是目的，奖励的是这种见义勇为、永远为用户负责的精神。胡云川危急时刻，不惧危险，徒手救女童，凸显了海尔集团"对用户好，真诚服务用户的理念"的文化，也体现了企业文化的生命力。海尔集团60万元奖励员工见义勇为事件，树立了一个看得见摸得着的正面形象，这在无形中提升了海尔集团在招聘中的软实力。

（资料来源：https:///www.thepaper.cn/newsDetail_forward_7616425，有删改。）

【案例 8-5】 小天鹅公司的公关策略

面对竞争激烈的家电市场，小天鹅公司曾经精心策划、设计了一项"1、2、3、4、5"活动。即，一双鞋：上门服务时带一双专用鞋；两句话：进门一句话，我是小天鹅服务员×××，服务后一句话，您不满意可向公司汇报；三块布：一块垫机布、一块擦机布、一块擦手布；四不准：不准顶撞用户，不准吃喝用户，不准拿用户礼品，不准乱收费；五年保修：整机免费保修五年。这一活动不仅让消费者感受到企业对客户的尊重和重视，也满足了顾客的消费需求和未显现出的微妙心理需求。

【案例 8-6】 强生公司的公关策略

"泰利诺"（Tylenol）是美国强生公司在20世纪70年代末80年代初的拳头产品。"泰利诺"作为一种替代阿司匹林的新型止痛药，是美国日常保健用品中销售量最大的品牌。到了1982年，"泰利诺"已占据止痛药零售市场35.3%的份额，在竞争激烈的止痛药市场上独领风骚。就强生公司来讲，"泰利诺"的销售额和利润占强生公司总销售额和总利润的比率分别达到8%和17%，然而，就在此时，灾难降临了。

1982年9月底，美国芝加哥地区连续发生了7人因使用强生公司生产的含有剧毒的氰化物的"泰利诺"止痛胶囊而中毒。消息一经报道，强生公司形象一落千丈，人们纷纷对"泰利诺"避而唯恐不及。

中毒事件发生后,强生公司立即拟定了一项重振计划:先弄清事件真相和原因,并估计该事件所造成的破坏,然后采取措施抑制破坏趋势重新赢得市场。

强生公司在搜集相关资料的同时,告知所有的用户在事故原因未查清之前不要服用"泰利诺"胶囊。全美所有药店和超市都把"泰利诺"胶囊从货架上撤下来。

后来查明,此药根本无毒,但"泰利诺"胶囊被投毒者利用这一事实还是使强生公司受到了巨大影响。据强生公司在事件发生一个月后的民意调查显示:94%的消费者认为"泰利诺"与中毒事件有关。虽然他们中87%的人知道"泰利诺"的制造商对致死事件没有责任,61%的受访者仍声称不再购买"泰利诺"胶囊了。更糟糕的是,有50%的消费者甚至连其他厂家生产的"泰利诺"也不愿买了。

在弄清氰化物不是在生产过程中被投入胶囊这一事实后,为了阻止"泰利诺"胶囊恐慌情绪蔓延,强生公司除了配合媒体向媒体提供及时准备的信息,还在全国范围内回收并处置了所有进入市场的"泰利诺"胶囊(3 000万瓶、1亿多美元)。强生公司还向各个医院、诊所和药店等派发了50万份电报、电传(耗资50多万美元),同时借助媒体,一方面提醒有关医生、医院和经销商提高警惕;另一方面,声明暂时将"泰利诺"胶囊生产改为药片生产,并以优惠价鼓励消费者服用不易遭受蓄意破坏的"泰利诺"药片。

"泰利诺"品牌形象的重建工作的重点首先放在老顾客身上。为了重新赢得老顾客的信任,强生公司通过电视广告声称它会不惜一切代价捍卫"泰利诺"的荣誉,期盼老顾客继续信任"泰利诺"。为了防止悲剧重演,强生公司给重新推出的"泰利诺"药片设计了防污染防破坏的新包装。新包装为三重密封:盒盖用强力胶紧紧粘住,打开时得把它撕开且痕迹非常明显。药瓶帽和瓶颈处用一个塑料封条封死,封条上印着公司名称。瓶口又被一层箔纸从里面封住。药盒和药瓶上都写着"如果安全密封被破坏,请勿使用"。

强生公司真诚的富有道德感的做法得到了公众的理解,产品重新获得公众信任。1983年5月,"泰利诺"重新夺回了前一年失去的绝大部分市场,市场占有率回升至35%。"泰利诺"摆脱了危机,走出了困境。

【案例8-7】 钉钉的公关策略

2020年1月19日,在教育部"停课不停学"号召下,钉钉成为学生网络学习平台。一时间"天选之钉"成了被学生讨厌的对象。当得知App的评分低于一星就会被下架时,学生们为软件狂打一星,钉钉评分从4.9一路跌到了1.6,钉钉遭遇下架危机。

在这次事件中,由于群体的特殊性,钉钉的公关要做到全面且有针对性,考虑到学生群体年轻、冲动、喜欢有趣的事物,之所以打差评也是因为不愿意钉钉软件成为老师监督自己的工具。

为了让学生们高抬贵手,钉钉开启"在线求饶"模式,除了阿里巴巴其他品牌组团求情,钉钉更是放低姿态,在B站官方账号发布了一支求饶视频——《钉钉本钉,在线求饶》,向对钉钉恶意刷一星的用户求好评。用户被钉钉的这一系列卖萌撒娇倒地打滚的操作逗乐,看到视频最后一句"我求求你们啦"无奈求饶时,不少网友表示于心不忍,特地去一次付清五星好评。

钉钉在工作人群专属的移动办公软件的产品定位上,再度打开了以学生群体为主的网课市场,意味着钉钉目标消费群体更加年轻化,且呈现出"00"后用户的大幅度增加。因此,钉钉也多采用年轻、接地气的创意形式,拉近品牌与年轻人之间的距离。实际上,钉钉不仅成功化解了差评危机,还巧妙地化危机为机遇,利用差评风波进行宣传,极大地提升了品牌知名度,而部分联名视频还起到了带动阿里巴巴其他品牌的效果。

(资料来源:https://www.digitaling.com/articles/272922.html,有删改。)

【活动2】 项目组为模拟公司制订公关活动方案

一、活动内容

各项目小组结合本组建立的模拟公司拟经营产品的特点,运用在本项目中学习的公共关系的策略及方法步骤,为自己的模拟公司制订公关活动方案。

二、活动步骤与要求

(1) 各小组成员运用在本项目中学习的公共关系的策略及方法步骤,为本组模拟公司拟经营的产品策划公关活动方案。

(2) 小组成员在本组交流分享自己为模拟公司拟经营产品制订的公关活动方案。

(3) 各小组选派一名代表在全班交流分享本组修正完善后的公关活动方案。

(4) 任课教师对各小组交流的公关活动方案作出评价和指导,并组织评选出优胜组。

【知识拓展】 危机公关与新闻传播管理

一、企业危机及其特点

企业危机是指意想不到的危及企业名誉和生存发展的重大事件。企业运用公关手段,处理企业危机的过程,称为企业危机公关。企业危机的主要特点如下:

(1) 突发性。危机常常在企业当事人毫无准备的情况下瞬间发生,它会给当事人带来极大的混乱和恐慌。

(2) 严重危害性。危机不仅给企业带来巨大损失,而且很可能给公众带来恐慌,有时甚至给社会造成直接经济损失。

(3) 扩散性。危机常常成为社会舆论关注的热点和焦点,它更是新闻媒体报道的最佳新闻素材与报道线索,有时甚至牵动整个社会各界公众的"神经"。

"好事不出门,坏事传千里",一个负面消息的传播足以抵消千百万篇正面的报道和千百万次广告。正是由于企业危机易扩散的特征,受舆论关注的特性,作为企业的新闻官员在整个危机处理的过程中扮演着重要的危机传播控制的作用。

二、危机传播的阶段和特征

在处理危机前,必须首先了解危机传播的阶段和特征:

(1) 危机酝酿期,是指危机的孕育时期。这个阶段的特征是:危机有时有些预兆和端倪,当然更多的是难以察觉,这个阶段如果察觉的话,可以很快化解危机。危机的酝酿是一个长期的过程,在实践中,危机的爆发只不过是瞬间而已,但其隐患却可能在很长时期酿成,比如,在员工无礼对待消费者的案例中,可能是思想教育的问题和管理的问题;在一个产品的瑕疵案例中,可以从开发、采购、质量控制、生产、运输等各个环节中找到源头。

(2) 危机爆发期,是指危机的产生时期。这个阶段的特征是:危机已经暴露,可以逆转,也可以转化。从传播的角度来讲,这是危机信息传播的原始起源。

(3) 危机扩散蔓延期,是指危机发生后,通过媒体、人员或者组织的传播,危机不断扩散,受众知晓率爆炸式增长。这个阶段的特征是:危机事态正在发展,本质原因却不一定能明确,现象则在传播中不断复制。从传播的角度来说,信息的内容复杂化,有准确的、有不准确的、有目击的、也有猜测的,信息传播渠道也呈多样化,有从现场的(信息的原始起源),有从相关组织、人物的,也有可能是从媒体的(如一些媒体会转载另外媒体的信息),因为事态的进一步发展,现场的地点、人物、媒体自身、企业自身、相关的组织、人物,都有可能成为信息传播源。另外,人们的好奇心急需要满足,而其原因又正在调查中,故有大量的信息"真空",媒体、公众将从各种渠道来填补。

(4) 危机的减弱消失期。这个阶段的特征是:通过事态的发展,事件的处理,原因的调查,事情有了结果,当事人各得其所,公众、媒介的关注逐渐减弱、消失。从传播的角度来讲,信息"真空"已经被填补,受众的关注兴趣下降和消失,或转到其他方面。

三、危机公关中新闻传播管理的要点

在危机酝酿期,要注意危机的预兆,预防为主,使危机尽可能扼杀于孕育期。

在危机爆发期,新闻传播管理要把握以下要点:

(1) 不要有回避记者的采访,要表现出配合记者的态度。

(2) 要保护好现场,控制事态的发展,尽快调查,找出原因,拿出解决方案,并作好应急准备。

(3) 企业如果有不正当的行为,经确认后,应该尽快将它公之于众,并采取积极的纠正措施。

危机公关中的新闻传播管理,更多地体现在危机的扩散蔓延期,这一时期,要把握以下要点:

(1) 尽快建立危机控制中心,其中一定要有专门负责对外传播的人员。视工作量的大小确定人数,让传播人员知晓危机的时间、地点、性质,及企业所采取的措施,并使之始终能得到最新的消息。

危机发生后的几个小时,或者前几天,因为掌握的确切消息并不多,原因也正在调查当中,但是,假如逃避或保持沉默,则会被怀疑是隐瞒,和新闻界不合作,同时也引发他们通过其他非正式途径去寻找信息,这一时期具有信息传播渠道多样性、内容不确定性,以及大量信息真空等待"填补"的特性。企业新闻官员的主要任务是:使企业本身成为信息最权威的中心,掌握报道的主动权,并保持与媒体良好的沟通。

(2) 尽快准备好消息准确的新闻稿,告诉公众发生了什么危机,尽快公布有关的背景情况,填补信息真空。

(3) 向记者提供现场传真、电话等通信办公用品;公布接受询问的新闻热线,如有必要24小时开通。一个企业准备好新闻稿件和背景材料,以及相关的设备,媒体认为企业是合作的,一般会消除敌对情绪,同时视企业为重要的信息来源,这样企业容易赢得主动。

(4) 做好危机传播计划,判断、决定哪些信息可以传播给媒体,由谁传播,以及何时、怎么样进行传播?

企业新闻官员的第二大要务是:保持传播信息的一致性。在企业内部,确定对外发言人,由一个人为主出面负责对外媒体传播,其他人负责电话询问。对外发言人与其他人都要保持一致的口径。一般人不要随意接受采访,当然也不能简单地拒绝。

当人们问及深层次原因时,只有确切了解事故真相后,才能对外发布消息。如果没有调查清楚,不要发布猜测的和不准确的原因。可惜这一点常为企业所忽视。不要忘记交代电话总机不宜主动向外界提供信息,同时告知此类电话应该转接的人。

企业成为最权威的信息来源,但不代表,更不能阻止新闻媒体通过相关渠道,如相关的团体,员工家属等,了解信息的自由。最好的办法是,尽可能多地了解哪些渠道、哪些团体对企业的态度、措施是支持的。赢得他们的帮助,让他们知道企业正在与媒体取得积极的沟通,并且在新闻稿送给新闻媒体前,把稿件复制给这些团体,以确保新闻媒体从这些渠道和团体获得的信息与企业提供的信息保持一致。

(5) 在危机的处理中,企业一般会采取对社会、公众负责的确切的措施。这些措施有助于减弱社会对企业的敌对,增强社会对企业的信任和信心,在事故原因没有调查前,传播企业采取有关的补救措施应是重点。

(6) 告诉新闻界企业采取了哪些补救措施,让他们看到企业为此所作的努力。必要时,最高领导者可以出面,向公众表明企业对此事的重视态度,并加强可信度。

(7) 对于受害者,要冷静地倾听他们的意见,了解受害的情况,确认有关的赔偿损失的要求,要给受害者以安慰和同情,尽可能地提供他们所需要的服务,尽最大努力做好善后工作。"人道原则"是现在处理事情的大原则。

(8) 在企业的危机处理中,有一个重要的办法是"导势"。所谓导势,就是借助媒体引导局势,使原来不利于企业的事情朝着有利于企业的方向发展。这是企业危机处理的重要原则。对于失实的报道要及时要求媒体更正。

(9) 在处理危机公关中,召开发布会或记者招待会是一个很好的方式。第一,它可以面对面的方式,对待公众和传媒,进行双向的沟通,也是真诚面对公众的形式。第二、在一个集中的时间内向媒体说明情况,可以缓解新闻媒体、公众询问的压力。第三,它也有助于媒体将企业真正地视为信息来源的主要渠道,从而以企业可以受控的信息填补信息"真空",掌握传播的主动权。

(10) 要注意多用事实说话。行胜于言,事实胜于雄辩,一个事实往往胜过一千个理由。

在危机的减弱消散期,应多刊登正面的消息,将负面影响降低到最低程度,树立正面的影响。

【思考与练习】

一、名词解释

1. 促销组合　2. 人员推销　3. 商业广告　4. 营业推广　5. 公共关系

二、判断题(判断下列各题是否正确。正确的在题后的括号内打"√",错误的打"×")

1. 促销就是销售。　　　　　　　　　　　　　　　　　　　　　　　　　(　　)
2. 广告的目的就是为了盈利。　　　　　　　　　　　　　　　　　　　　(　　)
3. 营业推广是指除人员推销、广告宣传、公共关系促销方式之外的各种促销方式的总称。(　　)
4. 公共关系就是企业要搞好与消费者的关系。　　　　　　　　　　　　　(　　)

三、选择题(在下列每小题中,选择适合的备选答案序号填入括号内)

1. 促销预算的确定方法有(　　)。
    A. 量入为出法　　B. 目标任务法　　C. 销售百分比法　　D. 精打细算法
2. 商业广告的类型有(　　)。
    A. 产品广告　　　B. 形象广告　　　C. 促销广告　　　　D. 服务广告
3. 营业推广针对(　　)。
    A. 消费者　　　　B. 中间商　　　　C. 推销员　　　　　D. 所有人
4. 公共关系的特征有(　　)。
    A. 对象的局限性　　　　　　　　　B. 活动的长期性
    C. 双向沟通性　　　　　　　　　　D. 可信度高
    E. 戏剧性

四、问答题

1. 简述人员推销的特点与步骤。
2. 简述商业广告的特点与类型。
3. 简述制订广告宣传方案的方法步骤。
4. 简述营业推广的特点和主要方式。
5. 简述制订营业推广方案的方法步骤。
6. 简述实施公共关系的基本方法步骤。

项目 9　网络营销

项目说明

　　网络营销是传统营销的拓展与延伸,它是适应网络技术发展和信息社会变革的新生事物,已逐渐成为信息化背景下企业营销战略不可或缺的部分。随着电子商务的发展,网络营销对于企业的重要性必将进一步彰显。本项目的主要任务是运用网络营销的基本知识,为模拟公司制订一份网络营销策划方案。

学习目标

　　※**知识目标**　理解网络营销的概念及其与传统营销和电子商务的区别;掌握网络营销的基本职能;掌握网络营销的基本方法;掌握网络营销的基本策略。

　　※**能力目标**　能够准确识别现实经济生活中企业的网络营销行为;能够运用基本的网络营销方法与策略。

项目成果

　　完成本项目应当提交以下成果:
　　模拟公司网络营销实施方案。

任务 1 理解掌握网络营销的特点与职能

【知识准备】

一、网络营销与传统营销

(一) 网络营销的概念和特点

1. 网络营销的概念

网络营销是基于互联网和社会关系网络连接企业、用户及公众,向用户与公众传递有价值的信息和服务,为实现顾客价值及企业营销目标所进行的规划、实施及运营管理活动。网络营销的概念有广义和狭义之分。就广义而言,它是指企业利用一切计算机网络(包括互联网、内部网和专线网等)进行的营销活动;就狭义而言,它是专指互联网营销。

一般而言,网络营销的主要内容包括网上市场调查、网络消费者行为分析、网络产品策略和服务策略、网络品牌、网络定价策略、网络销售渠道策略、网络销售促进策略、网络营销管理等。

2. 网络营销的特点

市场营销中最重要、最本质的内容就是在组织和个人之间进行信息的广泛传播和有效交换。因特网技术发展的日渐成熟,使信息传播与交换更加便捷,成本也大为降低。网络营销的开展必须以网络为依托,因而具有自身独有的特点。

(1) 突破时空界限,交易便捷。通过互联网可以突破时间和空间的约束,网上全天候,一天 24 小时均可以进行交易,而且在网上交易十分便捷,足不出户即可进行。

(2) 交易虚拟化、电子化,成本低廉。网络市场是一个虚拟的市场,通过现代计算机技术、网络技术以及现代支付技术等,使买卖之间的交易虚拟化和电子化,大大降低了各方成本。

(3) 服务个性化、人性化,交互性强。由于网络技术手段特别是即时通信工具的日益先进,网络营销可通过网络载体做到一对一的精准营销和服务,交互性日益增强,服务就更加个性化和人性化。

(4) 技术性、多媒体性和高效性。网络营销是以高新技术作为支撑的,可以综合传输文字、声音、图像等多种媒体的信息。它利用网络进行信息的获取与更新,具有高效性。

(5) 系统性、成长性。在互联网上开展营销活动,可以完成从商品信息发布到交易收款以及售后服务等全部过程的工作,这是一个系统的过程。互联网上网者的数量飞速增长,大部分都是年轻人,网络营销具有显著的成长性。

(二) 网络营销与传统营销的异同

1. 网络营销与传统营销的相同点

无论是传统营销还是网络营销,都是企业的一种营销活动,两者思考问题的出发点是一致的,即都要把满足日益多元化、个性化的消费者需求作为一切行为的出发点,并且对这种需要的考量,不仅包括现实的市场需求,还包括潜在的市场需求。两者实施的目的都是实现组织既定的目标。具体对企业而言,就是努力扩大销售,实现经济效益最大化。

2. 网络营销与传统营销的不同点

网络营销与传统营销的不同归纳起来,至少有以下这些不同点:

(1) 营销目标定位精准度不同。传统营销主要针对的是某一目标顾客群体,而网络营销可以做到一对一精准定位。

(2) 沟通方式不同。在传统营销中单向沟通较多,而在网络营销中双向互动沟通则更是常见。

(3) 便捷性不同。传统营销过程相对复杂,便捷性比不上网络营销。

(4) 产品范围不同。在网络上进行营销的产品可以是任何产品或任何服务项目,而在传统营销领域却很难做到。

(5) 价格竞争力不同。传统营销的价格调整没有网上经营灵活,网络营销的价格可以调整到更有竞争力的位置上。

(6) 销售渠道不同。网络营销改变了传统营销的迂回模式,可以实现零库存、无分销商的高效运作。

(7) 促销方式有差异。网络上具有更加丰富的内涵和实现方式。

(8) 市场响应速度不同。在决策上,网络营销决策的内容更多、响应速度更快。

(三) 网络营销与电子商务的区别

网络营销与电子商务是一对紧密相关而又具有明显区别的概念,两者有共同点,但互不包含,两者之间存在交集,区别主要体现为以下两点。

1. 研究范围不同

电子商务内涵很广,核心是电子交易;网络营销注重的是以互联网为主要手段的营销活动。发生在电子交易过程中的网上支付和交易之后的商品配送等问题并不是网络营销所包含的内容。

2. 关注重点不同

网络营销的重点在交易前阶段的宣传和推广,电子商务的标志之一则是实现了电子化交易。网络营销是电子商务的基础,电子商务是网络营销发展的高级阶段。

二、网络营销的基本职能

一般认为,网络营销的基本职能主要集中体现在以下八个方面:品牌推广、网址推广、信息发布、销售促进、销售渠道、顾客服务、顾客关系和网上调研。

(一) 品牌推广

品牌是无形资产。网络营销同样要高度重视品牌的作用,企业要努力打造网上知名品牌,这可以从两个角度来考虑:第一,线上产品的品牌,线下实体企业可以通过网络营销使品牌得以延伸和传播,通过一定的工具和手段,可以在虚拟的商品世界里努力树立产品形象,着力提高其知名度和美誉度。第二,网站自身的品牌建设以企业网站建设为基础,通过一系列的推广措施,以获得顾客和公众对企业的认知和认可。在一定程度上说,网络品牌的价值甚至高于通过网络获得的直接收益。

(二) 网址推广

网址是网络营销进行的必备要件和重要前提。没有网址,网络营销就无从谈起。网站的知名度不高,网络营销也难以取得较好的业绩,由此可见网址推广的重要性。它是网络营销最基本的职能之一,却也是最为核心的工作。相对于其他功能来说,网址推广显得更为迫切和重要,因为网站所有功能的发挥都要以一定的访问量为基础,要想获得较高的网站访问量,就必须要做好网址推广工作。

(三) 信息发布

信息犹如血液一般贯穿所有营销活动的始终,网络营销的顺利开展同样一刻也离不开有效信息的获得和指引。网站本身就是一种重要的信息载体,通过网站发布信息是网络营销的基本职能。只有通过网络进行信息的科学发布和传递,网络营销的各相关主体如顾客、潜在顾客、媒体、合作伙伴、竞争者等才能根据获得的有益信息进行决策,然后才可能进一步采取行动。

(四) 销售促进

企业经营的目标是追求经济利润的最大化。企业进行网络营销的目的就是增加销售,从而获得更多的经济效益。大部分的网络营销方法都直接或间接地与促进网络产品销售密切相关。

(五) 销售渠道

网络营销成功地开辟了一条新的产品销售渠道,将企业的产品销售渠道搬到虚拟的网络之中,它是企业线下销售渠道在线上的拓展与延伸。一个具备网上交易功能的企业网站本身就是一个网上交易场所,但企业的网上销售渠道建设不应仅限于网站本身,还可兼顾综合电子商务平台上的网上商店建设,也可与其他电子商务网站进行合作等,从而有利于进一步拓宽销售渠道,更好地促进销售,以期获得更多的利益。

(六) 顾客服务

顾客服务质量高低直接影响企业网络营销效果的好坏。互联网提供了更加方便的在线顾客服务手段,从形式最简单的常见问题解答到电子邮件、QQ等各种即时信息服务,不仅大大地提高了服务的效率,而且降低了服务的成本。

(七) 顾客关系

顾客关系是与顾客服务相伴而产生的一种后果,良好的顾客服务能带来相对稳固的顾客关系,顾客关系对于开发顾客的长期价值具有至关重要的作用。良好的顾客关系是网络营销取得良好效果的必要条件。网络的交互和多元为创建和谐的顾客关系奠定了坚实基础。

(八) 网上调研

网上调研具有调查周期短、成本低、效率高等特征。通过在线调查表或者电子邮件等方式,可以完成网上市场调研,从而获得大量信息,为企业制订网络营销策略提供支持。

需要说明的是,网络营销这八种职能之间并非相互独立的,具体职能的最终体现与落实还得通过各种网络营销方法来实现。企业实施网络营销的目的就在于充分发挥各种营销职能,让网上经营的整体效益最大化。

【活动1】 分析案例,深入理解网络营销的特点与职能

一、活动内容

(1) 在深入了解[知识准备]中网络营销特点与职能有关知识的基础上,研读[案例9-1],浏览淘宝网,填写表9-1和表9-2,交流分析案例中是如何体现网络营销的特点与职能的。

(2) 根据分析结果,讨论自己的模拟公司进行网络营销时需要运用哪些职能。

二、活动步骤与要求

(1) 各小组成员认真复习[知识准备]中的网络营销特点与职能的基本知识,研读[案例9-1]和浏览[案例9-2]中的淘宝网站,填写表9-1和表9-2。

表9-1 对[案例9-1]的分析结果

问题	分析结果
童装品牌纳桔快速崛起的秘密是什么	
[案例9-1]体现了网络营销的哪几项功能	
[案例9-1]对于服装行业的发展有什么启发	

(2) 小组成员交流分享讨论结果。
(3) 各小组选派一至两名代表在全班交流分享讨论结果。
(4) 任课教师对各小组的分析结果作出评价和指导,并组织评选出优胜组。

【案例9-1】 网络营销经典神话——童装品牌纳桔的快速崛起

法语专业毕业后,张艳加入了外交部援建项目组。当她奔波在坦桑尼亚、安哥拉、刚果金的烈日下时,于楠正从清华建筑系毕业,背着画板,在阿根廷、朝鲜、蒙古边旅行边工作,寻找创作灵感。

拥有完全不同人生轨迹的两个人,最终因淘宝走到一起。2014年10月,回国后的张艳和于楠在上海酝酿成立了童装品牌"纳桔NATUNA"。

纳桔的客群定位为中高端消费人群,夏季单价集中于80～200元,客单价500～700元。此外,据张艳介绍,日均客流中,老客户占比八九成;每月购买两次的消费者占44%。

纳桔2017年销售额突破千万元。纳桔如何维系老客户忠诚度? 它快速崛起的秘密是什么?

一、"熊孩子经济",先搞定妈妈

张艳和于楠是典型的一二线城市中产阶级高知白领。因此,当她俩决定做童装品牌时,很自然地锁定了这部分妈妈人群。

这部分妈妈大都是"80""90"后的年轻群体,有足够的经济消费能力,且对品牌、品质有较高要求,而国内大多数品牌偏于大众化,定位中低端,因此,这部分人群常常通过代购国外的高端童装品牌来满足需求,而小孩身体长得快,童装穿着时间短,代购的时间成本和价格较高。

张艳认为,消费升级其实就是消费分化,品牌定位和人群更加细分和精准。纳桔要提供的就是如何让妈妈们买到品质稳定、性价比高的独立设计师童装品牌。

纳桔每周按照同一风格、同一品类上新,每次至少5款,以便妈妈们作出最理智的选择。为了减少库存风险,张艳紧跟消费者数据对现货进行限量上新,基础款定量400~500件,设计款则约为200件,部分款式甚至采用预售模式。

纳桔的第一批粉丝,来自一次失败的产品经历。因为经验不足,纳桔生产的第一批产品存在细节瑕疵,两人决定通过微博免费派送。没想到的是,收到衣服的妈妈们并不觉得有何缺陷,反倒对纳桔的高品质要求印象深刻。

从最初的100位粉丝开始,纳桔不断向粉丝讲述品牌故事,输送价值观,沉淀了一批精准用户。

"纳桔不似一般童装品牌从童趣童真可爱着手,而是融入了'留住传统手工艺''公平贸易''留白教育''自然从容'等许多契合当下中产高知妈妈们的价值观和世界观。"张艳说。

纳桔的粉丝们有自主意识和独立人格,知道自己想要什么。要搞定这些妈妈们,纳桔直接从粉丝社群运营中获取灵感,并直接为产品服务。张艳介绍,虽然目前粉丝人数不多,但异常活跃,在群里询问款式和材质是否满意,可以立刻得到直接反馈。

二、设计师品牌也可以是高性价比的

虽然定位为设计师品牌,但纳桔的产品结构及款式显得颇为平实。从材质上看,纳桔产品共分为有机棉、丝绸、羊毛、羊绒四个大品类。从产品结构上看,纳桔坚持基础线和设计线两条腿走路。其中普通简洁的夏季T恤、短裤等基本款占到七成以上;设计款则更注重仪式感,如每年新年推出的红丝绒系列、庆六一纱裙系列和夏天的纯手工编织衣物等。

虽然基础款的设计师发挥空间有限,容易被复制,无法形成清晰的品牌定位和品牌形象,毛利通常不高。但有意思的是,这样的产品结构反倒促成了纳桔的高客单价,易搭配。

对此,张艳的解释是:"设计师语言有时候太自我,但并没有从消费者的真正需求出发。纳桔没有品牌包袱,不会拘泥于国内环境的审美,也不介意挖掘最基础的需求。"

通过内容生产,服装产品正在成为纳桔品牌与消费者建立沟通的有效媒介。每年年初,张艳都会制订全年的产品策划方案,并辅以系列主题。张艳介绍,一般情况下,主题先行,文案在后,最后完成视觉创作和照片拍摄,这些步骤很难标准化,但都始终聚焦于服务内容本身。

虽然团队目前只有5人,但纳桔坚持从源头做起,将设计、打版、初样、面料及大货生产全链路牢牢抓在自己手中。相比那些各个环节都交给工厂的商家,纳桔的整个周期要多2~3个月,而且试错成本高。

对于初创品牌来说,供应链搭建同样重要。

最开始,纳桔的供应链资源来自于楠在服装领域的积累。之后,张艳针对性地跑展会,接触大量面料及生产供应商,甚至远赴青海、新疆等地探索新的工艺。为了追求材质,保持高性价比,纳桔目前的策略是牺牲部分利润空间,先做品牌。

【案例9-2】 淘宝网的网络营销基本职能分析

登录和浏览淘宝网(https://www.taobao.com/)官方网站,填写淘宝网网络营销基本职能分析,如表9-2所示。

表9-2 淘宝网的网络营销基本职能分析结果

基本职能	具体内容	简要说明
品牌推广	淘宝网卖家店铺设置公益宝贝计划	公益活动属于企业公关行为,树立企业负责任的良好形象,有利于提高知名度和美誉度
网站推荐		
信息发布		
销售促进		
网上销售		
客户服务		
客户关系		
网上调研		

【活动2】 讨论模拟公司的产品进行网络营销,需要运用网络营销的哪些职能

一、活动内容

针对自己的模拟公司,结合所学知识,为模拟公司进行网络营销策划,思考具体运用哪些网络营销职能。

二、活动步骤与要求

(1) 各小组成员认真复习[知识准备]中网络营销特点与职能的基本知识,再次熟悉[案例9-1]和[案例9-2]。

(2) 根据表9-1和表9-2的讨论结果,针对自己的模拟公司,小组成员研究商定具体使用的网络营销职能。

(3) 根据商定结果，各小组选派一至两名代表在全班汇报、交流。

(4) 各小组成员认真讨论，对汇报、交流情况进行互评和自评，各小组选派一至两名代表在全班发言。

(5) 任课教师对各小组的讨论结果作出评价和指导，并组织评选出优胜组。

【知识拓展】 网络营销的理论基础

网络营销的产生和发展离不开理论的指导。网络营销的理论基础主要有直复营销理论、关系营销理论、软营销理论和整合营销理论。

1. 直复营销理论

简单地讲，直复营销就是与消费者或企业直接进行沟通，企图能直接产生回应的营销方式。常用的直复营销媒体有直接信函、电话、产品目录、印刷品邮件、有线电视等。互联网作为一种高效率的交互式的双向沟通媒体，自然成为直复营销的最佳工具。这主要表现在以下几个方面：

第一，直复营销作为一种相互作用的体系，特别强调直复营销者与客户"双向信息交流"，互联网具有双向、开放、自由的特点，与其吻合。

第二，直复营销活动的关键是为每个目标顾客提供直接向营销人员反映的渠道，互联网方便、快捷，顾客的要求和建议均可直接传递给企业，有利于企业改进经营管理和降低成本。

第三，直复营销活动强调任何时间与任何地点，互联网平台超越时空界限都能提供。

第四，直复营销活动要求其效果是可以测量的，这在互联网上通过数据库和控制技术等是不难做到的。

2. 关系营销理论

关系营销的核心是保持顾客，为顾客提供满意的产品和服务价值，通过加强与顾客的联系，提供有效的顾客服务。保持与顾客的长期关系，并在与顾客保持长期关系的基础上开展营销活动，实现企业的营销目标。企业利用互联网开展网络营销，可以更好地为顾客提供服务和与顾客保持联系，可以与相关的企业和组织建立关系，实现双赢发展，可以最大限度地满足顾客个性化、多元化需求。

3. 软营销理论

软营销理论是相对于工业化大规模生产为特征的强势营销的一种反理论，它强调企业在实施市场营销活动时，必须尊重消费者的感受和体会，让消费者能够舒适、自愿地接受企业的营销活动，变被动为主动。

在互联网上，由于信息的交流是自由、平等、开放和交互的，强调的是相互尊重与沟通，注重个人体验和隐私保护，传统强势营销理论已不再适用，软营销理论就应运而生了。传统强势营销的主动方是企业，而软营销的主动方是消费者。

4. 整合营销理论

整合营销理论兴起于美国。它强调营销即是传播，即和客户多渠道沟通、和客户建立起品牌关系。与传统的营销"以企业为中心"不同,整合营销更强调"以客户为中心"。在网络时代,把传统的"4P"营销与以顾客为中心的"4C"营销相结合,即网络营销模式在满足"4C"的前提下,通过传统的"4P"实现共赢。整合企业与消费者、营销战略与策略等关系,形成"网络整合营销"模式。两者整合的模式大致有:传统的企业建立自己的网站进行营销、传统企业借助网络企业进行营销、网络企业借助传统企业进行营销、网络企业自建实体营销。整合的本质就是传统营销与网络营销的融合、优化过程。

任务2 掌握网络营销的基本方法

【知识准备】

网络营销是利用数字化的信息和网络媒体的交互性来辅助营销目标实现的一种新型的市场营销方式。其常见方法有搜索引擎营销、网络广告营销、微博营销、微信营销、直播营销、短视频营销、软文营销等。

一、搜索引擎营销

搜索引擎营销是目前最主要的网站推广营销手段之一。搜索引擎营销是指利用搜索引擎、分类目录等具有在线检索信息功能的网络工具进行网站推广的方法。它是根据用户使用搜索引擎的方式,利用用户检索信息的机会尽可能将营销信息传递给目标用户。搜索引擎营销的方法有多种不同的形式,常见的有:登录免费分类目录、登录付费分类目录、搜索引擎优化、关键词广告、关键词竞价排名、网页内容定位广告等。限于篇幅,现重点介绍搜索引擎优化、关键词广告、关键词竞价排名这三种最常用的方法。

(一)搜索引擎优化

搜索引擎优化(search engine optimization,SEO)是一种利用搜索引擎的搜索规则来提高网站在有关搜索引擎内的自然排名的方式,它是用来改进页面在搜索引擎搜索结果中排名的各种技巧的总称。

(二)关键词广告

关键词广告,简单来说就是当用户利用某一关键词进行检索,在检索结果页面会出现与该关键词相关的广告内容。由于关键词广告是在特定关键词被检索时,才出现在搜索结果页面的显著位置,其针对性非常强,正逐渐成为搜索引擎营销的一种常用形式。

(三)关键词竞价排名

关键词竞价排名是搜索引擎关键词广告的一种特殊形式,按照付费最高者排名靠前的原则,对购买了同一关键词的网站进行排名的一种方式。在我国,百度、搜狐、新浪等主要搜索引擎都推出了竞价排名业务。

从目前的发展趋势来看,搜索引擎在网络营销中的地位依然重要,并且受到越来越多企业的认可,搜索引擎营销的方式也在不断发展演变,因此应根据环境的变化选择搜索引擎营销的合适方式。

二、网络广告营销

网络广告营销是常用的网络营销策略之一,在网络品牌、产品促销、网站推广等方面均有明显作用。所谓网络广告,是指利用网站上的广告横幅、文本链接、多媒体的方法,在互联网刊登或发布广告,通过网络传递到互联网用户的一种广告运作方式。网络广告的本质是向互联网用户传递营销信息。

网络广告按照不同的标准可以分为不同的类型。常见形式主要有:横幅广告、关键词广告、分类广告、赞助式广告、电子邮件广告等。横幅广告所依托的媒介是网页,关键词广告属于搜索引擎营销的一种形式,电子邮件广告则是许可电子邮件营销的一种,可见网络广告本身并不能独立存在,需要与各种网络工具相结合才能实现信息传递的功能。网络广告存在于各种网络营销工具中,只是具体的表现形式不同。

三、微博营销

微博营销是指通过微博平台为商家、个人等创造价值而执行的一种营销方式,也指商家或个人通过微博平台发现并满足用户的各类需求的商业行为方式。微博营销以微博作为营销平台,每一个粉丝都是潜在的营销对象,企业通过更新微博向网友传播企业信息、产品信息,树立良好的企业形象和产品形象。

微博营销注重价值的传递、内容的互动、系统的布局、准确的定位,微博的火热发展也使得其营销效果尤为显著。微博营销涉及的范围包括认证、有效粉丝、朋友、话题、开放平台等。微博营销的特点如下。

1. 立体化

微博营销可以借助先进多媒体技术手段,以文字、图片、视频等展现形式对产品进行描述,从而使潜在消费者更直接地接收信息。

2. 高速度

微博最显著的特征之一就是传播迅速。一条关注度较高的微博在互联网及与之关联的手机平台上发出后,短时间内互动性转发就可以抵达微博世界的每一个角落,达到短时间内最多的目击人数。

3. 互动性强

微博可以与粉丝即时沟通,及时获得用户反馈。

4. 广泛性

微博通过粉丝关注的形式进行病毒式的传播,影响面非常广泛。同时,名人效应能够使事件的传播量呈几何级放大。

四、微信营销

微信营销是网络经济时代企业或个人营销模式的一种,它是伴随着微信的火热而兴起的一种网络营销方式。微信不存在距离的限制,用户注册微信后,可以订阅自己所需的信息,商家通过提供用户需要的信息,推广自己的产品,从而实现点对点的营销。

微信营销主要体现在以手机或者平板电脑中的移动客户端进行的区域定位营销,商家通过微信公众号,采用商家微官网、微会员、微推送、微支付、微活动等互动方式来开展营销。微信营销是当前流行的新型网络营销手段,发展势头迅猛。

五、直播营销

直播营销是企业以视频、音频直播为手段,以广播、电视、互联网为媒介,在现场随着事件的发生与发展进程同时制作和播出节目,最终达到品牌提升或产品销售的目的。

网络视频直播是指利用互联网和流媒体技术进行直播。它融合了图像、声音、文字等多种元素,通过真实生动的实时传播和强烈的现场感,能达到使远程客户端用户印象深刻、记忆持久的传播效果,逐渐成为互联网的主流表达方式。

直播营销的核心价值在于它聚集注意力的能力,具有实时互动性、用户精准性、高效性和情感共鸣性的优势。

六、短视频营销

短视频营销是内容营销的一种,短视频营销主要借助短视频,通过选择目标受众人群,并向他们传播有价值的内容,吸引用户了解企业品牌产品和服务,最终形成交易。短视频营销最重要的就是找到目标受众人群和创造有价值的内容。

短视频的出现丰富了新媒体原生广告的形式,短视频需要清晰明了地为消费者展示产品的质量、特性、款式等内容。不同于微电影,短视频的制作不需要特定的表达形式和团队配置要求,在制作的过程中只选择其中一个要点说出来即可,内容要么有趣,要么有指导意义,要么能产生互动,要么能引发情感共鸣。

与文字和图片相比,短视频的真实性更高,交代的信息量更大、更连贯,真实性也更强。短视频可以为产品加上个性标签,进而形成自己的品牌营销力。

七、软文营销

软文是基于特定产品的概念诉求与问题分析,对消费者进行针对性心理引导的一种文字模式,从本质上来说,它是企业软性渗透的商业策略在广告形式上的实现,通常借助文字表述与舆论传播使消费者认同某种概念、观点和分析思路,从而达到企业品牌宣传、产品销售的目的。

软文营销,就是指通过特定的概念诉求、以摆事实讲道理的方式使消费者走进企业设定的"思维圈",以强有力的针对性心理攻击迅速实现产品销售的文字模式和口头传播,如新闻、第三方评论、访谈、采访等。

【活动1】　分析案例,感悟网络营销基本方法的运用

一、活动内容

(1) 在深入了解[知识准备]中网络营销基本方法有关知识的基础上,研读[案例9-3]和[案例9-4],填写表9-3,交流分析案例中应用的网络营销方法。

(2) 根据分析结果,讨论自己的模拟公司在进行网络营销时需要运用哪些基本方法。

二、活动步骤与要求

(1) 各小组成员认真复习[知识准备]中网络营销方法的基本知识,研读[案例9-3]和[案例9-4],填写表9-3。

表9-3　对[案例9-3]和[案例9-4]的分析结果

问题	分析结果
[案例9-3]中小米手机使用了哪些网络营销策略	
[案例9-3]中小米手机是如何进行社交媒体营销的	
[案例9-4]体现了微博营销哪三大价值	
结合[案例9-4]总结微博营销的具体方法	
以上两个案例带给你什么启发	

(2) 小组成员交流分享讨论结果。

(3) 各小组选派一至两名代表在全班交流分享讨论结果。

(4) 任课教师对各小组的分析结果作出评价和指导,并组织评选出优胜组。

【案例9-3】　小米手机的网络营销策略

1. 社交媒体营销

小米手机通过社交媒体平台,如微博、微信等,与用户进行互动并传播品牌形象。通过发布产品信息、用户评价和互动等活动,小米手机成功地建立了一种亲和力和信任感。此外,小米手机还积极利用明星代言人、明星路演等方式增强品牌影响力。社交媒体营销为小米手机带来了大量的用户流量和口碑效应。

2. 线上销售与促销

小米手机采用线上销售模式,通过自有网站、电商平台等渠道直接销售产品。这种模式不仅节省了渠道成本,还提高了销售效率和品牌控制力。此外,小米手机还经常举办线上促销活动,如抢购、限时优惠等,以刺激用户的购买欲望。线上销售与促销策略为小米手机带来了稳定的销售增长。

3. 用户口碑营销

小米手机注重用户口碑的传播和管理。小米手机鼓励用户参与产品体验和评价,通过定期发布用户评价和案例,提高用户的参与感和忠诚度。此外,小米手机还

通过举办用户分享会、用户研讨会等活动,让用户成为品牌的忠实传播者。用户口碑营销为小米手机赢得了更多的用户信任和支持。

4. 定制化营销

小米手机推出了针对特定用户群体的定制版手机,如小米 MIX 系列,提高用户关注度和购买欲望。定制化营销为小米手机赢得了更多的用户忠诚度和竞争优势。

【案例9-4】 从"支付宝锦鲤"事件看微博营销的三大价值

2018 年当之无愧为互联网中的拜锦鲤元年。转发锦鲤已经成为社交场景中的一种流行趋势。而将这种趋势推向顶点的便是支付宝国庆期间在微博发起的"祝你成为中国锦鲤"。

据微博实时数据统计,"支付宝锦鲤"活动上线 6 小时,微博转发便破百万次,成为微博史上转发量最快破百万次的企业微博,最终这条微博共收获了 400 多万转评赞,2 亿曝光量。

当前,时代不断进化,传播途径、用户习惯、商业环境都有了翻天覆地的变化,如何进行营销创新,如何吸引用户参与,品牌营销正不断面临新的难题。在多重的营销挑战中,支付宝利用微博打造了一场教科书级别的营销案例,为行业树立了标杆。为什么是微博?为什么能实现病毒式社交传播?为什么还能超预期实现营销效果?从这次"支付宝锦鲤"事件也透露出微博平台营销的三大价值。

一、天然的流量池,引爆用户实现社交互动

微博作为开放的社交平台,是天然的流量池,也是互联网热搜内容的风向标。2023 年 Q2 财报显示,微博月活用户已达 5.98 亿。这一庞大的用户群体是帮助品牌引爆用户社交互动行为,实现社会化传播的有效保障。此次支付宝事件,是在没有任何提前预热的情况下,在微博进行冷启动,但却凭借当下年轻人语境中的关键热词,通过微博转发抽奖、联动传播的形式上了微博热搜,最终活动收获了 400 多万转赞评,2 亿多曝光量。这背后离不开微博的整体传播语境所带来的巨大流量和聚合能力,凭借大流量基础,引发用户不断互动参与,持续放大活动声量。

据蚂蚁金服支付宝市场国际负责人张瑞称,支付宝本来为"支付宝锦鲤"活动准备了一套组合拳,不只选择了微博这一个平台,还打算在 Facebook 等海外社交平台进行后续传播。但事实证明,微博作为互联网中热搜内容的聚集地,其释放出的营销价值不容小觑,依托庞大的用户群体和内容生态,微博能为品牌提供优质的营销土壤,成为品牌营销的标配。

二、强大的平台聚合力,助力品牌联动营销

微博高级副总裁王亚娟认为,此次"支付宝锦鲤"事件中,最大的爆点是那个花 10 分钟都浏览不完的锦鲤清单。我们发现,支付宝发起活动后,并没有直接公布奖品,而是让参与者查看评论区。这时候评论区变身品牌广告位的隐形线。除了提前精心安排的品牌蓝 V,其他品牌也看到了评论区的聚合能力,纷纷在微博下面发起评论,异常精彩。在活动推文发出后的一个小时内,200 多家品牌完成评论迅速占领评论区。支付宝搭台,200 多家品牌共同唱戏,上演了国庆期间最慷慨激昂的品牌集体演出。品牌之间的联动营销不仅放大了活动声量,而且参与活动的大量蓝V都获得了远超日常推文的点赞和评论量,收获了增量级曝光。

品牌通过评论区联动营销,这种玩法及释放出的影响力也只有在微博平台才能够做到。在微博开放的社交环境中,任何一个品牌都可以在微博建立自己的存在感和影响力。例如,"海尔"作为最早一批蓝V的典型代表,最先带领品牌玩起联动营销,在消费者心中树立起年轻化的品牌形象;去年感恩节期间,"杜蕾斯"在微博以感谢信的形式一口气"调戏"了13个品牌。此次活动,各大品牌纷纷加入互动,使品牌获得了量级曝光,最终上演了堪称教科书式的互动营销范本。不难发现,每一次品牌间的联动营销都比品牌单独作战更容易传播,各个品牌聚合发力会释放出更大影响力。

"支付宝锦鲤"活动联合海内外200多家品牌共同参与,不仅将2亿多的流量分享给了全球商家,撬动全球商家的同时,也链接了全球用户。在这个过程中,微博的社交化价值也再一次被放大,成为全球化背景下品牌营销的重要阵地。

三、打造品牌与用户的深度连接

"现如今,消费者与品牌的关系悄然发生变化,微博为激活两者之间的通路提供了全新的路径。"王亚娟说道。微博作为一个开放平台,为品牌和用户建立起直接对话的桥梁,帮助品牌打破原有企业只在营销和销售这个过程当中接触最终消费者的模式,在产品的研发、产品设计、生产、市场、销售、服务的完整价值链中全方位触达客户。

在"支付宝锦鲤"活动中,各个品牌蓝V通过评论区直接与消费者进行沟通,搭建了直接对话的桥梁,建立了情感链接。最终,众多品牌合力,在与用户的深度链接中实现了传播裂变。微博平台的社交媒体价值对于品牌而言不可或缺,能够助力品牌快速释放营销影响力,品牌也能利用该价值进行全量打通,进一步积累社交资产。

如今,微博已经融入企业生产、研发、市场、销售、服务等各个方面,微博也在不断发展、进化,形成了完整的社会化营销通路,为品牌提供了媒体化、社会化、融合化的开放式传播平台,最终促进了企业在品牌建设、市场推广、用户互动等各环节都围绕微博这一社交媒体实现全面战略升级,全面提升了营销效率,释放了营销价值与影响力。从整个营销视角来看,社交传播确实在品牌营销中发挥着越来越大的作用,微博整体生态也为企业在变革环境中利用社会化媒体实现战略升级提供了新的发展路径。

【活动2】 项目组为模拟公司的产品策划网络营销方法

一、活动内容

针对自己的模拟公司,结合所学知识,为模拟公司的产品策划具体的网络营销方法。

二、活动步骤与要求

（1）各小组成员认真复习[知识准备]中网络营销基本方法的知识,再次研读[案例9-3]和[案例9-4]。

（2）根据表9-3的讨论结果,针对自己的模拟公司,小组成员研究商定产品网络营销的基本方法。

（3）各小组选派一至两名代表在全班汇报、交流本小组的商定结果。

（4）各小组成员认真讨论,对交流情况进行互评和自评,各小组选派一至两名代表在全班发言、交流。

（5）任课教师对各小组的讨论结果作出评价和指导,并组织评选出优胜组。

【知识拓展】 病毒性营销和O2O立体营销

一、病毒性营销

（一）病毒性营销的基本原理

病毒性营销并非真的以传播病毒的方式开展营销,它利用的是用户口碑传播的原理。在互联网上,口碑传播更为方便,可以像病毒一样迅速蔓延,是一种高效的信息传播方式。由于口碑传播是用户之间自发进行的,它几乎是一种不需要费用的网络营销手段,常用于网站推广、品牌推广等。这里说的"病毒"主要是指发布有用、新奇、有趣、好玩且与推广内容相关的信息,引起目标客户的兴趣,进而主动进行传播,借助大众的力量,通过人际网络,让信息像"病毒"一样扩散,从而实现推广信息快速广泛传播之目的。

（二）病毒性营销的基本要素

美国著名的电子商务顾问Wilson博士认为,一个有效的病毒性营销战略可以归纳为6个基本要素,它们分别是:①提供有价值的产品或服务;②提供无需费力地向他人传递信息的方式;③信息传递范围很容易扩大;④利用公众的积极性和行为;⑤利用现有的通信网络;⑥利用别人的资源。一个病毒性营销战略不一定要包含所有要素,但是包含的要素越多,营销效果可能会越好。

在实施病毒性营销方案时,首先要创建易于传播、有吸引力且能与推广内容有效结合起来的"病毒";其次要锁定目标人群,找到传播"病毒"的高效媒体(如社区、微博论坛等);最后还要对病毒性营销的效果进行跟踪和管理。

二、O2O立体营销

O2O立体营销,是基于线上、线下全媒体深度整合的营销方式,以提升品牌价值转化为导向,运用信息系统移动化,帮助品牌企业打造全方位渠道的立体营销网络,并根据市场大数据分析制订一整套完善的多维度立体互动营销模式,从而实现大型品牌企业全面以营销效果为导向的立体营销网络。

O2O立体营销模式,全面创新地将互联网与传统行业,线上、线下营销渠道进行深度有机结合,通过捕捉、分析和运用海量多样的大数据,帮助品牌企业科学地规划、定位、策划,以全方位视角,针对受众需求进行多层次分类,选择性地运用报纸、杂志、广播、电视、音像、电影、出版、网络在内的各类传播渠道,以文字、图片、声音、视频、触碰等多元化的形式进行深度互动融合,涵盖视、听、光、形象、触觉等人们接受资讯的全部感官,对受众进行全视角、立体式的营销覆盖,帮助企业打造多渠道、多层次、多元化、多维度、全方位的立体营销网络。

知识链接:网络营销信任十大要素

一、美观大方的网站设计

对于访问网站的人来说,网站的设计是留给他们首次印象的一个重要因素。一个只用官方模板,没有自己设计风格的网站,对于客户来说对这个网站的信任感是很难提高的。

二、及时更新的有效内容

有的网站内容半年不更新,陈旧的内容会影响用户体验,还有就是内容的有效性,如果没有原创性的内容,客户的信任感也会降低。

三、翔实的企业介绍及图片

对于企业的网站来说,要有详细的企业介绍,对于个人网站来说,展示自己的照片,也可以提高网络营销信任感。

四、具体的联系和沟通方式

网站要有具体的联系地址,有许多网站上只留手机号或 QQ 号,这样很难让客户对网站的网络营销产生信任。而固定电话、在线的客服更能增加客户对网络营销的信任。

五、完备的证件和备案认证

ICP 备案是必须的,如果有工商认证和其他权威行业认证,也都可以放到网站上面,证件齐全的网站才能让消费者在上面放心交易。

六、用第三方交易平台交易

可以利用现有成熟的第三方交易平台进行交易,如淘宝和拍拍,用支付宝和财富通进行支付交易,增加交易资金的安全性,也可增加客户对网络营销的信任。

七、真实的客户记录和案例

以往客户的记录和评价更能促进新用户的信任,一些真实案例、建设性的负面评价更能提高真实性,增强网络营销的信任。

八、权威机构和媒体证实

如果有权威的机构证实,如政府部门和行业协会等的认证,包括传统和网络媒体的报道,这些都可增强网络营销的信任。

九、服务的流程和标准

与客户的交流和沟通要有一个流程和标准,让每位客户都感觉到服务是一致的,另外可以把常见的沟通问题和流程放到网站上。

十、网站的域名和友情链接

网站域名也是很重要的,在域名的选择上要选一些大家常用的后缀,域名的意思与网站的内容相关,友情链接可以交换一些正规网站,这对网站的形象和信任也是很重要的。

对于网络营销来说,信任对最后的价值转化起到关键的作用,也是营销型网站建设必须关注的要点之一。增加和提高网络营销的信任感,才可以更好地宣传品牌和销售产品。

任务3 掌握网络营销的基本策略

【知识准备】

网络营销策略就是为有效实现网络营销任务、发挥网络营销应有的职能,从而最终实现销售增加和持久竞争优势所制订的方针、规划,以及实现这些规划需要采用的方式。常见的网络营销的策略有:网络品牌策略、网站首页策略、网络产品策略、网络价格策略、网络渠道策略、网络促销策略和网上顾客服务策略等。

一、网络品牌策略

(一) 网络品牌的内涵

简单地讲,个人、企业或者组织在网络上建立的一切美好产品或者服务在人们心目中树立的形象就是网络品牌,它是一种无形资产。网络品牌可以从两个层面去理解:一是通过互联网手段建立起来的品牌;二是互联网对线下既有品牌的影响。两者对品牌建设和推广的方式与侧重点虽然不同,但目标却是一样的,都是为了企业整体知名度和美誉度的提升。在互联网时代,企业不仅要树立传统意义上的品牌形象,更要树立自身的网络品牌形象。

(二) 网络品牌的特点

网络品牌具有下列特点:①网络品牌是网络营销效果的综合表现,网络营销的各个环节均与网络品牌有直接或间接的关系;②网络品牌的价值只有通过网络用户才能表现出来,正如现代营销学之父菲利普·科特勒所言"每一个强有力的品牌实际上代表了一群忠诚的顾客",网络品牌也是建立用户忠诚的一种手段;③网络品牌体现了为用户提供的信息和服务,有价值的信息和服务才是网络品牌的核心内容;④网络品牌的建设是一个长期的过程,不可一蹴而就。

(三) 网络品牌的层次

网络品牌可以分为三个层次:①网络品牌的表现形态,即网络品牌具有可认知、在网上存在的表现形式,如域名、网址等;②网络品牌的信息传递,只有不断地向用户传递网络品牌信息,才能使其更为广泛地被用户所接纳;③网络品牌的价值转化,最终表现为获得忠实客户并增加销售额。

(四) 网络品牌的推广策略

一般来说,网络品牌常见的推广策略有以下七种:①通过企业网站推广;②通过电子邮件推广;③通过网络广告推广;④利用搜索引擎推广;⑤利用病毒性营销方法推广;⑥利用电子刊物和会员通信推广;⑦利用网络社区进行网络品牌推广。

网络品牌的打造,除了要做好推广工作,还要不断地进行网络品牌的管理,规范信息的发布与传播,努力提高域名的知名度。

二、网站首页策略

网站首页是一个网站的入口网页,它是企业在网络上的"脸面",所以网站的首页设计就特别重要。在进行网站首页设计时,不能盲目照搬照抄或者形式主义,一定要以用户为中心进行设计,应该保持以下几个原则:①吸引眼球,让用户一看就立刻知道你是干什么的;②超级导航,让用户能够迅速找到自己需要的信息;③精华内容突出呈现,以适当的形式把最吸引用户的精华内容展现出来,方便用户浏览。

网站首页的内容安排、页面布局等设计好之后,不是一成不变的,企业应该根据网络营销环境的变化,灵活动态地管理网站,必要时可以修改或者更换网站首页。网站设计做好了,为网络营销奠定了基础,接下来的中心工作就是进行网站的推广。为了取得良好的效果,在进行网站首页推广时,要明确以下几点:①制订推广计划会更加有针对性;②网站推广在网站正式发布之前就已经开始,尤其是搜索引擎的优化工作,在设计阶段就应考虑推广的需要;③网站推广的基本方法对于首页推广都是适用的;④在网站推广的不同阶段需采用不同的方法,有些网站推广方法可能长期有效,有些则仅适用于某个阶段;⑤首页推广不是孤立的,需要与其他网络营销活动结合进行;⑥网站进入稳定期之后,推广工作也不应停止;⑦网站推广不能盲目进行,应进行效果跟踪和控制。

三、网络产品策略

网络营销的产品按照其形态不同,可以分为两大类:有形产品(实体产品)和无形产品(虚体产品)。有形产品是指具有具体物理形状的物质产品。无形产品是相对于有形产品而言的,通过网络进行销售的无形产品主要有两种:数字类产品和服务类产品。数字类产品主要是指计算机软件等;服务类产品按其性质不同又可以分为普通服务产品和信息服务产品。具体分类,如表9-4所示。

表9-4 网络产品分类示意图

产品形态	产品品种		产品
实体产品	普通产品		消费品、工业品、旧货等实体产品
虚体产品	软件		电脑软件、电子游戏等
	服务	普通服务	远程医疗、法律援助、航空、火车订票、入场券预订、饭店、旅游服务预约、医院预约挂号、网络交友、电脑游戏等
		信息咨询服务	法律咨询、医药咨询、股市行情分析、金融咨询、资料库检索、电子新闻、电子报刊、研究报告、论文等

网络产品虽与传统产品有差异,但是就具体的产品策略而言,在理论上却是极为相似的。网络营销的产品策略主要有:产品组合策略、产品生命周期策略和新产品开发策略。

由于本教材前面有专门项目论及此内容,为避免重复,在此不再赘述。

四、网络价格策略

网上销售可以使单个消费者同时得到某种产品的多家价格,消费者比较起来非常方便,这就决定了网上销售的价格弹性比较大。因此,企业应该理性地制订网上交易价格。

(一) 低价策略

在网络环境下,为吸引客户,商家经常使用低价定价策略。借助互联网进行销售,比传统销售渠道的费用低廉,因此网上销售价格一般来说比传统的市场价格要低。有研究表明,消费者选择网上购物,一方面是因为网上购物比较方便,另一方面是因为从网上可以获得更多产品信息,从而以最优惠的价格购买商品。低价策略主要有:①直接低价定价策略;②折扣定价策略;③网上促销定价策略。

实施低价策略时企业应注意以下问题:第一,在网上不宜销售那些顾客对价格敏感而企业又难以降价的产品;第二,在网上公布价格时要注意区分消费对象,不同的对象要分别提供不同的价格信息发布渠道,否则可能因低价策略混乱导致营销渠道混乱;第三,网上发布价格时要注意比较同类站点公布的价格。

(二) 使用定价策略

所谓使用定价,就是顾客通过互联网注册后可以直接使用某公司的产品,顾客只需要根据使用次数进行付费,而不需要将产品完全购买。采用按使用次数定价,一般要考虑产品是否适合通过互联网传输,是否可以实现远程调用。目前,比较适合的产品有软件、音乐、电影等产品。

(三) 定制定价策略

定制定价策略是在企业能实行定制生产的基础上,利用网络技术和辅助设计软件,帮助消费者选择配置或者自行设计能满足自己需求的个性化产品,同时承担自己愿意付出的价格成本。定制产品和服务是按照购买者所要求的标准规格来生产产品和服务。定制化生产根据顾客对象可以分为两类:一类是面对工业组织市场的定制生产;另一类是针对消费者的定制生产。

(四) 免费价格策略

免费价格策略是指将企业的产品或服务以零价格或近乎零价格提供给顾客使用,以满足顾客的需求并达到企业的相关目的。在传统营销中,免费价格策略一般是短期的和临时性的;在网络营销中,免费价格策略还可以作为一种长期的并且行之有效的产品和服务定价策略。同时,它还是一种非常有效的促销策略,能起到推广产品的作用。

免费价格策略在网络营销中的应用形式主要有以下几种:①产品完全免费,即产品的购买、使用和售后服务的所有环节都免费;②对产品实行限制免费,即产品的全部功能可以被用户使用,但用户要受到一定的使用时间或使用次数的限制;③对产品实行部分免费,即消费者可以使用产品的其中一种或几种功能,若要使用全部功能则必须通过付费购买;④对产品实行捆绑式免费,即在用户购买某产品时赠送给用户其他的产品。

(五)拍卖竞价策略

理论上认为,市场要想形成最合理价格,拍卖竞价是最合理的方式。网上拍卖由消费者通过互联网轮流公开竞价,在规定时间内价高者赢得。其主要形式有:①竞价拍卖,最大量的是C2C的交易,包括二手货、收藏品,也可以是普通商品以拍卖方式进行出售;②竞价拍买,它是竞价拍卖的反向过程,消费者提出一个价格范围,求购某一商品,由商家出价,出价可以是公开的或隐蔽的,消费者将与出价最低或最接近的商家成交;③集体议价,在互联网出现以前,多个零售商可以结合起来集体议价,向批发商(或生产商)施压,谋求以数量的庞大换取价格的相对低廉,互联网出现后,普通的消费者也能使用这种方式购买商品。集合竞价模式,是一种由消费者集体议价的交易方式。现在我国网络市场上流行的"团购"就具有集体议价的性质。

五、网络渠道策略

(一)传统渠道和网络渠道的区别

1. 渠道功能不同

传统营销渠道功能单一,它只是商品从生产者向消费者转移的一个通道;网络营销渠道功能更加多元,一个完善的网上分销渠道有三大功能,即网上订货功能、结算功能、配送功能。

2. 渠道结构不同

无论是传统营销渠道还是网络营销渠道都可分为直接分销渠道和间接分销渠道。网络的直接分销渠道和传统的直接分销渠道都是零级分销渠道,两者是一致的。而对间接分销渠道而言,网络营销中只有一级分销渠道,即只有一个网络中间商来沟通买卖双方的信息,不存在多级分销渠道。总体比较而言,网络分销渠道的结构要简单得多。

3. 渠道费用不同

由于网络分销渠道的结构整体相对比较简单,中间环节大大减少,网络营销的各种相关费用会大幅度降低。

(二)网络营销渠道的类型

互联网的出现对传统的分销渠道模式形成了巨大的冲击,使得营销渠道结构呈现扁平化特征。具体来说,网络营销渠道可以分为两类:网络直接销售渠道和间接销售渠道(网络中间商的出现)。网络直接销售渠道是指生产者通过互联网直接把产品销售给顾客的分销渠道。网络间接销售渠道是指生产者通过融入了互联网技术后的中间商机构把产品销售给最终用户的分销渠道。

(三)网络中间商的功能与类型

与传统中间商一样,网络中间商起着连接生产者和消费者桥梁的作用,同样帮助消费者进行购买决策和满足需求,帮助生产者掌握产品销售状况,降低生产者为达成与消费者交易的成本费用。

由于网络的信息资源丰富、信息处理速度快,基于网络的服务可以便于搜索产品。目前许多网络中间商都是以信息服务为重心的,主要的种类有:①目录服务商,为用户提供网站分类并整理成目录的服务;②搜索引擎服务商,为用户提供基于关键词的检索服务;③虚拟商业街,在一个站点内连接两个或两个以上的商业站点;④网上出版,向目标顾客群体提供所需信息的服务;⑤虚拟零售店(网上商店),拥有自己货物清单,直接销售产品给消费者,目前主要有三种类型:电子零售型、电子拍卖型和电子直销型;⑥站点评估,是对网上商家进行评估的第三方机构;⑦电子支付,为网络交易提供金融服务;⑧虚拟市场和交换网络,为想要进行物品交易的人提供虚拟交易场所;⑨智能代理,是一种软件,能为消费者提供所需信息的搜集过滤服务。

六、网络促销策略

网络促销是指利用现代化的网络技术向虚拟市场传递有关产品和服务的信息,以启发需求,引起消费者的购买欲望和购买行为的各种活动。网络营销促销主要有四种形式,分别是网络广告、销售促进、站点推广和关系营销。其中网络广告和站点推广是网络营销促销的主要形式。

网络广告是指通过互联网媒体发布的各种广告。就其本质而言,它与通过其他媒体发布的广告没有什么区别,都是通过传递企业及其商品服务的信息,达到树立企业形象和促进商品销售的目的。但网络广告也有自己的特点,主要表现为:一是制作和发布的成本费用相对低廉;二是传播速度快,具有时效性和可视性;三是表现形式灵活多样且不受时空限制,客户可以随时随地查看等。

网络促销的常见方式主要有:①网上折价促销;②网上赠品促销;③网上抽奖促销;④网上积分促销;⑤网上商家间联合促销等。

七、网上顾客服务策略

(一)网上顾客服务的内容

网上顾客服务过程实质上是满足顾客除产品以外的其他派生需求的过程。用户上网购物所产生的服务需求主要有:了解公司产品和服务的详细信息,与企业有关人员进行网上互动接触,需要企业帮助解决产品使用过程中发生的问题等。因此,相应地,网上顾客服务的内容主要有以下几个方面:①全方位的信息服务;②针对性的个性化服务;③多元化的促销服务;④网上个人定制服务。

(二)网上顾客服务的策略

1. 售前服务策略

网上售前服务是指企业在产品销售之前,针对消费者的购物需求,通过网络向消费者开展诸如产品介绍、产品推荐、购物说明、协助决策等消费者教育与信息提供活动。这些活动包括发布产品信息和相关知识,培养消费需求或建立虚拟展厅充分展示产品形象,激发购买欲望等。

2. 售中服务策略

网上售中服务主要是指销售过程中的服务。例如,向用户提供简单方便的商品查询、导购咨询、简便高效的商品订购、安全快捷的货款支付、迅速高效的货物配送等服务。

3. 售后服务策略

网上售后服务就是为了使用户需求得到更好的满足,企业借助因特网直接沟通的功能,以便捷的方式满足用户在产品消费过程中所派生的各种需求。例如,努力建好顾客数据库,积极管理顾客关系;提供良好的网上自助服务系统,提高顾客满意度;设计 FAQ 页面,解决常见问题;设计答疑解惑空间,解决疑难问题等。

【活动 1】 分析案例,感悟网络营销基本策略的运用

一、活动内容

(1) 在深入了解[知识准备]中网络营销基本策略有关知识的基础上,研读[案例 9-5],交流案例中使用的网络营销基本策略。

(2) 根据分析结果,讨论自己的模拟公司应该采用哪些网络营销策略。

二、活动步骤与要求

(1) 各小组成员认真复习[知识准备]中网络营销基本策略的相关知识,研读[案例 9-5],并填写表 9-5。

表 9-5 对[案例 9-5]的分析结果

问题	分析结果
"三只松鼠"的发展历程如何	
你有购买"三只松鼠"的购物体验吗?你还购买过哪些品牌的坚果类零食	
"三只松鼠"采用了哪些网络营销策略	
"三只松鼠"的成功之处在哪里	

(2) 小组成员交流分享讨论结果。

(3) 各小组选派一至两名代表在全班交流分享讨论结果。

(4) 任课教师对各小组的分析结果作出评价和指导,并组织评选出优胜组。

【案例 9-5】 "三只松鼠"的网络营销策略

"三只松鼠"从创业之初到在淘宝网上线之后的 65 天里,其销售量在淘宝天猫坚果行业类名副其实成为第一名,并且在花茶行业跃居到前十名。

"三只松鼠"网络营销策略现状分析如下。

一、品牌策略

在"三只松鼠"创立之前,我国的互联网交易里坚果类产品以炒货为主,"三只

松鼠"发现了袋装食品市场的空白。"三只松鼠"将目标客户群定为"80""90"后办公室一族,这类顾客看中的不仅是价格,而是食物吃起来是否方便,吃了之后是否脏手,味道能否满足自己,能不能让无聊的生活充满活力,简而言之就是享受美食。因此,"三只松鼠"将品牌定位为健康、清新、自然、有活力,这一品牌定位与品牌的名称"三只松鼠"息息相关,也与"慢食快活"的生活理念相辅相成。正是这种基于情感的定位,会让以前没有接触过这类产品的顾客们耳目一新,久而久之就形成了独特的品牌定位。

二、产品策略

"三只松鼠"主打的产品是坚果,其买卖一般都是论斤的,"三只松鼠"开创了袋装销售,并且在包装的袋子上作了创新,从以前的一层塑料包装变为现在的2层包装,袋子里面有一层铝箔纸,其主打的碧根果价格更是比其他品牌的同类产品便宜。"三只松鼠"考虑到顾客可能会为打开包裹而烦恼故而在外包裹上放置一个开箱器方便打开包裹;考虑到吃坚果会弄脏手和嘴,放入湿巾;为了顾客随时随地吃而不用担心果壳垃圾处理,在包裹里放一个果壳袋;附带一些可爱精美的小饰品让顾客在吃的同时玩得尽兴。"三只松鼠"严格的标准,保证了原料的质量,从原产地到消费者手中保证不超过一个月,全国三大仓储中心可以快速地响应物流供应链,让顾客可以更加快速地拿到自己的包裹。

三、促销策略

"三只松鼠"在创立品牌之初,就拿到了一笔风险投资,"三只松鼠"找到一个口味不错的供应商,剩下的钱全部投入创立品牌,如在网商大会上进行产品赞助、在淘宝各广告位投放广告。这样疯狂投放广告的好处是让消费者迅速地知道三只松鼠这一品牌,进而产生消费。

四、渠道策略

"三只松鼠"在全国建立了三大仓储中心,快速响应的供应链系统可以让消费者更加快速地拿到自己购买的产品;全国范围寻找原产地,加工成半成品运送到密封工厂,顾客下单后统一包装,保证之间不超过1个月,保证了食品的质量和新鲜。"三只松鼠"研发的数据信息系统平台可以记录顾客的消费信息,并根据这些信息给顾客提供更加完善的个性化服务;"三只松鼠"设置物流的可控制节点,将全国物流仓储中心规划更加完善;"三只松鼠"建立产品信息的系统化机制,使产品信息可追溯化,每一位顾客都能通过产品的追溯码查看供应商、生产线、质检员等。

【活动2】 项目组为模拟公司的产品策划网络营销策略

一、活动内容

针对自己的模拟公司经营的产品,结合所学知识,为模拟公司制订具体的网络营销策略。

二、活动步骤与要求

（1）各小组成员认真复习[知识准备]中网络营销基本策略的知识，再次研读[案例9-5]。

（2）根据表9-5的讨论结果，针对自己的模拟公司，小组成员研究制订网络营销基本策略。

（3）各小组选派一至两名代表在全班汇报、交流本小组的商定结果。

（4）各小组成员认真讨论，对交流情况进行互评和自评，各小组选派一至两名代表在全班发言、交流。

（5）任课教师对各小组的讨论结果作出评价和指导，并组织评选出优胜组。

【知识拓展】　　　　事　件　营　销

事件营销（event marketing）是企业通过策划、组织和利用具有新闻价值、社会影响以及名人效应的人物或事件，吸引媒体、社会团体和消费者的兴趣与关注，以求提高企业或产品的知名度、美誉度，树立良好品牌形象，并最终促成产品或服务销售目的的手段和方式。

简单地说，事件营销就是通过把握新闻规律，制造具有新闻价值的事件，并通过具体的操作，让这一新闻事件得以传播，从而达到广告的效果。

事件营销是国内外十分流行的一种公关传播与市场推广手段，集新闻效应、广告效应、公共关系、形象传播、客户关系于一体，并为新产品推介、品牌展示创造机会，建立品牌识别和品牌定位，形成一种快速提升品牌知名度与美誉度的营销手段。

事件营销的特点如下。

1. 目的性

事件营销有明确的目的，这一点与广告的目的性是完全一致的。事件营销策划的第一步就是要确定目的，然后明确发布什么样的新闻可以达到自己的目的。

通常某一领域的新闻只有特定的媒体感兴趣，并最终进行报道，而特定的媒体的目标对象也是相对固定的。

2. 风险性

事件营销的风险来自媒体的不可控和新闻接受者对新闻的理解程度。如果策划不当，可能会引起公众的反感，损害企业形象。

3. 成本低

事件营销一般主要通过软文形式来呈现，而后通过媒介裂变达到传播的目的。所以事件营销相对于平面媒体广告来说成本要低得多。事件营销最重要的特性是利用现有的完善的新闻机器，来达到传播的目的。由于所有的新闻来源都是免费的，除制作成本外一般不掺杂其他的利益，原则上来说新闻不会涉及利益导向。虽然绝大多数的企业在进行公关活动时会列出媒体预算，但从严格意义上来讲，一件新闻意义足够大的公关事件应该充分引起新闻媒体的关注和采访的欲望，事件营销应该归为企业的公关行为而非广告行为。

4. 多样性

事件营销是国内外十分流行的一种公关传播与市场推广手段,集合了新闻效应、广告效应、公共关系、形象传播、客户关系于一体。多样性的事件营销已成为营销传播过程中的一把利器。

5. 新颖性

大多数受众青睐新奇、反常的事件,而事件营销恰好体现了新颖性,从而吸引用户点击。因此,事件营销往往是通过当下的热点事件来进行营销。

6. 求真务实

网络把传播主题与受众之间的信息不平衡彻底打破,所以事件营销,必须首先做到实事求是,不弄虚作假,这是对企业网络事件营销最基本的要求。这里既包括事件策划本身要"真",还包括由"事件"衍生的网络传播也要"真"。

7. 以善为本

以善为本,就是要求事件的策划和网络传播都要做到:自觉维护公众利益,勇于承担社会责任。

随着市场竞争越来越激烈,企业的营销管理也不断走向成熟,企业在推广品牌时策划事件营销就必须走出以"私利"为中心的误区,不但要强调与公众的"互利",更要维护社会的"公利"。自觉考虑、维护社会公众利益也应该成为现代网络事件营销工作的一个基本信念,而营销实践也证明自觉维护社会公众利益更有利于企业实现目标。

8. 全面系统化

全面系统化要求网络事件策划要注重企业、组织行为的自我完善。

在利用网络进行事件传播时,企业应该安排专门人员来把控网络信息的传播,既掌握企业的全面状况,又能巧妙运用网络媒体的特性,还能尊重公众的感情和权利,保护沟通渠道的畅通完整,最终保护企业的自身利益。

【思考与练习】

一、名词解释

1. 网络营销 2. 搜索引擎营销 3. 微博营销 4. 直播营销 5. 网络品牌

二、判断题(判断下列各题是否正确。正确的在题后的括号内打"√",错误的打"×")

1. 只有企业自己建立网站平台进行商务活动,才能拥有自己的网络商店。(   )
2. 网络营销方法是对网络营销资源和网络营销工具的合理利用。(   )
3. 网络营销对网络商务信息收集的要求是及时、准确、适度、经济。(   )
4. 网络营销是一种单纯的网络技术。(   )
5. 网络直销使生产者与消费者之间的直接交互沟通成为可能,因而在电子商务环境下中间商将面临消亡。(   )

6. 互联网先进的网络浏览和服务器对企业的价格策略不会有任何影响。（   ）

7. 网络营销是以互联网络为媒体，以新的方式、方法和理念为指导实施营销活动，更有效促成个人和组织交易活动的实现。（   ）

8. 重视顾客的长期价值是实施网络营销个性化服务的重要手段。但对于大家电或不易损坏品的销售商来说可以忽略顾客的长期价值。（   ）

9. 网络营销是企业整体营销战略的一个重要组成部分。（   ）

10. 品牌是一种信誉，传统的优势名牌一定是网上的优势名牌。（   ）

三、选择题（在下列每小题中，选择一个最适合的备选答案序号填入括号内）

1. 网络营销就是（   ）。
   A. 营销的网络化
   B. 利用网络等电子手段进行的营销活动
   C. 在网上销售产品
   D. 在网上宣传本企业的产品

2. 网络对企业营销影响最大的是对（   ）的影响。
   A. 企业采购渠道   B. 企业营销渠道
   C. 企业管理   D. 企业运输渠道

3. 建立一个虚拟的商店，在网上展示商品，进行网上的促销活动，该类网站称为（   ）站点。
   A. 销售服务性   B. 信息手册性
   C. 娱乐驱动性   D. 在线销售性

4. 由于网络信息更新及时、传递速度快，只要信息收集者及时发现信息，就可以保证信息的（   ）。
   A. 准确性高   B. 时效性强   C. 便于存储   D. 方便性

5. （   ）不是搜索引擎网站。
   A. Google   B. Baidu   C. Vista   D. Yahoo

6. 商品从生产者向消费者的转移如商品的运输和保管，即商品的生产和消费的场所间隔和时间间隔则需要通过（   ）来进行沟通。
   A. 商流   B. 物流   C. 资金流   D. 流通

7. 网络营销与传统营销相比，以下说法中，错误的是（   ）。
   A. 目标不同   B. 销售方式不同
   C. 决策速度不同   D. 促销力度不同

8. 网上顾客服务的内容不包括（   ）。
   A. 全方位的信息服务   B. 针对性的个性化服务
   C. 多元化的促销服务   D. 单一的信息服务

9. 以下对网络消费者总体的描述中，不正确的是（   ）。
   A. 年轻人是主流   B. 行业分布广泛

C. 收入水平高　　　　　　D. 受教育程度高
10. 与传统市场调研有所不同,网上市场调研(　　)进行。
A. 只能在上班时间　　　　B. 只能在规定的地区
C. 只能是面对面地　　　　D. 可以 24 小时全天候

四、问答题

1. 简述网络营销与传统营销的区别。
2. 简述网络营销与电子商务的区别。
3. 简述网络营销的主要功能。
4. 试列举网络营销的主要方法。
5. 简述网络营销的主要策略。

参 考 文 献

1. 吴健安. 市场营销学[M]. 北京:高等教育出版社,2014.
2. 郭国庆. 市场营销学通论[M]. 北京:中国人民大学出版社,2014.
3. 刘延隆. 市场营销理论与实务[M]. 上海:上海交通大学出版社,2012.
4. 方志坚,章金萍. 营销策划实务与实训[M]. 北京:中国人民大学出版社,2015.
5. 杨明刚. 市场营销策划[M]. 北京:高等教育出版社,2013.
6. 孙乐增. 市场营销基础教程[M]. 上海:立信会计出版社,2008.
7. 江明华,李季. 中国企业市场营销案例[M]. 北京:化学工业出版社,2012.
8. 彭真明. 公司法教程[M]. 广州:暨南大学出版社,2011.
9. 彭石普. 市场营销——理论、实务、案例、实训[M]. 大连:东北财经大学出版社,2011.
10. 张润琴. 市场营销基础[M]. 北京:高等教育出版社,2011.
11. 中国就业培训技术指导中心. 助理营销师国家职业资格培训教程[M]. 北京:中央广播电视大学出版社,2006.
12. 赵亚翔. 市场营销[M]. 大连:大连理工大学出版社,2009.
13. 郑锐洪,赵志江. 分销渠道管理[M]. 大连:大连理工大学出版社,2007.
14. 贺康庄. 现代广告实务[M]. 南京:东南大学出版社,2010.
15. 金萍华,汤蓉. 实用广告学[M]. 南京:东南大学出版社,2006.
16. 张汉林,孙乐增. 现代推销实务[M]. 海口:南海出版公司,2007.
17. 张德鹏. 市场营销学[M]. 广州:广东高等教育出版社,2005.
18. 林景新. 实战网络营销——最佳网络营销案例全解读[M]. 广州:暨南大学出版社,2010.
19. 李光明. 网络营销[M]. 北京:人民邮电出版社,2014.
20. 昝辉. 网络营销实战密码——策略·技巧·案例[M]. 北京:电子工业出版社,2010.
21. 科教工作室. 网络营销实战[M]. 北京:清华大学出版社,2013.
22. 刘向晖. 网络营销导论[M]. 北京:清华大学出版社,2009.
23. 荆浩等. 网络营销基础与网上创业实战[M]. 北京:清华大学出版社,2011.
24. 朱雪芹,成爱武. 国际市场营销学[M]. 北京:机械工业出版社,2011.
25. 赵晓燕,孙梦阳. 市场营销管理:理论与应用[M]. 3版. 北京:北京航空航天大学出版社,2018.
26. 秦波. 国际市场营销学教程[M]. 北京:清华大学出版社,2007.